LIVRE-JOURNAL

DE

François GILBERT et François-Jean GILBERT

JUGES EN L'ÉLECTION D'ANGOULÊME

1740-1762

1769-1826

Publié et annoté

par

l'abbé Paul LEGRAND

CURÉ DE BOUTEVILLE

—————————— ✦ ——————————

ANGOULÊME

IMPRIMERIE G. CHASSEIGNAC

REMPART DESAIX 26

—

MCMI

Extrait des *Bulletin et Mémoires*
de la *Société archéologique et historique de la Charente*,
année 1900.

LIVRE-JOURNAL

DE

François GILBERT et François-Jean GILBERT

JUGES EN L'ÉLECTION D'ANGOULÊME

1740-1762   1769-1826

Publié et annoté

par

l'abbé Paul LEGRAND

CURÉ DE BOUTEVILLE

ANGOULÊME

IMPRIMERIE G. CHASSEIGNAC

REMPART DESAIX 26

MCMI

LIVRE-JOURNAL

DE

François GILBERT et François-Jean GILBERT

JUGES EN L'ÉLECTION D'ANGOULÊME

1740-1762   1769-1826

LIVRE-JOURNAL

DE

François GILBERT et François-Jean GILBERT

JUGES EN L'ÉLECTION D'ANGOULÊME

1740-1762   1769-1826

Publié et annoté par l'abbé Paul LEGRAND

CURÉ DE BOUTEVILLE

Hæc olim meminisse juvabit !

Virgile. — Énéide 1.

En étudiant l'organisation et le mouvement de la magistrature sous l'ancien régime, dans un ressort de justice, situé à une extrémité de la Charente, nous avons rencontré sous nos pas, grâce à de nobles et bienveillantes relations, les documents que nous donnons aujourd'hui. Ils ne remontent point à une époque bien éloignée, mais ils comblent certainement une lacune dans nos publications charentaises. Ils peuvent fournir sans aucun doute des renseignements sérieux à l'histoire locale et procurer des aperçus nouveaux pour l'étude de l'économie sociale en Angoumois. Ce Livre-Journal écrit au jour le jour par les deux Gilbert (1), père et fils, l'un et l'autre successivement conseillers du roi, juges en l'Élection d'Angoulême (2), embrasse un laps de temps assez long (1740-1826); malheureusement là comme ailleurs le vent de la dispersion et la dent meurtrière des années a fait de déplorables ravages.

Tempus edax rerum, tuque invidiosa vetustas

. . . .

Néanmoins ces nombreux feuillets, qui nous restent, nous les avons compulsés avec la plus vive attention, nous bornant surtout à transcrire scupuleusement les faits, qui nous ont semblé utiles sous divers aspects, et que des témoins fidèles ont relatés dans un style simple, bref, et marqué au coin d'une judicieuse sagacité. Il serait à souhaiter que des découvertes du même genre, fussent-elles plus anciennes, vinssent à se révéler; on aurait ainsi la physionomie exacte, réelle et vivante de notre province d'autrefois !

(1) Cette famille habitait le Maine-Bernier, possédait un domaine Chez-Bouchers; — aux Héris, commune d'Aignes; — au village de Chez-Traînaud, commune de Saint-Cybard-de-Montmoreau; — au Maine-Meunier, commune de Chavenac, et des maisons à Angoulême. « Entendu dire, écrit l'un de ses membres, que les Gilbert sortaient du « village des Gilberts en Poullignac...» (Voir aux pièces justificatives.)

(2) Tribunal où l'on jugeait en première instance tout ce qui avait rapport aux tailles, aux aides et aux gabelles; on désignait sous le nom d'élus les juges de ce tribunal, parce que dans l'origine ils étaient choisis par élection (Voir *Mémoires sur l'Angoumois,* par Gervais, édition 1864.)

I

1740-1762.

1740.

— 20 mai. — Allé à Saintes, vu le Père Gilbert (1), jacobin.

29 juillet. — Allé à Angoulême, — occupé à acheter la charge de lieutenant des eaux et forêts à Mr Dutillet, le vendeur ; offert 10.000^{tt}, il en voulait 500$^\#$ de plus et la vendit à Mr Vacher, gendre de Mr Lambert.

18 août. — Occupé à avoir la charge de substitut du procureur général des Aides.

1741.

— 2 février. — jeudi. — Allé à la Congrégation (Ang^{me}), recevoir la bénédiction.

3 février. — vendredi, — assez beau. — Allé à la bénédiction de Beaulieu.

12 février. — vendredi, — très beau temps. — Déjeuné chez Mr Mioulle avec Mr Desmazeaud ; — allé à la bénédiction aux Cordeliers ; — beaucoup promené à Beaulieu, où il y avait quantité de monde.

14 février. — mardi, — très beau, — jour de carnaval ; — Allé à la dévotion aux Jésuites.

15 février. — mercredi, — beau temps. — Allé au sermon du Père Croizet, capucin, prédicateur du Carême (Ang^{me}), promené en ville.

19 février. — dimanche, — très beau. — J'ai appris aujourd'hui que le Père Desmazeaud était sorti des Jésuites ; il avait une bourse à ses cheveux.

27 mars, — lundi, — très beau temps, froid et gelé. — Allé à la retraite soir et matin (Ang^{me}).

(1) Fils de Pierre Gilbert, avocat. (Voir aux pièces justificatives.)

1741.

28 mars. — mardi, — beau temps et gelé. — A la retraite du Père Plumant, jésuite, il m'en a coûté pour les chaises 3 sols 9 deniers.

19 avril. — Allé chez Mr Gilbert, curé. de Salles (de Barbezieux).

23 avril. — dimanche, — très beau temps. — Allé à la messe à Condéon (1) et à la procession pour obtenir de la pluie.

3 mai. — mercredi, — temps froid. — Été chez Mr Dutillet, procureur des eaux et forêts à l'occasion de sa charge de lieutenant ; il m'a dit de ce que j'étais cousin germain par alliance à M^r La Chaume, greffier, cela pouvait être un obstacle invincible ; nous en sommes restés là.

7 mai. — dimanche. — Allé à la frairie de Chavenac (2) ; c'était la frairie de Saint-Sicaire (3).

16 mai. — mardi, — pluie le matin. — Depuis le 1er mars à l'exception du Jeudi-Saint, il n'a pas plu, si ce n'est aujourd'hui, encore bien peu. — Les prés hauts sont entièrement perdus.

23 mai. — La terre de Chadurie (4) parut affermée à Mr Débouchaud de Claix, (5) 3.200# et 350# de pot de vin.

25 mai. — jeudi, — assez variable. — Allé à la foire à La Bussatte.

(1) Canton de Baignes (Charente).

(2) A l'encontre de toutes les administrations civiles — postes, etc ; — militaires, cartes de l'état-major — et même religieuses, Ordo du diocèse d'Ang^{me}, nous adoptons l'orthographe de *Chavenac*, parce qu'elle est la plus légitime et la plus logique d'après son nom d'origine « *Cavenacum* ». — Actuellement l'orthographe usitée, *Chavenat*, n'est que la prononciation défectueuse, irrégulière et patoise, qui ne saurait en la circonstance avoir force de loi, alors que des noms similaires — et ils sont nombreux en Charente — possédant le même suffixe latin, l'ont vu traduit en français par la terminaison générale « ac ».

(3) L'un des Saints Innocents, martyr — fêté les 2 et 26 mai.

(4 et 5) Canton de Blanzac (Ch^{te}).

26 mai. — vendredi, — assez beau. — M^r l'abbé de Chancelade (1) m'écrit : trois de ses religieux sont venus prendre les ordres (Ang^me), ils m'ont obligé de dîner et faire collation avec eux chez Couprie. Nous avons été voir Mme l'abbesse (2), les carmes et beaucoup promené.

16 juin. — vendredi. — Allé Chez-Trainaud barbouiller de rouge les entrées du colombier pour empêcher les chats-huants d'y entrer.

24. juillet. — lundi, — très chaud. — Allé me baigner à la Charente (Ang^me).

28 juillet. — vendredi, — chaud. — Allé voir le prieur Mioulle et me baigner.

8 septembre. — vendredi, — pluie. — Entendu la messe à Giget (3) et rendu à Ang^me. Vu M^r l'abbé Chausse qui m'a parlé encore de la ferme de Juillac ; il m'a donné un extrait du contrat de ferme de 1727, où elle était portée à 8.000^#, on la laisserait à 7.500^#.

17 septembre. — dimanche, — assez beau. — Revenu de la 1re messe de M. Mioulle, à Aignes.

21 septembre. — assez beau. — Entendu la messe à Aignes du Père Gilbert, qui est parti avec Mr Demottes.

16 octobre. — lundi, — beau temps. — Parti après déjeuner de Condéon, passé à Barbezieux, à La Madeleine (4), à Lignières, à Criteuil, à Ambleville et Juillac-le-Coq (5) ; tous ces pays-là sont les meilleurs du monde, — surtout Juillac : aucun

(1) Jean-Antoine Gros de Beler (Voir pièces justificatives).
(2) De Saint-Ausone d'Angoulême.
(3) Paroisse aujourd'hui réunie à Vœuil, canton d'Angoulême.
(4) Paroisse aujourd'hui réunie à Criteuil, canton de Segonzac (Charente).
(5) Communes du canton de Segonzac (Charente).

1741.

terrain ne chaume; il s'y fait quantité de vin, le bois y est hors de prix. — MM^{rs} du Chapitre (d'Ang^{me}) en avaient fait entre 300 et 330 barriques, tout blanc; ils ont deux chaudières, tout y est accommodé. Il pouvait y avoir dans les greniers 30 pipes de froment; autant de baillarge. Il y a beaucoup de peine à prendre pour la régie de ces revenus aussi bien que de dépense. Ce qui est dans Verrières (1) peut valoir 8 à 900#, 500# les moulins; il y a 18 pipes de froment de rente, 8 pipes d'avoine et la suite. Les paysans sont riches et mangent *tous de bon pain*. Les tailles tarifées y sont venues cette année, je crois. fort, qu'à 7.000# : il n'y avait pas de perte. Le fermier précédent nommé Mr de Fonclaire y perdit au dernier bail considérablement, même il ne finit pas. Il y a 6 ans que M^r l'abbé de St-Michel, qui me paraît fort entendu, en fait la régie : il m'a dit une année avoir fait 700 barriques de vin; une autre année que 80 barriques; ce pays-là est sujet à la gelée. M^r l'abbé de St-Michel n'est pas porté à affermer, il m'allégua qu'ils avaient continuellement des démêlés avec M. le curé de Verrières, qu'ils allaient faire donner un arrêt pour le *piquetement* des novales, qu'ils travaillaient à faire l'enquête : au travers de tout cela, c'est qu'il se plaît beaucoup là. Il dit partout que dans la suite il consentirait d'affermer : aucun cas que j'en vienne là, il faudra lui demander les états des revenus depuis qu'il jouit. Mr Sauvo et Mr Fauconnier (2) s'y trouvèrent aussi, il y a un bon pré et un joli jardin.

(1) Canton de Segonzac (Charente).
(2) Chanoines d'Angoulême.

1741.

21 octobre. — samedi, — assez beau temps. — J'ai vu
en Saintonge plusieurs rivières entièrement à sec.
M. l'abbé de St-Michel vendit de la vieille eau-de-
vie, il y a quinze jours 105[#] la barrique, il en
vendit 52 à 53 barriques. La nouvelle eau-de-vie
valait, il y a 8 jours, 83 et 84[#].

2 novembre. — jeudi, — pluie la nuit et le matin. —
Naissance de Marie Gilbert (1); mon père a été
parrain et ma sœur l'aînée, marraine.

12 novembre. — dimanche, — beau. — Entendu la
1re messe au château de la Valette (2).

4 décembre. — lundi. — Promené vers Beaulieu
(Ang^{me}). On travaille vers la maison de M^r de
Torsac à faire une promenade qui *conduise dans
Beaulieu.*

6 décembre. — mercredi, — beau temps. — C'est un
jésuite qui prêche l'Avent (Ang^{me}).

15 décembre. — Allé à Ang^{me} pour me faire recevoir
dans la place de substitut du procureur général
à l'élection, ayant obtenu des lettres à cet effet :
tout disposé, Turcat a fait signifier son opposition,
qui a tout arrêté.

20 décembre. — Offert à Mr de Clesquin 1.900[#] pour la
ferme de Bournet (3) et 500[#] de pot de vin.

26 décembre. — La terre d'Aignes affermée à M. Lambert 3.000[#].

29 décembre. — vendredi, — brouillard et pluie le soir.
— Parti pour Châteauneuf (4). Mr Tabuteau m'a
fort bien reçu, je lui ai gagné 4 parties de billard
près des *Ponts, qui sont fort beaux...* Mr Maulde,
prieur de Chavenac.

---

(1) Voir généalogie aux pièces justificatives.
(2) Canton de Villebois-Lavalette (Charente).
(3) Abbaye sise en la paroisse de Courgeac (Charente).
(4) Chef-lieu de canton (Charente).

1742.

— 26 janvier. — pluie. — Passé la journée à Châtignac (1); allé voir mon cousin, M^r le curé de St-Cyprien (2) (Mioulle).

28 janvier. — dimanche, — pluie toute la journée. — Allé à la messe à Aignes, qui s'est dite *après-midi*.

1er mars. — Le prieur Maulde s'est brûlé dans sa maison.

31 mars. — Gelé bien fort, — beau. — Mr Monjon, vicaire à Condéon, m'a apporté une lettre de ma femme : je l'ai reçu de mon mieux ; il va faire le voyage de Saintes pour faire recevoir à demi-pension au séminaire M^r son frère.

4 mai. — vendredi, — une petite pluie. — Ma mère et ma sœur sont venues me voir avec les R. Pères Minimes d'Aubeterre (3) ; elles m'ont porté quelques onces de pain et de la morue, j'ai tâché de les recevoir de mon mieux (Chez-Trainaud) ; ils ont soupé et s'en sont allés au Maine-Bernier.

8 mai. — mardi, — beau temps. — Allé voir Mr de Guippeville, afin d'apprendre la valeur de la ferme de Juillac-le-Coq. Nous avons été bien reçus par Mme de Guippeville qui reste dans la paroisse d'Ambleville.

24 mai. — samedi, — il a plu extraordinairement la nuit. — M^r l'abbé Sénetaud est venu (Ang^{me}) prendre les quatre moindres (4). Après dîner allé au Parquet où l'on a fait les enchères de Mosnac (5) et de Juillac-le-Coq : la première s'est livrée et la seconde a été remise, je n'en ai offert que 6.250[#]. Mr Chausse que nous n'avons pas voulu dédire, la porte pour nous à 6.480[#].

(1) Canton de Brossac (Charente).
(2) Ancienne paroisse réunie aujourd'hui à Châtignac (Charente).
(3) Chef-lieu de canton (Charente).
(4) *Alias*, — les Ordres Mineurs du sacrement de l'Ordre.
(5) Canton de Châteauneuf (Charente).

1742.

25 mai. — dimanche, — beau. — Mr Chausse est venu nous dire que nous aurions la ferme (Banchereau, de Guippeville, Tabuteau, et moi). Mr Deroullède a passé le contrat ; elle se monte avec les charges à 6.820 #.

30 septembre. — dimanche, — froid. — Le Père La Fontenelle, jésuite, est arrivé d'Ang^{me} chez mon frère, qui m'a procuré beaucoup de plaisir en le voyant.

1743.

— 1er janvier. — jeudi, — pluie. — J'ai été à Montmoreau pour voir tirer au sort les garçons de la paroisse de St-Cybard ; un nommé Bouphénie est milicien.

2 février. — samedi, — grand froid. — Ma sœur a épousé Mr Joubert à St Ausone d'Ang^{me}.

15 avril. — lundi, — bien gelé. — Ma femme est accouchée environ vers les 7 heures du matin d'un enfant mâle.

16 avril. — mardi, — pluie. — Fait baptiser à Chavenac. — M^r le Doux le fils a tenu en la place de Mr Deshéris avec marraine, — Gilbert ma mère (1).

29 avril. — lundi, — vent. — Mon frère a reçu tous les sacrements avec une connaissance entière, une piété édifiante, a disposé de tout ce qu'il pouvait avoir, m'a marqué une tendresse sans égale, rien ne lui a échappé, enfin a rendu l'âme sur *la minuit*. Dieu lui a fait une grâce toute particulière dans le détachement qu'il a fait paraître. Sa mort est la meilleure exhortation du monde. Dieu veuille que j'en profite ! — Voici ses dispositions : pour des clochettes, 20 #, pour des messes 120 #, pour une bannière 30 #, pour deux services aux Augustins (La Valette) 24 # — pour les pauvres 40 # total des legs aux bonnes œuvres 234 #. Il m'a donné outre cela tous ses livres.

(1) Voir la généalogie aux pièces justificatives.

1743.

30 avril. — mardi. — Mon frère a été inhumé : il a été généralement regretté et personne ne l'a tant plaint que moi et plus perdu (1).

4 mai. — samedi, — pluie. — J'ai assisté aux Augustins (La Valette) au service qu'ils ont fait pour mon frère.

19 juillet. — vendredi, — pluie. — Ferme de Chavenac faite à Mr Peynet (2) pour 9 ans à raison de 800# par an.

30 octobre. — mercredi, — brouillard. — Soupé à La Faye (Courgeac) chez Mr de Rochemont.

1744.

— 30 janvier.—jeudi,—grand froid.—Il a été convenu avec Mr Dunoyer, curé de La Valette, qu'on lui donnerait 90# pour les réparations à faire à la maison curiale, en présence de Mr Conestable (*sic*).

10 février. — lundi, — très beau temps. — J'ai distribué selon l'intention de Mr Deshéris aux pauvres de la paroisse de St Cybard (de Montmoreau) 14 couvertes.

19 février. — mercredi, — pluie. — Allé à la pêche à St Maigrin (3) ; il y avait *quantité de beau monde*.

31 mai. — Beau temps. — J'ai été voir le Maine-Giraud, qui m'a paru joli et commode.

14 août. — vendredi, — chaleur. — Ma femme est accouchée sur les 6 heures du soir en mon absence (4), fait baptiser le 16 août à Chavenac.

16 octobre. — vendredi. — J'ai été à St Cybard (de Montmoreau) à la mission.

(1) Étienne Gilbert, curé de La Valette. (Pièces justificatives.)

(2) Dom Jacques Peynet, prêtre du diocèse d'Angoulême, religieux et infirmier de l'abbaye de Saint-Cybard, avait pris possession du prieuré simple de Saint-Sicaire de Chavenac, le 9 avril 1742. (Guillaume Jeheu, notaire à Angoulême.)

(3) Canton d'Archiac (Charente-Inférieure.)

(4) Voir aux pièces justificatives.

1745.

— 8 août. — dimanche, — beau temps. — Nous avons été à la messe à Aignes, — grande compagnie au Maine-Bernier à cause de Ste Radegonde.

15 août. — dimanche, — beau temps. — Ma femme et moi partis pour Ang^me. On y a chanté le Te Deum pour la *prise de Bruxelles* (1).

31 août. — mardi, — beau temps. — M^r le duc de Chartres (2) a passé à Châteauneuf pour aller prendre les bains à Barèges : son épouse née de Conty, etc. J'ai été spectateur de son arrivée à Châteauneuf et de son départ : il n'y a pas resté demi-heure. Il est fort gros, rouge, cheveux noirs, presque point. M^r l'intendant (3) de la Rochelle a fait beaucoup de dépense à son occasion.

30 décembre. — jeudi, — brouillard. — Mr Doumeix, chanoine de La Rochebeaucourt (4), est venu dîner ici (Chez-Trainaud).

31 décembre. — vendredi, pluie. — J'ai travaillé à mon examen de conscience.

1746.

— 6 mai. — jeudi, assez beau. — Ma femme m'a dit avoir donné à un capucin, pour une neuvaine à Notre Dame d'Aubezine (Ang^me), 4 # 10 sols.

30 mai. — lundi, — pluie. — Dîné avec mon beau-frère à Reignac (5), près Condéon, au château : on y fait beaucoup travailler de toutes façons.

(1) Plutôt à l'occasion de la bataille de Fontenoy; les villes de la Flandre autrichienne : Tournai, Gand, etc., furent prises cette année-là; Bruxelles ne le fut qu'en 1746.

(2) Louis-Philippe d'Orléans, duc de Chartres, né à Versailles, 12 mai, 1725, épousa, le 17 décembre 1743, Louise-Henriette de Bourbon-Conti, née à Paris, le 20 juin 1726. (Moreri, *supplem. II.*)

(3) Charles-Amable-Honoré Barentin, chevalier, seigneur d'Hardivilliers, les Belles-Rueries et autres lieux, intendant depuis 1737, jusqu'en 1747. (Inventaire des Archives départementales, Charente-Inférieure, t. II.)

(4) Probablement Jean Baptiste... — docteur en théologie, chanoine du chapitre collégial de Saint-Théodore de La Rochebeaucourt (Dordogne). — Minutes de Guillaume Jeheu, notaire, Angoulême.

(5) Canton de Baignes (Charente).

1747.

— 20 février. — dimanche, — pluie. — J'ai été à Pérignac (1), à la mission : dîné chez Mr Naud.

22 février. — mardi, — pluie. — Parti pour Ang^{me}. Les ponts de St Cybard ont été *emmenés par l'eau*.

24 mai. — mercredi. — Mon épouse accouchée heureusement d'un garçon au point du jour — 4me enfant, — au Maine Meunier.

28 mai. — dimanche, — pluie. — On a baptisé à Chavenac mon 4me enfant. — Mr Pipaud, prêtre, et ma sœur Mme Joubert l'ont présenté sur les fonts du baptême : il s'appelle F^{ois}-Augustin Gilbert.

10 juillet. — lundi, — sombre. — Mr Virgile, précepteur, est venu faire lire nos enfants.

1748.

— 9 février. — vendredi, — assez beau. — J'ai été au Breuil examiner les bois de Mr de Rochemont.

14 mai. — mercredi, — pluie, — gelée. — Les Cantabres ont passé au nombre de 1.800 hommes à pied et à cheval; ils ont fait plus de peur que de mal.

14 juillet. — dimanche, — sombre. — Ma femme est accouchée d'un enfant mâle après avoir beaucoup souffert... — Mr Monjon (2), curé de Salles.

17 juillet. — mercredi, — brouillard. — Fait baptiser le 5me de mes enfants. — Desgranges et la Thérèse ont été le parrain et la marraine : il a été baptisé à St-Cybard (de Montmoreau). — Il s'appelle Pierre-Célestin Gilbert.

3 août. — samedi, — pluie. — J'ai appris que M^r de La Loubière, curé d'Aignes, était mort cette nuit.

7 août. — mercredi, — sombre. — Mr Mioulle, curé de St-Cyprien (3), mon cousin-germain, a pris possession aujourd'hui de la cure d'Aignes.

---

(1) Canton de Blanzac (Charente).
(2) Canton de Barbezieux (Charente).
(3) Ancienne paroisse réunie aujoud'hui à celle de Châtignac, près Brossac (Charente).

1748.

21 août. — samedi, — pluie. — Rendu à Barbezieux avec mon beau-frère; soupé chez M^r l'avocat Banchereau — : conféré avec le médecin de la princesse (1). — La princesse est arrivée sur les 4 heures : il y avait beaucoup d'illuminations, environ 15 à 16 carrosses.

22 août. — dimanche, — brouillard. — Entendu la messe dans la maison de Mr Droit *(sic)* avec la princesse; il n'y avait que de beau monde. J'ai entré dans sa chambre et partout; elle est partie sur les 8 heures (pour Paris).

1749.

— 23 février. — dimanche, — beau temps. — Passé mon acte avec Mr de Chabrefy (2) au sujet de sa *charge d'élu* pour 17.000 [#] — Mr Caillaud l'a reçu — Mr Deshéris y était — nous avons dîné chez lui, car il m'a remis plusieurs papiers concernant sa charge.

26 février. — mardi, — beau temps. — Passé à Planchemenier (3) voir *faire les canons*.

30 avril. — mercredi. — Eté à la foire à St-Eutrope (de Montmoreau), il ne s'est pas vendu beaucoup de bœufs.

18 mai. — dimanche, — pluie. — Vu messieurs les officiers de l'élection.

15 juin. — dimanche, — pluie. — Fait légaliser à M^r le Lieutenant général mon extrait de baptême, ma procuration et un certificat de mes pâques — payé 2[#] 8 sols.

---

(1) L'auteur du journal n'indique point le nom de cette princesse; peut-être serait-ce la duchesse de Chartres, née de Conti (?)

(2) 1749-15 mars. — Election d'Angoulême. — Gages et droits des officiers de ladite élection, réservés en exécution de l'édit de janvier 1685. — Jacques Valleteau de Chabrefy, élu, 602 #, — 7 juillet. — L'office de conseiller du roi, élu en l'élection d'Angoulême, dont M. Valleteau s'est démis en faveur de Mr Gilbert à 602 # de gages, est évalué, avec parties casuelles, à 4.013 # 5 sols. — Signé : Tringaud, à la régie d'Angoulême.

(3) Commune de Sers (Charente).

1749.

28 juin. — samedi, — vent. — Parti pour Angoulême, arrivé sur les 7 heures : Mr Deshéris (1) se porte mieux — devant le Père Gilbert, il m'a traité de politique et de caché — de ce que je ne lui avais pas dit comment j'avais fait pour me procurer de l'argent.

13 juillet. — dimanche, — très chaud. — Entendu la messe à St-Pierre (Ang^{me}). — Porté mon porte-manteau à la Messagerie pesant 28 $^#$, payé 8 $^#$ 16 sols.

14 juillet. — lundi, — chaud. — Couché à Civray — payé 1 $^#$ 18 sols — à La Meilleraye, 1 $^#$ 15 sols.

15 juillet. — Mardi, — chaud. — Couché à Poitiers, payé 2 $^#$ 8 sols — à La Tricherie 1 $^#$ 8 sols.

16 juillet. — mercredi, — chaud. — Couché à Châtel-lerault — payé 2 $^#$ 5 sols 6 deniers — passé au Port de Piles, dépensé 18 sols.

17 juillet. — jeudi, — chaud. — Dépensé à Monteton, 15 sols : allé coucher au Feurse ? payé 2 $^#$ 18 sols — dépensé à Amboise, dîné, payé 1 $^#$ 4 sols — 6 deniers — sur La Levée (?) dépensé 2 $^#$ 8 sols.

18 juillet. — A Blois dépensé 1 $^#$ 14 sols.

19 juillet. — A Orléans dépensé 1 $^#$ 8 sols.

20 juillet. — A Angerville dépensé 1 $^#$ 11 sols.

21 juillet. — chaud. — A Arpajon — arrivé à Paris. — J'ai vu de fort belles choses, — fort fatigué : ainsi mon voyage m'a couté 30 $^#$ quelques sols. — Resté à Paris 34 jours — promené beaucoup dans toutes les places — promenades autant que j'ai pu... Paris est magnifique... Logé chez Mr Constant, qui n'a point voulu d'argent — vendu mon cheval 100 $^#$ après deux où trois jours de demeure — descendu à l'hôtel d'Anjou rue

(1) Son oncle, Jean Gilbert. (Voir au pièces justificatives.)

1749.

Maçon — acheté une épée d'argent avec le ceinturon — 53 # 10 sols — 2 paires de bas de soie 22 # 10 sols — donné à Mr Olivier pour mes provisions 1.894 # 14 sols — pour les visites : donné aux buffetiers, portiers, laquais, 36 # — à M^r le Procureur général pour ses conclusions 20 # 12 sols — au greffier, 29 # 14 sols — Au buffetier pour MM^{rs} de la Cour des Aides 122 # 13 sols. Ainsi il m'en a coûté pour mes provisions, ma réception à Paris y compris 2 # 16 sols pour le carrosse 2.105 # 9 sols. — Acheté une perruque, 18 # — allé une fois à l'Opéra, 2 # — étui pour mettre ma perruque, 15 sols — Allé à Versailles, couché une nuit, examiné de mon mieux ce château qui est tout ce qu'il y a de magnifique, payé 4 #. — Plus dépensé pour mon voyage en revenant à Etampes, — Toury — Cercottes — Blois — Monteton — Port de Piles — Châtellerault — Poitiers — Vivonne — Couhé — Ruffec — Mansle, etc., etc., 31 # 10 sols.

5 septembre. — Arrivé chez moi.

14 septembre. — Mr Deshéris a résigné au curé de St-Martin (d'Ang^{me}) son prieuré de Fontaine (1), moyennant 200 # de pension.

(1) Réuni aujourd'hui à la paroisse de Champagne, canton de Verteillac (Dordogne). Le 29 décembre 1749, Jacques Mioulle, prêtre, licencié en droit civil et canon, curé de Saint-Martin d'Angoulême, prieur de *Saint-Pierre du Bournet, près Fontaine,* demeurant à Angoulême, afferme à Arnauld Bellabre, sieur du Cluzeau, juge assesseur de la baronnie de Mareuil, demeurant au bourg de Gouts en Périgord (canton de Verteillac), les bâtiments, fonds, domaines et revenus dudit prieuré, consistant en agriers et rentes seigneuriales, plus une maison, jardin, ouche et un morceau de pré dépendant dudit prieuré, pour 6 ans, moyennant la somme de 400 # chaque année; il sera donné sur cette somme 200 # à l'abbé Deshéris pour sa pension, à la décharge du sieur Mioulle, plus 34 # au prêtre qui ira dire la messe au prieuré le jour de la fête des saints Pierre et Paul. — (Copie — Archives Gil-

1749.

19 septembre. — vendredi, — beau. — Fait mes visites après dîné (Ang^me) en chaise, payé au porteur 1^# 10 sols.

20 septembre. — samedi, beau. — J'ai été installé aujourd'hui à l'Election, payé 12^# pour le bouquet que m'a donné la buffetière, fait collation chez M^r le curé de St-Martin.

22 septembre. — lundi, — pluie. — Rendu à la foire à Châteauneuf.

27 septembre. — samedi, — vent. — Parti pour Ang^me. — La fièvre m'a pris en chemin, obligé de prendre un lit chez M^r le curé de St-Martin, je n'ai pu monter à l'audience.

5 octobre. — dimanche, — beau temps. — J'ai été à la messe Chez-Bouchers (1) avec ma femme, nous y avons dîné.

8 octobre. — mercredi, — beau temps. — Allé à Ang^me. M^r l'Intendant (2) est arrivé ce soir ; nous avons été en corps le saluer.

9 octobre. — jeudi, — beau temps. — Toute l'élection à l'exception de M^r le Président, s'est rendue chez Mr Arnaud ; nous avons travaillé au département, qui s'est fait avant dîner. Tout était *arrêté dès Limoges ;* il a fallu dire « amen » à tout. Il y a 250.000^# de diminution sur la Généralité ; on n'a donné à Ang^me que 480.000^#, sur quoi on a établi pour l'abonnement et les charges municipales 12.000^# ; il y a eu 36.000^# à repartir sur l'élection. On a donné 4 sols par livre aux paroisses

bert). — Cette note suffirait à elle seule pour rectifier les frêles assertions émises en 1893. (*Bulletin* de la Société archéologique de la Charente, p. 244, etc.)

(1) La famille Gilbert y possédait une chapelle.

(2) De Barberie de Saint-Contest, chevalier, seigneur de La Châteigneraie (Gay de Vernon, *Société archéologique du Limousin,* 1860).

1749.

nouvellement arpentées, aux grêlées et d'autres dédommagements et n'y a pour les autres paroisses que 11 deniers. Cela *a été bien mal égalé !* Nous avons dîné à l'Intendance, ensuite on a vérifié les cotes des paroisses, il y a de grandes tailles, plus de 618,000#. — Le fourrage a aussi beaucoup diminué. Angoulême a diminué de près de 12,000#. M#r Dutillet fait presque tous les rôles ; j'ai obtenu sur S#t-Cybard [de Montmoreau] de diminution sur la grande taille 25# au delà de son contingent. Pour mes privilèges cependant M#r Dutillet ne voulut me passer que 15# après avoir bien disputé. J'ai fait aussi diminuer Aignes de 100# à l'occasion du taux de M#r Lambert, fermier.

14 octobre. — mardi, — beau temps. — Dîné chez M#r de Chabrefy ; nous avons été souhaiter un bon voyage à M#r l'Intendant. On nous a dit qu'il était fort irrité contre M#r Ménard ; il a fait une remontrance à M#r Pigornet et nous a ôté le *droit de décharger* ceux qui seraient mal à propos nommés collecteurs.

1#er novembre. — Pluie. — Été à la messe à Bournet. Constantin Desmorlières, procureur à La Valette.

2 novembre. — dimanche, — pluie. — A la messe à Chavenac, dîné chez M#r le curé.

3 novembre. — lundi, — brouillard. — Entendu la messe Chez-Bouchers ; il est venu un quêteur des *Quinze-Vingts* (1), j'ai donné 6 sols.

8 novembre. — samedi, — assez beau, peu chaud. — J'ai été à la foire de Blanzac ; acheté 2 perruques chez M#r de Montalembert, perruquier, 13# 10 sols, avec une marotte 1# 4 sols.

(1) Hospice fondé à Paris, au quartier Saint-Antoine, par Saint-Louis, pour trois cents aveugles (1254).

1749.

9 novembre. — dimanche. — Été à la messe Chez-Bouchers. Mr Lambert, procureur, est venu dîner.

10 novembre. — lundi, — beau temps. — M^r l'abbé Pipaud (1) est venu nous voir.

3 décembre. — mercredi, — brouillard. — Ma mère m'a envoyé un exprès pour m'annoncer une triste nouvelle : que mon père était mort de la nuit dernière sans qu'on s'en fût aperçu ; il parlait bien et écrivit le soir même, apparemment qu'il fut suffoqué par son asthme. Il avait assurément de très bonnes intentions pour moi, il ne me les avait pas communiquées, mais les fragments m'ont persuadé ce qui en était, il a été enterré sur le soir. On a envoyé chercher 7^# 1/2 de cire à Montmoreau, il y avait 6 prêtres, j'ai fourni 7 sols. Ma mère selon les apparences s'était saisie de l'argent, puisque, lorsque j'ai dit qu'il devait avoir quelque or, ne le trouvant point, elle n'a pas été surprise ni inquiète. Là dessus elle m'a dit qu'elle avait les 2,000^# dans son coffre qu'on devait donner à Mr Faure et quelque argent, etc. Je lui ai accordé tout ce qu'elle a voulu, je n'ai touché à rien, je lui ai fait beaucoup de soumissions, elle s'est emparée de toutes les clefs et a agi comme à son ordinaire. J'ai prié ma mère de promettre que nous vinssions rester au Maine-Bernier, ce qu'elle a consenti.

4 décembre. — jeudi, — brouillard. — Fait porter mon épouse par 4 porteurs pour le Maine-Bernier.

7 décembre. — dimanche, — brouillard et pluie. — Été à la messe à Aignes, dîné chez M^r le curé ; nous avons fait conduire tous nos petits au Maine-Bernier.

(1) Parent, du côté maternel.

1749.

8 décembre. — lundi, — brouillard. — Ma femme est accouchée sur les 8 heures du soir du sixième enfant; ainsi voilà 5 mâles que nous avons ; elle s'est délivrée heureusement (1).

9 décembre. — mardi, — beau. — On a fait le baptême de notre sixième enfant. Le petit Deshéris et la Monette ont été parrain et marraine.

21 décembre. — dimanche. — Mr le curé d'Aignes a fait remettre notre banc dans son ancienne place (à l'église).

22 décembre. — lundi, — pluie, — Marguerite, notre servante, est venue nous annoncer la mort de notre cinquième enfant, qui était en nourrice dans la paroisse de Saint-Martial (de Montmoreau), chez Fleurant et qu'il était enterré.

1750.

— 1er janvier. — jeudi, — bien froid. — Dîné chez Mr de Mastin (2), il n'y a pas d'apparence de faire rien (pour l'acquisition de coupes de bois).

8 janvier. — jeudi, — beau. — On a fait un service pour feu mon père, ma mère a fait distribuer 6 à 9# aux pauvres; il y avait 8 prêtres, toute la famille s'y est trouvée.

9 janvier. — vendredi. — Ma mère a voulu faire examiner les papiers de la maison à mes beaux-frères; il y a *arrivé carillon* à l'occasion du contrat de mariage de mon père que j'avais demandé à ma mère de ne pas faire voir ; ils ont eu connaissance de tout; il y a tout à craindre d'eux et ma mère leur a donné toute sa confiance.

10 janvier. — samedi, — beau. — J'ai fait part à Mr Mioulle, curé d'Aignes, de tout ce qui s'était passé.

(1) Voir la généalogie aux pièces justificatives.
(2) Seigneur d'Aignes.

1750.

17 janvier. — samedi, — beau. — Allé à Ang^me, tenu l'audience de l'élection, *signé* une convention faite avec les officiers, je ne l'ai point lue, je ne sais pas la teneur.

24 janvier. — samedi, — beau. — Assisté à l'audience.

31 janvier. — samedi, — beau. — J'ai été à Ang^mo, arrivé à midi, tenu l'audience. — On a reformé la serrure avec les clefs de nos bancs de Saint-Pierre (1).

15 février. — dimanche, — pluie. — Eté à la messe de St-Cybard (de Montmoreau), dîné chez M^r le curé, lui ai donné pour le pavé de l'église 3^#.

7 mars. — samedi, — beau. — Parti pour Ang^mo, il n'y a pas eu d'audience.

8 mars. — dimanche, — beau. — Payé au greffier de l'élection pour copie de ma réception 12 sols.

11 mars. — mercredi, — grêle. — Arrivé de hier au soir à Limoges ; il a tombé de la neige abondamment.

12 mars. — jeudi, — neige. — J'ai été chez le greffier du bureau des Finances, payé 72^# pour prêter serment.

13 mars. — vendredi, — pluie. — Prêté serment au bureau des Finances, payé au garde du palais 6^#, au greffier 6^# 8 sols ; dîné chez M^r l'Intendant, beaucoup promené dans Limoges.

14 mars. — samedi. — Allé coucher à St-Auvent (2), où j'ai été bien reçu.

15 mars. — dimanche, — beau. — Resté à Saint-Auvent..

---

(1) Les bancs des juges à Saint-Pierre d'Angoulême.

(2) François Perry, comte de Saint-Auvent, canton de Saint-Laurent-sur-Gorre (Haute-Vienne), baron de Montmoreau (Charente).

1750.

31 mars. — mardi, — gelé. — Allé à la messe de Chavenac, fait mes pâques.

11 avril. — samedi, assez beau. — Parti pour Ang^{me}, assisté à l'audience, on m'a donné un procès à rapporter de Jeanne Lacouture contre les collecteurs de la paroisse de Cherves.

12 avril — dimanche, — beau. — Promené dans Ang^{me}; payé pour façon de *ma robe du palais* et l'habit que j'ai fait tourner, y compris les fournitures, 14$^\#$ 10 sols.

15 avril. — mercredi, — pluie. — J'ai chargé Mr Maulde d'Anès (1) d'un paquet pour Mr Constant, procureur à Páris, où il y avait une copie de mes provisions et réception au bureau des Finances, ensemble de 12$^\#$, le tout pour Mr Constant.

17 avril. — vendredi, — beau. — Allé voir l'ouvrage du *pont de Saint-Cybard* (Ang^{me}) et tirer l'eau *du bâtardeau;* il ne manque pas de curieux; payé au Père Gilbert 50$^\#$ pour une montre qu'il m'a procurée venant du feu Père Valteau.

25 avril. — samedi, — Pluie. — Mr Limousin prit hier possession de la cure de Chavenac.

1er mai. — vendredi, — beau. — On a porté le Saint Sacrement à mon épouse; je l'ai trouvée bien mal.

11 mai. — lundi, — froid. — Parti de grand matin avec Gazeaud pour Nanteuil, passé à Mansle, payé pour la dépense 1$^\#$ 13 sols; arrivé tard à Nanteuil, logé chez Mr Jussr ? chirurgien.

12 mai. — mardi, — beau. — Occupé à faire le tableau de Nanteuil (2), de Pougné (3), Cellettes (4), Moutardon (5); dîné chez Mr Cluzel, juge.

(1) *Alias* Anais, canton de Saint-Amant-de-Boixe (Charente).
(2) Canton de Ruffec (Charente).
(3) Canton de Ruffec (Charente).
(4) Canton de Mansle (Charente).
(5) Canton de Ruffec (Charente).

1750.

13 mai. — mercredi, — beau. — Occupé à faire le tableau de Messeux (1) et Vieux-Ruffec (2). Gazeau a payé 6# de dépenses : allé coucher à Salles de Touchimbert.

14 mai. — jeudi, — beau. — Occupé à faire le tableau de Salles de Touchimbert (3) et Lonnes (4), diné et soupé chez Mr Couste.

15 mai. — vendredi, — beau. — Fait le tableau de Ligné (5) : allé coucher à Ang^{me} ; Mr Gazeaud a touché environ 40# : dépense déduite, a gagné 20# environ.

18 mai. — lundi, — beau. — Fait faire le tableau des collecteurs de Chavenac.

28 mai. — jeudi, — sombre. — Fête-à-Dieu. Parti de matin pour Ang^{me}, assisté à la procession du *Corps de Dieu en cérémonie.*

30 mai. — samedi, — beau. — Assisté le matin à la Chambre et le soir à l'audience.

31 mai. — dimanche. — Rendu à Fouquebrune (6), travaillé à la confection du tableau.

4 juin. — jeudi, — pluie. — Travaillé au tableau de la paroisse de Vaux (7).

14 juin. — dimanche, — beau. — Travaillé au tableau de la paroisse de La Valette.

15 juin. — lundi, — beau. — Travaillé au tableau de la paroisse de Saint-Cybard-Blanzaguet (8), Villars (9) et le Petit-Champagne (10).

(1) Canton de Ruffec (Charente).
(2) Canton de Ruffec (Charente).
(3) Canton de Villefagnan (Charente).
(4) Canton de Mansle (Charente).
(5) Canton d'Aigre (Charente).
(6) Canton de La Valette (Charente).
(7) Canton de La Valette (Charente).
(8) Canton de La Valette (Charente).
(9) Canton de La Valette (Charente).
(10) Commune de Champagne-Fontaine, canton de Verteillac (Dordogne).

1750.

16 juin. — mardi, — beau. — Travaillé au tableau de Combiers (1), Hautefaye (2) et Gardes (3).

17 juin. — mercredi, — beau. — Travaillé au tableau de Dignac et Edon (4).

18 juin. — jeudi, — beau. — Travaillé au tableau de de Rognac *(sic)* (5) et Maignac (6).

19 juin. — vendredi, — beau. — Rendu à Ronsenac (7) pour faire le tableau.

20 juin. — samedi, — beau. — Mr Gazeaud et moi avons travaillé à Aignes à faire le procès-verbal du dégât de l'abondance d'eau, qui tomba il y a 15 jours; passé dans plusieurs villages.

10 juillet. — vendredi, — sombre. — Parti après dîner pour Bertric (8). Ma mère a laissé à M. Saintrac 495$^\#$ pour distribuer aux pauvres de Coutures (9). couché à Bertric.

11 juillet. — samedi, — soleil. — Allé avec Mr Gazeaud à La Tour-Blanche (10), où nous avons travaillé à la confection du tableau de Cercles (11).

12 juillet. — dimanche, — beau. — Travaillé au tableau de La Tour-Blanche.

13 juillet. — lundi, — sombre. — Travaillé au tableau de Gurat (12).

(1) Canton de La Valette (Charente).
(2) Canton de Nontron (Dordogne).
(3) Canton de La Valette (Charente).
(4) Canton de La Valette (Charente).
(5) Canton de La Valette (Charente). De nos jours mêmes, nous avons souvent entendu prononcer de la sorte par les naturels de l'endroit, qui se conforment, sans le savoir, à l'une des appellations romanes du lieu « Rognacum ».
(6) Canton de La Valette (Charente).
(7) Canton de La Valette (Charente).
(8) Canton de Verteillac (Dordogne).
(9) Canton de Verteillac (Dordogne).
(10) Canton de Verteillac (Dordogne).
(11) Canton de Verteillac (Dordogne).
(12) Canton de La Valette (Charente).

1750.

14 juillet. — mardi, — beau. — Travaillé au tableau de Salles (1) — rendu au Maine-Bernier.

20 juillet. — lundi, — chaud. — Travaillé à la confection du tableau de Fouquebrune (2).

24 juillet. — vendredi, — Chaud. — Occupé avec Mr Gazeaud à faire le tableau de Torsac (3).

25 juillet. — samedi, — Parti le matin pour le Limousin, dîné à Chasseneuil (4), couché à Chantrezac (5).

26 juillet. — dimanche, — doux. — Occupé à faire le tableau de Chantrezac et Loubert (6).

27 juillet. — lundi, — pluie. — Occupé à faire le tableau de Manot et Ambernac (7).

28 juillet. — mardi, — doux. — Couché à Confolens.

29 juillet. — mercredi, — doux. — Occupé à faire le tableau d'Ansac (8) et de St-Martin de Bourrianne (9).

30 juillet. — jeudi, — beau. — Occupé à faire le tableau d'Hiesse (10) et Epenède (11).

31 juillet. — vendredi, — pluie. — Occupé à faire le tableau de Vestizons (12) et d'Esse (13). Confolens est *assez joli*, fort ancien. La Vienne passe au pied.

(1) Canton de La Valette (Charente).
(2) Canton de La Valette (Charente).
(3) Canton de La Valette (Charente).
(4) Canton de Sant-Claud (Charente).
(5) Canton de Saint-Claud (Charente).
(6) Canton de Saint-Claud (Charente).
(7) Canton de Confolens-nord (Charente).
(8) Canton de Confolens-nord (Charente).
(9) Ancienne paroisse réunie aujourd'hui à celle d'Ambernac, canton de Confolens-nord (Charente).
(10) Canton de Confolens-nord (Charente).
(11) Canton de Confolens-nord (Charente).
(12) Ancienne paroisse, devenue aujourd'hui modeste village, sous le nom déformé de Vieux-Tison et dépendant de la commune d'Hiesse (Charente).
(13) Canton de Confoléns-sud (Charente).

1750.

1er août. — samedi, — beau. — Parti de Confolens, allé à St-Maurice-des-Lions (1), fait le tableau de Chirac et de Saulgond (2).

2 août. — dimanche, — pluie. — Fait le tableau de Lesterps (3).

3 août. — lundi, — pluie. — Fait le tableau de Saint-Christophe de Confolens (4), Lésignac-sur-Goire (5).

5 août. — mercredi, — beau. — Allé à La Péruse (6). Syndic fort ancien.

6 août. — jeudi, — frais. — Occupé à faire le tableau de La Péruse, La Plaud (7) et Suris (8).

7 août. — vendredi. — Allé à Genouillac, où nous avons fait le tableau de Roumazières (9) et Genouillac (10). Couché à La Rochefoucauld.

8 août. — samedi, — frais. — Rendu à Ang^me, allé à l'audience; il m'est tombé en partage pour mes chevauchées : Montbron, Marthon et Nanteuil, reposant 41 paroisses; j'ai bien *dit quelques choses*.

15 août. — samedi, — beau. — Allé à la messe de Puyfoucaud (11).

5 septembre. — samedi, — pluie. — Assisté à l'audience; remis 18 anciens tableaux au greffe et 21 nouveaux dont j'ai payé 12# 12 sols.

(1) Canton de Confolens-sud (Charente).
(2) Canton de Chabanais (Charente).
(3) Canton de Confolens-sud (Charente).
(4) Canton de Confolens-sud (Charente).
(5) Ancienne paroisse, réunie à celle de Saint-Maurice-des-Lions, canton de Confolens-sud (Charente).
(6) Canton de Chabanais (Charente).
(7) Ancienne paroisse réunie à celle de Loubert, canton de Saint-Claud (Charente).
(8) Canton de Chabanais (Charente).
(9) Canton de Chabanais (Charente).
(10) Canton de Sant-Claud (Charente).
(11) Autrefois prieuré situé en la paroisse de Saint-Amand de Montmoreau (Charente).

1750.

11 septembre. — Mon quatrième enfant, le petit Augustin, mort d'une fièvre de 5 jours ; enterré à Aignes, payé au sacristain 75 sols.

19 septembre. — Reçu pour ma portion des fermes des Aides, 126 # 3 deniers.

9 octobre. — Assisté à Ang^me au département — de diminution de 65,388# ; reçu de Mr Dupuis, gratification des Aides, 107# 6 deniers.

13 octobre. — Payé aux Ursulines d'Ang^me 42# pour le quartier de pension de ma nièce Las Escuras.

14 octobre. — Pris congé de M^r l'Intendant (1).

15 décembre. — Envoyé mes deux (filles) aînées à Barbezieux chez Mlle de L'Aigle, à 100# de pension chacune.

1751.

— 1er janvier. — Présenté requête à Mr de Champniers pour planter vigne.

8 février. — Ma femme accouchée d'un garçon, 7me enfant (2), beaucoup souffert. Parrain, Mr Mioulle, curé d'Aignes, marraine, Marie Gros : nommé Jean-Baptiste-Joseph.

13 février. — Reçu Mr Dereix, procureur à l'Élection.

26 mars. — Payé pour avoir la liste de MM^rs du Corps de ville, 5 sols. Fait des visites toute la journée pour y entrer.

27 mars. — A l'audience de l'Election, payé à M. Benoît pour droit de chapelle pour entrer dans le Corps de ville 120#. Mr Joubert, avocat, a été élu *maire* (3).

24 avril — Mr Benoît m'a remis mes 120# que je lui avais données ci-devant pour entrer au Corps de ville.

---

(1) Henri-Louis de Barberie de Saint-Contest, chevalier, seigneur de La Chataigneraie, 1743-1751. (Gay de Vernon, *Bulletin archéologique du Limousin*, 1860).

(2) Voir généalogie, aux pièces justificatives.

(3) Élie-François Joubert.

1751.

11 mai. — Ma mère a été faire dire la messe de notre fondation (à Aignes) (1) ; elle a payé 2# 6 sols.

15 mai. — Pluie. — Eté à la foire de Ste-Quittière (2) avec Mr Mioulle.

23 mai. — dimanche, — pluie. — J'ai assisté [à Ang^{me}] à une procession générale à cause de la mission que mon oncle (l'abbé Deshéris) (3) fait faire et dont il a payé 500# .

6 juin. — dimanche, — froid. — Nous sommes partis ma sœur et moi pour Angoulême, arrivés à onze heures ; assisté aux exercices de la mission ; il y *beaucoup de peuple*.

7 juin. — lundi, — beau. — Occupé à assister aux exercices de la mission.

8 juin. — mardi, — pluie. — Occupé à assister aux exercices de la mission. Le jubilé a été ouvert par une procession solennelle, où j'ai assisté.

9 juin — mercredi, — beau. — Occupé aux exercices de la mission.

12 juin. — samedi, chaud. — Assisté à une procession pour le jubilé.

3 juillet. — samedi, — beau. — A l'audience, nous avons fait la distribution des châtellenies, il m'est tombé Confolens, Loubert et Manot.

4 juillet. — dimanche, — beau. — Parti de matin avec le clerc de Mr Périer, pour Nanteuil : logé chez le juge, Mr Cluzel.

5 juillet. — lundi, — pluie. — Fait le procès-verbal des dégâts causés par la grêle et à Messeux aussi, — donné audit clerc 12 sols.

(1) Fondation établie en 1649. — Voir aux pièces justificatives.

(2) *Alias* Sainte-Aquittière, village de la commune de Chadurie, canton de Blanzac (Charente).

(3) Jean Gilbert, ancien curé de Saint-Martin et Saint-Eloy, sous Angoulême.

1751

17 juillet. — samedi, — beau. — Parti pour Ang^me, il n'y a pas eu d'audience. — Nos messieurs m'ont donné un certificat que la distribution des châtellenies était faite dès 1749, lors de ma réception.

20 juillet. — mardi, — pluie. — J'ai été à la foire à Aignes, qui s'est trouvée meilleure que je ne pensais.

21 juillet. —¦mercredi, — beau. — Envoyé au curé de Courgeac 2 barriques de vin pour 44#.

15 août. — dimanche, — sombre. — Assisté à la procession générale (Ang^me).

28 août. — samedi, — beau. — Rendu à Ang^me, assisté au procès de Mr Bourdin au rapport de Mr Pigornet ; il jouira des privilèges conformément à son édit de création de 1635, condamné aux dépens pour les frais jusqu'au rapport de sa quittance de finance... — Assisté à l'audience. — Donné à ma nièce, Mlle de Las Escuras, 6# pour apprendre à danser.

18 septembre. — samedi, — pluie le soir. — J'ai été à Ang^me, passé à Livernan (1), rendu à l'audience ; allé chez Mr Marot, qui m'a payé mes gages, après s'être retenu le dixième, il m'a compté déduction de 12 sols pour le parchemin, il m'a compté 541# 4 sols.

10 octobre. — samedi, — beau le matin, — pluie le soir. — Assisté à l'audience. Il y a (à Ang^me) des réjouissances à l'occasion de la naissance du Dauphin (2)... Assisté au *Te Deum* chanté à l'occasion... Soupé à l'évêché en grande compagnie.

----

(1) Commune da Charmant, canton de La Valette (Charente).

(2) Ce fut le duc de Bourgogne, petit Dauphin, frère aîné de Louis XVI, né à Versailles, le 13 septembre 1751, fils de Louis, grand Dauphin de France, et de son épouse en secondes noces, Marie-Josephe, fille d'Auguste III, duc de Saxe et roi de Pologne. Cette naissance

1751.

15 novembre. — Fait le département (à Ang^me), il y a eu 12.000^# de diminution sur l'Élection, il y a eu 50^# de diminu͂ sur Aignes pour ses privilèges.

27 novembre. — Allé prendre congé de M^r l'Intendant qui part pour Limoges.

6 décembre. — Fait mon jubilé aux Capucins (Ang^me).

1752.

— 15 janvier. — Foire à Aignes, s'est trouvé peu de choses.

22 janvier. — Enregistré à l'Élection la réception d'un huissier, — des trésoriers de Limoges, — 9^# épices.

5 février. — Passé à Ang^me un soussigné (*sic*) avec M^r le prieur Peynet, de la ferme de Chavenac pour 9 ans, avec 500^# de pot de vin.

10 mars. — Rapporté le procès de Mr Villamond, reçu 39^# d'épices à partager entre quatre.

17 juillet. — Fait la distribution des châtellenies, fait l'état de la récolte, envoyé une ordonnance pour la nomination des collecteurs.

12 août. — A l'audieuce on a livré le bail des fruits des collecteurs de Montbron 180^# requérant Mr Chabrefy.

22 août. — Assisté à Aignes au sermon, conférence, bénédiction pour la mission de M^r l'abbé Deshéris.

28 août. — Il est venu pendant la mission bien du monde coucher, dîner au Maine-Bernier.

cause des transports de joie dans tout le royaume, et Louis XV donne ordre à l'Hôtel-de-Ville de Paris d'employer à marier 600 filles les sommes qu'il destinait à être dépensées à cette occasion en fêtes et réjouissances. Cet exemple eut des imitateurs à la cour et en province : ce jeune duc de Bourgogne mourut en 1761, âgé de neuf ans. (*Art de vérifier les dates*, — édition 1770. — Michaud, *Biographie universelle.*)

1752.

1er septembre. — Fait faire la croix au Maine-Bernier, acheté pour la peindre une livre ocre et 1/2 livre de céruse — 6 sols.

8 septembre. — La mission a fini.

23 septembre. — Reçu de Mr Lavialle à Ang^{me} pour mes gages 517 #.

6 octobre. — vendredi, — froid. — Donné au fils de L'Angoumois de St-Martial, qui enseigne nos petits 6 # pour un mois.

11 novembre. — samedi, — pluie. — Assisté au département; nous avons dîné chez M^r le Président; il y a annoncé beaucoup d'augmentation.

18 novembre. — samedi, — beau. — Acheté aux petits un Despautère 14 sols et un catéchisme, 8 sols.

19 novembre. — dimanche, — beau. — Allé faire nos adieux à M^r l'Intendant.

20 novembre. — lundi, — froid. — M^r l'Intendant est parti.

16 décembre. — samedi, — beau. — Assisté à l'audience, qui a été longue : reçu ma permission de planter la vigne (1). Mr de Beaulieu m'a écrit.

29 décembre. — vendredi, — bien gelé. — Dîné chez Mr Sauvo, chanoine (Ang^{me}).

30 décembre. — samedi, — bien gelé. — Parti avec Mr Duranclaud, allé coucher à Orgedeuil (2) chez Mr Lériget, qui m'avait requis pour faire un procès-verbal; nous avons eu grand froid.

---

(1) 1752, 8 décembre. — Autorisation accordée à Gilbert, officier en l'élection d'Angoulême, par Jacques-Louis de Chaumont de La Millière, chevalier, seigneur de Vallançay, Luçay, Dargeville et autres lieux, conseiller du roi, maître des requêtes ordinaires, intendant de justice, police et finances en la généralité de Limoges, de faire planter en vignes 20 journaux et 10 carreaux de terre en la paroisse d'Aignes. (Archives Gilbert.)

(2) Canton de Montbron (Charente).

1752. 31 décembre. — dimanche, — bien gelé. — Allé à Montbron entendre la messe, — après dîner allé à Peyrou (1) où j'ai fait le procès-verbal du dégât que le feu avait causé dans les bois châteigners de Mr Lériget (2).

1753. — 1er janvier. — lundi, — bien froid. — Entendu la messe à Peyrou, passé à Rancogne (3).

9 janvier. — mardi, — neige. — Occupé *à me promener*.

24 avril. — Allé avec Mr Deshéris chez Mr Arnaud, à qui il a donné un mémoire de son intention pour un *petit séminaire* (Ang^me).

25 avril. — Assisté à la retraite du Père Danehil?

5 juin. — Payé à Montmoreau à Mr Lavergne 400^# pour *la mission*.

21 juin. — Allé à Ang^me avec ma femme, assisté à la procession.

24 juin. — Fait tonsurer le petit Deshéris (4) — ma femme, La Monette et Gilbert ont reçu la confirmation.

15 août. — A la procession générale à Angoulême.

23 septembre. — Ma femme accouchée d'un huitième enfant mâle au Maine-Bernier. — Parrain François Gilbert et marraine, sa sœur (5) — donné le nom de Maurice.

---

(1) Ancienne paroisse réunie aujourd'hui à celle d'Orgedeuil (Charente).

(2) 1752. — François Gilbert, le présent narrateur, met sa fille chez Mlles Vincent, pour apprendre à coudre, brocher, lire, etc., à 3^# par mois. *(Dictionnaire manuscrit.)* Ce dictionnaire manuscrit est un recueil d'événements antérieurs et contemporains que François-Jean Gilbert, son fils, a classés par ordre alphabétique, pour en faciliter la recherche; nous userons de cette source toutes les fois que le texte même du Livre-Journal nous fera défaut.

(3) Canton de La Rochefoucauld (Charente).

(4) Jean Gilbert, son aîné, âgé de 10 ans.

(5) Voir généalogie aux pièces justificatives.

1753.

13 octobre. — A l'audience — reçu de MM^rs des Aides 107 # de gratification et 15 # 8 sols pour ma portion de bordereau.

16 octobre. — Assisté au département, il y a eu 14.000 # d'augmentation; reçu de Mr Marot 502 # 10 sols pour mes gages.

7 novembre. — Fait mettre la *girouette* sur le colombier au Maine-Bernier, fâché de ce qu'elle était penchée.

9 novembre. — Envoyé mes deux enfants aînés chez M^r le curé de La Chapelle (1) à 150 # de pension pour chacun.

30 novembre. — Mr de Mastin m'a permis de chasser dans sa terre (2) (Aignes).

1754.

— 21 janvier. — lundi, — beau. — Fait marché, Mr Naud et moi avec M^r le prieur de La Couronne d'une coupe de bois au-dessous celle qu'il a fait couper — à raison de 600 #.

23 janvier. — mercredi. — A la foire à Montmoreau, fait déclaration, pour brûler, chez Mr Châtenet — de la contenance d'environ 60 barriques de vin, que j'ai signée sur le registre.

7 février. — jeudi, — grand froid. — J'ai fait recurer un ancien puit, j'y ai fait mettre de la glace.

8 février. — vendredi, — grand froid. — Planaud (3) le chanoine est venu dîner.

(1) François Pipaud..., canton de Barbezieux (Charente).

(2) Devenu seigneur d'Aignes par une alliance contractée avec la famille de Viaud, précédent possesseur de cette seigneurie.

(3) Chanoine du chapitre collégial de Saint-Sauveur d'Aubeterre. 1749, 11 novembre, Bertrand-Estève de Planeau, de la ville d'Aubeterre, est venu au séminaire de Périgueux et a payé à compte 20 #; il a occupé la place de feu M. de Sonville, le 24 février 1750; il a payé 20 # sur sa pension, le 6 mai 1750. — Reçu de M. Dauriac, comptable de l'hôpital, 50 # à compte sur la pension de M. Planeau. Il s'est retiré le 15 juillet, le matin, après avoir demeuré huit mois et trois jours, qui montent à 188 # 19 sols. Reçu ou doit recevoir de l'hôpital, 100 #;

1754.

9 février. — samedi, — grand froid. — J'ai fait couvrir le puit de la glacière; il y en a plus de trois charrettes dedans=(1).

10 mars. — dimanche, — beau. — Fini de faire brûler d'hier : j'ai 4 tierçons d'eau-de-vie, qui manquent de quatre doigts chacun et environ 80 pintes dans un petit quart. — 43 journées à 2 brûleurs pour 18# 18 sols, je leur ai donné 19#.

13 mars. — mercredi. — Payé à Mr Chastenet à Montmoreau 7# 16 sols, pour permission de faire brûler.

13 avril. — samedi, — beau. — Ayant été agrégé au Corps de ville, payé pour droit de chapelle 48#, aux sergents du maire 3#; j'ai fait quantité de visites.

14 avril. — dimanche, — Pâques, — beau. — Assisté *en robe aux offices*.

18 avril. — jeudi, — pluie. — Fait mes pâques.

23 avril. — mardi, — beau. — Fini notre neuvaine à Notre-Dame d'Aubezine — donné 6# au Cordelier qui a dit la messe et 6 sols au sacristain.

il m'a donné 40#; pourtant il est redevable de 48# 19 sols qu'il a payés par les mains de M. Desmottes. (Extrait du livre des pensions du grand séminaire de Périgueux, par moy, Gintrac, prêtre missionnaire, le 10 mars 1760.)

(1) 1754, 1er mars, Angoulême. — Lettre adressée à Gilbert, conseiller du roi, élu en l'élection d'Angoulême, en son logis du Maine-Bernier, à Aignes, par dom Peynet, prieur de Chavenac. « J'apprend « avec bien de l'inquiétude, Monsieur, votre indisposition, il est vray « que vous vous donnez des mouvements sans mesures; quelque jeune « que vous soyez, il n'est pas possible d'en éviter les accidens, je me flate « que cela n'aura pas de mauvaises suittes, mais que cela opérera une « plus exacte tranquilité... Bien des respects à madame votre mère ainsy « qu'à Mlle votre épouse. Point de nouvelles pour M^{rs} nos Conseilliers, « je crains qu'ils feront la Pasque avec nous. M^r le duc d'Acquitaine « Châtillon, — le marquis de Bresé, grand maître des cérémonies des « Cordons bleu sont morts ainsy que M^r le chevalier d'Horte, neveu de « Mr de Torsac, mort au château d'Angoulême... signé : J. Peynet, « prieur de Chavenat. » (Archives Gilbert.)

1754.

26 mai. — dimanche, — brouillard. — J'ai été à la messe à St-Cybard (de Montmoreau) dîné et soupé chez M^r le curé, où il y avait bonne compagnie : la messe de la Saint-Clair.

9 juin. — dimanche, — beau. — Parti avec Mr de Guippeville, Banchereau — allé à La Tour-Blanche (1); ils ont été à Brantôme (2) et moi j'ai travaillé à visiter les lieux endommagés de Cercles (3) et Montabourlet, à la requête des habitants : soupé et couché chez M^r d'Hautefaye.

13 juin. — jeudi, — chaud, — Fête-Dieu. — Nous n'avons point *assisté en Corps* à la procession à cause DU PAS qu'a pris M^r le marquis de Montalembert. Le présidial s'est retiré : on a fait informer contre Mr du Petit Naudin.

5 juillet. — vendredi, — grand chaud. — Est venue une religieuse de La Valette demander la quête de la laine.

15 août. — A Angoulême avec ma femme, assisté à la procession générale.

9 septembre. — A la foire à La Rochefoucauld, soupé chez l'archiprêtre de Saint-Projet (4).

20 octobre. — Fait venir mes deux aînés de chez M^r l'abbé Pipaud.

17 novembre. — Fait le département.

1er décembre. — Envoyé mes deux aînés à Courgeac (5), pour 180[#] de pension chacun.

15 décembre. — Mr Marchadier, vicaire à Aignes.

(1) Canton de Verteillac (Dordogne).
(2) Chef-lieu de canton (Dordogne).
(3) Canton de Verteillac (Dordogne).
(4) Élie Maret, archiprêtre de Saint-Projet et de Saint-Pierre de la basse ville de La Rochefoucauld, son annexe. (Registres paroissiaux de Saint-Projet.)
(5) Chez François Duruisseau, curé de cette paroisse.

1755.

—9 janvier. — Tué un héron au lavoir des Bouchers, (Aignes).

5 février. — Le Père Gilbert, jacobin, mort (1).

12 février. — Mort du petit Bernier, François Gilbert, après 15 jours d'agonie au Maine-Bernier (1*).

3 juin. — Fait un procès-verbal de grêle dans la paroisse de Montignac chez Mr Dubouché à Chaliveau.

25 juillet. — Assisté à Angoulême au procès criminel d'un collecteur pour *concussion et vexations.*

4 septembre. — Ma mère a fait prendre 500 tuiles pour couvrir le cimetière d'Aignes.

25 octobre. — Ma femme accouchée pour la onzième fois du dixième (1**) garçon de suite, — parrain, le petit Beaupré — marraine La Monette, appelé Jean-Auguste, mort le 26 et enterré dans nos sépultures.

29 octobre. — Assisté au département, diné chez Mr de Champniers, — reçu des Aides 107^# 16 sols et droit de bordereau 15^# 6 sols.

22 novembre.—A l'audience, jugement contre Mr Lacossonnières, qui avait diverti l'argent de la recette.

4 décembre. — Assisté au *Te Deum* pour la naissance de Mr de Provence (2).

1756.

— 17 février. — Il y a eu des experts désignés pour juger des réparations à faire à l'église d'Aignes.

29 février. — Mis ma fille au couvent de Beaulieu (Angoulême), à 200^# de pension.

19 mars. — Assisté à Angoulême, à la réception de Mr Turcat, procureur.

21 avril. — Allé au Gond, (3) voir forer les canons, donné 3 sols,

(1, 1*, 1**) Voir aux pièces justificatives — généalogie.
(2) Frère de Louis XVI, devenu roi de France sous le nom de Louis XVIII.
(3) Village de la commune de L'Houmeau-Pontouvre, sous Angoulême (Charente), 1755. — Manufacture de lainage établie au faubourg de L'Houmeau ; il y a trente métiers dispersés dans la ville et faubourgs, qui travaillent pour cette maison. (*Dictionnaire manuscrit,* archives Gilbert.)

1756.

29 avril. — Distribué 16 catéchismes à Saint-Cybard de Montmoreau.

2 mai. — Prêté à Mr Dupinier mon épée d'argent et mon ceinturon.

3 mai. — Arrêté avec Viaud la charpente du clocher d'Aignes à 50[#] en fournissant par les habitants les matériaux.

10 juillet. — Allé à Périgueux — à Chancelade (1) où j'ai couché. — M^r. l'abbé Gros m'a fait mille amitiés.

15 août. — Assisté à la procession, Angoulême.

28 septembre. — Allé à Saint-Romain (2) à Aubeterre, diné chez Mr Planeaud (3) le chanoine.

18 novembre. — jeudi, — beau. — Ecrit à M^r l'Intendant et à Mr Beaulieu, sur mon impossibilité de me rendre à Limoges pour assister au département.

15 décembre. — mercredi, — pluie. — Ecrit au Père Demotte, jésuite, régent de troisième à Bordeaux pour lui acheter deux exemplaires d'Horace avec la glose latine de Juvency, coût 10[#] 15 sols.

18 décembre. — samedi, — vent. — Il n'y a eu peu d'audience. M^r l'Intendant est mort de jeudi (4).

22 décembre. — mercredi, — beau. — Fait réponse au Père Demotte qui veut sortir des Jésuites. — Assisté à la livraison du bail des octrois à Angoulême, livré à Mr du Pommeau pour 8.400[#] — Mr Pigornet a épicé 50[#].

(1) Canton de Périgueux (Dordogne). Voir pièces justificatives.
(2) Canton d'Aubeterre (Charente).
(3) Voir notes généalogiques aux pièces justificatives.
(4) Jacques-Louis de Chaumont de La Millière. — M. de Vernon (*Bulletin de la Société archéologique du Limousin,* année 1860) assigne la date du décès au 14 décembre; notre auteur, lui, marque le 16.

1757.

— 18 janvier. — mardi, — pluie. — Reçu de Mr Lavialle le jeune pour mes gages, toute déduction faite 489^{tt} 8 sols.

23 janvier. — dimanche, — beau. — Allé à la messe à Aignes, confessé et communié.

13 février. — dimanche, — beau. — J'ai été à la première messe à Aignes.

4 mars. — vendredi, — beau. — Parti pour Angoulême, assisté au sermon de la mission du Père Brydaine (1).

5 mars. — samedi, — froid. — Il n'y a pas eu d'audience : assisté aux exercices de la mission.

6 mars. — dimanche, — froid. — Assisté aux exercices de la mission ; il y *a beaucoup de monde*.

12 mars. — samedi, — beau. — Il n'y a pas eu d'audience ; assisté au sermon.

13 mars. — dimanche, — pluie. — Assisté aux exercices de la mission.

15 mars. — mardi, — pluie. — Rendu à Limoges, logé aux Trois-Anges.

16 mars. — mercredi, — pluie. — Vu M^r l'Intendant (2) qui m'a dit qu'il n'y avait que trop de subdélégués dans sa Généralité ; après avoir lu la lettre de M^r le Président de Lesseville ? que lorsqu'il serait à Paris, s'il y avait quelques arrangements à prendre, il le ferait avec lui.

24 mars. — jeudi, — beau. — Parti de matin pour Angoulême, arrivé à 1 heure ; assisté en Corps à la procession du Saint Sacrement pour la mission qui était très belle, les *rues voilées etc. etc.*

---

(1) Le célèbre missionnaire, connu par la véhémence de sa parole.
(2) Christophe Pajot de Marcheval. (De Vernon. *Bulletin de la Société archéologique du Limousin*, 1860.)

1757.

27 mars. — dimanche, — beau. — Assisté à la réception de Mr Trémeau (1), conseiller, pour être maire (Angoulême), il y a eu un magnifique repas.

4 avril. — lundi, — beau. — Ma femme accouchée d'une fille sur les cinq heures du soir. (2).

5 avril. — mardi, — beau. — Fait baptiser la petite ; Mlle Boiscluzaud et Mr Mioulle, curé d'Aignes ont été parrain et marraine ; elle s'appelle Marie-Anne-Jeanne.

7 avril. — jeudi, — beau. — La petite Marie-Anne-Jeanne est morte sur les 4 heures du soir.

12 avril. — mardi, — pluie. — Fait mes pâques, communié de la main de M^r d'Angoulême (3) — Assisté en Corps à la procession de la Croix.

24 avril. — dimanche, — beau. — Donné au curé de Chavenac 6^# soit pour réparation de l'église ou pour son honoraire, pour avoir fait l'enterrement de notre petite où nous avons fourni 9 cierges ou pour droit de sépulture et cela en présence de Mr Albert, vicaire d'Aignes.

22 mai. — dimanche, — chaud. — Entendu la messe à Puyberlan, diné au couvent avec le Père Saint-Paul, allé coucher au Petit-Fontblanche (4).

9 juin. — jeudi, — beau. — Parti de grand matin avec ma femme et la Monette (sa fille) pour Angoulême, assisté à la procession de la Fête-Dieu. — MM^rs des *Eaux et Foréts ont verbalisé.*

19 juin. — dimanche, — brouillard. — Fait marché avec Le Franc, maçon, pour une chapelle.

(1) Claude Tremeau.
(2) Voir pièces justificatives.
(3) Joseph-Amédée de Broglie, évêque d'Angoulême.
(4) Paroisse d'Exoudun, canton de la Mothe-Saint-Héraye (Deux-Sèvres).

1757.

2 juillet. — samedi, - beau. — Assisté à l'audience, — reçu 7[#] pour ma portion du bail des octrois, n'ayant assisté qu'à deux audiences, cela a diminué d'une moitié et accru aux autres. Il a été réglé pour notre Corps 50[#] et 25[#] pour le Procureur du Roi ; il y a eu 4 audiences.

15 août. — lundi. — Assisté à la procession à Ang^{me}.

22 août. — lundi, — assez beau. — Le Franc, avec un garçon est venu commencer la chapelle (au Maine-Bernier).

27 août. — samedi, — pluie. — Parti après déjeuner, dîné à Pons (1), dépensé 14 sols, rendu à Saintes, logé au Petit Saint-Jean.

28 août. — dimanche, — pluie. — Assisté au *Te Deum* et à la bénédiction des drapeaux.

8 septembre. — jeudi, — froid. — Reçu de Mr Deshéris 48[#] pour la chapelle.

22 septembre. — jeudi, — beau. — Payé à Mansière, collecteur de la taxe ordonnée pour la réparation de l'église de Bécheresse (2), 86[#] 15 sols.

26 septembre. — lundi, — beau. — Le Franc et quatre autres sont venus travailler ; ils ont posé une partie de l'entablement de la chapelle.

6 octobre. — jeudi, — pluie. — Mr Montalembert, perruquier, m'a porté une perruque ronde, payé 9[#].

13 octobre. — jeudi, — beau. — Assisté au département (Ang^{me}) qui s'est fait agréablement.

21 octobre. — vendredi, — beau. — Parti du matin pour Ang^{me}, signé les départements.

22 octobre. — samedi, — beau. — Assisté à l'audience d'un rapport d'un procès de Mr de Lambertie, paroisse de Mazerolles (3) ; il y a 2 écus, épices : reçu de Mr Marot pour gages, 531[#] 6 sols.

(1) Chef-lieu de canton (Charente-Inférieure).
(2) Canton de Blanzac (Charente).
(3) Canton de Montembœuf (Charente).

1757.

5 décembre. — Eu Lavigne, Menudier et Prousat pour tiller la chapelle.

9 décembre. — Mme de Mastin accouchée d'un garçon.

31 décembre. — Allé à Ang^{me}, fait visites de bonne année, — donné aux valets de ville pour étrennes 12 sols ; allé voir en robe M^r l'Intendant,

1758.

— 5 mars. — M^r l'abbé Deshéris a résigné son prieuré de Fontblanche (1).

24 mars. — beau. — Donné à Saint-Martin d'Ang^{me} le pain bénit et cierge, 1$^{#}$ 10 sols.

25 mars. — mercredi, — beau. — J'ai été ces quatre jours à la messe à Saint-Martin *dans la tribune.*

27 mars. — vendredi, — chaud. — Je me suis confessé au Père Saturnin, des Carmes, et ai communié à Saint-Martin (Ang^{me}).

31 mars. — mardi, — beau. — Allé aux Capucins, à la Bussatte.

10 mai. — Vendu à Mr Marchais 3 tierçons d'eau-de-vie, 175 veltes à 79$^{#}$ la barrique, prix 513$^{#}$.

17 juin. — Payé à Lavaud pour ferrure de la chapelle, porte et fenêtres, 33$^{#}$ 12 sols.

28 juin. — Ma femme accouchée d'une fille heureusement (2), François et la Jeanne l'on tenue.

15 août. — Assisté à la procession à Ang^{me}.

31 août. — Le peintre de Ronsenac a donné une couleur à la porte de la chapelle.

8 septembre. — Deshéris prend possession du bénéfice (3).

16 octobre. — Retiré mes enfants de chez M^r le curé de Courgeac.

20 novembre. — Assisté au département.

(1) Voir pièces justificatives.
(2) Voir généalogie aux pièces justificatives.
(3) Jean Gilbert, fils aîné du narrateur, âgé de 15 ans. (Pièces justificatives.)

1758.

21 novembre. — Mr Deshéris très mal ; on lui a donné le Viatique.

22 novembre. — Mr Deshéris plus mal ; on lui a donné l'Extrême-Onction.

23 novembre, — Mr Deshéris mort à midi (1).

24 novembre. — Fait l'enterrement ; donné 3 # à l'offrande, 3 # pour avertir les prêtres pour dire la messe.

25 novembre. — On avait distribué un liard aux pauvres — 30 # ; payé 5 # pour le fer blanc des scellés ; reçu du receveur des Aides pour ma portion 146 #.

6 décembre. — Reçu de Mr Lavialle à compte sur mes gages 500 # et 20 # 10 sols droit de bordereau.

1759.

— 2 janvier. — Allé à Angoulême. M^r le Lieutenant particulier, le Procureur du roi, le greffier sont venus faire la vérification des scellés, les ont trouvés entiers et les ont levés — payé pour le greffier, papier etc., 30 #, les deux autres ont mis gratis.

6 janvier. — Payé au médecin pour neuf visites dans sa maladie, 12 #.

7 janvier. — Envoyé à Mr Arnaud, le conseiller, 6 belles poires bon chrétien, — une bouteille anisette et une écuelle d'argent, qui lui était léguée.

9 janvier. — Acheté un Despautère pour Beaupré — 14 sols.

11 janvier. — Livré à M^r le curé de St-Martin (2) une tabatière venant de Mr de Malo — une perruque neuve la plus belle 3 #, une soutane ras de castor toute neuve ; il a donné là dessus quittance de ses droits, qui se montaient à 15 # et du service annuel, qui se monte à 30 # et il a renvoyé 2 aunes et 1/2 du drap mortuaire. Il disait que ce n'était pas la plus belle perruque, l'a renvoyée, faché de n'avoir pas une redingote brune.

(1) Voir pièces justificatives.
(2) Jacques Mioulle.

1759.

4 février. — Donné à Mr Mioulle les perruques de valeur de 20[#] (1).

7 février. — Assisté à l'installation de Mr Benoît, — M^r l'Intendant l'a reçu, qui a dîné chez lui avec l'Élection.

10 février. — Reçu Brun, procureur.

15 février. — M^r l'abbé de Rocheford *(sic)* mort.

17 février. — Assisté au Corps de ville, signé dans la délibération.

20 février. — Signé une lettre en Corps pour modération du don gratuit.

23 mars. — Allé faire déclaration chez Mr Lardillier, il a pris pour le droit d'amortissement des dalmatiques, chapes et chasubles données à l'église St-Martin, 29[#] 17 sols 6 deniers.

27 mars. — Ma petite est morte, elle était Chez-Trainaud.

5 avril. — Le curé de La Valette au Maine-Bernier; on lui a donné un ornement complet estimé 108 #.

17 avril. — Parti pour Mérignac (2); allé dîner à Hiersac (3) chez Mr Chabrefy, ensuite à Villars (4), visité la chapelle.

18 avril. — Revenu à la foire à La Couronne, rendu visite aux Pères Laquille et Moutons.

24 avril. — Reçu des fermiers du Petit Fontblanche 1.000[#] pour les termes de Noël dernier et 6 mai prochain.

3 mai. — Allé à Ang^{me}, assisté à la procession pour l'ouverture du jubilé.

(1) 1759-22 février. « J'ai fait faire deux services pour le repos de « l'âme de Mr Deshéris, et je ne cesserai de prier pour lui et mes « prédécesseurs ». Lettre de Jean Mioulle, curé d'Aignes, à M. Gilbert, conseiller du roi en l'élection d'Angoulême. (Archives Gilbert.)

(2) Canton de Jarnac (Charente).

(3) Chef-lieu de canton (Charente).

(4) Village de la commune de Mérignac (Charente).

1759.

4 mai. — Allé avec Mr Arnaud voir M^r l'évêque qui a dit qu'il ne voulait point accepter le don de Mr Deshéris.

8 mai. — Fait une confession générale.

13 mai. — Acheté un Selectœ pour Beaupré, 1 # 4 sols.

3 août. — Envoyé chercher mes deux aînés (1) à Périgueux par le valet.

9 août. — Traité avec le successeur de Ste-Catherine pour 135 # de réparations.

18 août. — Assisté à l'audience et à l'assemblée du Corps de ville.

6 septembre. — Allé rendre visite à Mr de Mastin avec mes enfants.

16 septembre. — Beaucoup remué à cause de l'état de mes revenus. M^r le maire m'a promis de me mettre à 1.500 #, il m'avait mis en premier lieu à 2.500 #, ensuite à 2.000 #.

16 novembre. — Parti avec mes deux aînés, allé à Périgueux, donné à Mr Chaban, professeur, 15 #, puis pour leur quartier 130 #.

18 novembre. — Allé coucher à Chancelade, M^r l'abbé m'a bien reçu (2).

25 novembre. — Acheté quatre bréviaires 15 # envoyés à Deshéris; mis Beaupré et Boisjoli en pension chez Mr Lacour, payé 103 #.

27 novembre. — Assisté au service de Mr Deshéris, donné 30 # aux pauvres et 30 # à Mr Mioulle.

1er décembre. — A l'audience — Gilbert (3) a la picotte à Périgueux.

29 décembre. — A Angoulême — reçu de Mr Marot 505 # 12 sols pour gages, déduction faite de 60 # 16 sols pour dixième et 35 # 10 sols de capitation.

---

(1) Jean Gilbert Deshéris et François Gilbert.

(2) Jean-Antoine Gros de Beler, allié à la famille Gilbert. (Voir pièces justificatives.)

(3) Son fils puiné.

1760.

— 20 janvier. — Ma femme accouchée d'une fille (1).

22 janvier. — Fait baptiser, tenue par Mr Lambert et Mlle Mioulle, elle s'appelle Françoise-Rose, nourrie au Puit de Charmant — convenu à 3[#] par mois et un mouchoir de 1[#] 10 sols.

24 janvier. — Ma belle-mère Mlle Pipaud est morte le 23.

23 mars. — dimanche, — beau. — Assisté au Corps de ville pour choisir un maire qui a été M^r d'Hauteville (2), dîné chez lui, il y avait plus de 80 personnes.

6 avril. — dimanche. — Pâques, — froid. — Assisté aux offices à Ang^{me}.

7 avril. — lundi, — pluie. — Confessé à un carme; allé avec Mr Arnaud voir M^r l'Évêque au sujet de la disposition de Mr Deshéris.

1er mai. — jeudi, — beau. — Donné à Filhon, sergent du maire, un peuplier (3) pour mettre à la porte de M^r d'Hauteville, qui pouvait valoir 12 à 15[#].

14 mai. — mercredi, — beau. — Écrit à Mr Chaban, missionnaire à Périgueux et envoyé par M^r l'archidiacre d'Embrun pour les quartiers de mes enfants 130[#].

1er juin. — dimanche, — chaud. — J'ai été à la première messe à Aignes; rendu visite à Mr de Mastin.

5 juin. — jeudi. — Corps-Dieu, — beau l'après-midi. — Allé à Ang^{me} : notre Corps n'a pas assisté à la procession.

6 juin. — vendredi, — beau. — Payé pour deux mois à Mr Lacoste qui apprend Boisjoli à écrire 3[#].

(1) Voir généalogie aux pièces justificatives.
(2) Noël Limousin, sieur de Hauteville, conseiller au présidial.
(3) C'est la traditionnelle plantation du mai.

1760.

15 juin. — dimanche, — beau. — Fait une nouvelle ferme de Fontblanche avec Mr Palustre qui paie chaque année 1.700^# et 4 louis une fois payés.

16 juin. — lundi, — beau. — Parti après dîner ; allé à Melle (1) où j'ai *tombé de cheval* parce que *ma jument s'est abattue* (*sic*) : j'ai été heureux de ne pas me tuer.

23 juin. — lundi, — pluie. — Descendu à L'Houmeau ; donné à la femme du messager de Périgueux un paquet de lettres avec 240^#, savoir 5 louis de 24^# et 20 écus de 6^# pour porter à mes enfants au Grand Séminaire de Périgueux.

27 juin. — vendredi, — pluie abondante. — Allé rendre visite à Mme de Mastin, la douairière.

6 juillet. — dimanche, — beau. — Rendu visite à M^r le Procureur du roi (à Ang^me) sur son mariage, je lui ai envoyé des abricots.

19 juillet. — samedi, — chaud. — Assisté à l'audience ; allé voir M^r l'Intendant en Corps, qui n'a pas paru disposé à nous flatter.

20 juillet. — dimanche, — chaud. — Parti pour Vars (2) ; vu M^r d'Angoulême qui m'a donné un dimissoire (3) pour Gilbert pour prendre la tonsure à Périgueux et a légalisé son extrait baptistaire — payé au secrétaire 3^# ; — rendu dans la chaleur à Ang^me, assisté à la procession du Saint Sacrement à St-André.

3 août. — dimanche, — sombre. — François (le valet) est parti pour Périgueux chercher nos enfants.

10 août. — dimanche, — chaud. — Dîné avec ma femme chez Mr de Mastin, lui ai prêté 100^#.

(1) Chef-lieu d'arrondissement (Deux-Sèvres).
(2) Canton de Saint-Amant-de-Boixe (Charente).
(3) Autorisation écrite donnée par l'évêque à l'un de ses diocésains pour se faire ordonner par un autre évêque dans un autre diocèse.

1760.

15 août. — vendredi, — chaud. — Le Corps de l'Élection n'a point assisté à la procession (1).

18 août. — lundi, — beau. — M^r l'abbé Peynet est venu dîner; nous avons été aux Jésuites aux offices.

19 août. — mardi, — beau. — Partis tous d'Angoulême pour le Maine-Bernier : Deshéris a tombé de dessus la mule sur les chaumes de Crage (2) il a été heureux de ne se pas casser quelques membres.

24 août. — dimanche, — pluie abondante. — Mr Peynet a donné à dîner chez nous à trois jésuites, Mrs Tiphon et Hyver, curé de St Antonin : nous étions 8 (à Ang^{me}), Noël (3) a fait le repas, etc.

31 août. — dimanche, — beau. — A la frairie à Puypéroux.

25 septembre. — jeudi, — pluie. — Le fils de Mr Chenevière, le théologien, est venu dîner au Maine-Bernier.

14 octobre. — mardi, — beau. — Ma femme, mes deux ecclésiastiques (4) sont partis avec le valet pour Angoulême : écrit à Paris à M^r l'abbé Arnaud.

17 octobre. — vendredi, — beau. — Allé à Vars avec mes enfants voir M^r l'Évêque, dépense 3 sols, retourné bien tard à Angoulême.

18 octobre. — samedi, — beau. — Reçu de MM^{rs} des Aides pour gratifications accoutumées 107$^{\#}$ 16 sols — assisté à l'audience.

---

(1) Il est regrettable que l'auteur n'ait pas cru devoir fixer les raisons et les motifs de ces abstentions, qui se répètent de temps à autre, dans le cours de sa charge.

(2) Hameau du canton d'Angoulême (Charente).

(3) Le traiteur alors renommé du Grand-Cerf, à Angoulême.

(4) Les deux aînés, Jean Gilbert Deshéris et François Gilbert.

1760.

20 octobre. — lundi, — beau. — M^r le curé de Saint-Martin a déjeuné avec nos enfants qui partent pour Paris ; donné à Deshéris pour 6 mois de pension, lui et son frère, 450 # — pour leur entretien 220 # en tout 750 #.

25 octobre. — samedi, — assez beau. — Mr Desgroys, curé de Mortiers (1), est venu.

30 octobre. — jeudi, — beau. — Envoyé le petit Boisjoli (2) chez M^r le curé de Charmant, payé pour le quartier de sa pension 40 # — 1 # 10 sols pour la servante et 10 sols pour lui acheter du papier.

1er novembre. — samedi. — Envoyé Beaupré (3) chez M^r le curé de Courgeac, donné pour le quartier de sa pension, 50 # et 1 # à la servante.

24 novembre. — lundi, — beau. — Parti pour Angoulême.... M^r l'Intendant (4) est arrivé, nous avons été le voir en Corps.

26 novembre. — brouillard. — Nous avons fait le département et dîné chez M^r l'Intendant.

27 novembre. — jeudi, — sombre. — Mr Larapidie est venu dîner : il est trésorier de France et a assisté au département.

10 décembre. — mardi, — pluie. — Nous avons encore été pour voir M^r l'Intendant. M^r l'Intendant est parti ce matin.

24 décembre. — mercredi, — brouillard. — Payé à la porte de Saint-Pierre d'Angoulême pour quatre barriques de vin tant pour le don gratuit que pour l'octroi 5 # 5 sols 9 deniers et pour faire encaver ledit vin, 14 sols.

(1) Canton de Jonzac (Charente-Inférieure).
(2) Jean-Élie Gilbert, son huitième enfant.
(3) François-Jean Gilbert, son sixième enfant.
(4) Anne-Robert-Jacques Turgot, chevalier, baron de Laune, seigneur de Lastelle, Gerville, Vesly, Le Plessis, 1757-1761. (Gay de Vernon. *Bulletin archéologique du Limousin,* 1860.)

1760.

25 décembre. — jeudi, — jour de Noël. — Allé entendre trois messes à Saint-Pierre.

26 décembre. — vendredi, — doux. — Allé au sermon.

27 décembre. — samedi, — brouillard. — Eté chez Mr Peynet (1) : nous sommes presque convenus de la ferme de Chavenac à 800$^{#}$ — 500$^{#}$ de pot de vin données par avance.

30 décembre. — mardi, — beau. — Le neveu de M^r l'abbé de Chancelade (2), de Lafond, est venu dîner, coucher et souper à la maison — (Ang^{me}).

31 décembre. — mercredi, — pluie. — Mr de Lafond est parti : j'ai été chez M^r l'abbé de Barbezières, remis les titres qu'il a pour connaître, concernant la chapelle de Sainte-Catherine de Mérignac (3).

1761.

— 7 janvier. — mercredi, — beau. — Refait la ferme de Chavenac : Mr Lambert a prêté son nom par devant maître Grelon.

24 janvier. — samedi, — beau. — Assisté à l'audience, il y a eu peu de choses, signé le certificat comme Mr Benoit, président, n'avait été installé qu'après la distribution des châtellenies.

17 février. — Pendu en effigie la fille et la femme de La Plante.

28 février. — Assisté à la réception de Mr Valteau de Chabrefy dans la charge de receveur des tailles de son père.

1er mars. — Allé souper avec Mr Las Escuras chez Mr Chabrefy ; le repas était beau.

3 avril. — Averti que mon fils Gilbert (4) est dangereusement malade d'une fièvre putride (à Paris).

---

(1) Prieur de Chavenac (Charente).

(2) Jean-Antoine Gros de Beler. (*Bulletin archéologique du Périgord*, 1882.)

(3) Canton de Jarnac (Charente).

(4) François Gilbert, son troisième enfant, l'ecclésiastique.

1761.

13 avril. — Envoyé à Chavenac par M^r l'abbé Peynet une chasuble garnie de satin à fleurs argent fin.

17 avril. — Reçu de Mr Lavialle pour mes gages de 1759, 462[#] 2 sols, déduction faite de 61[#] 4 sols de dixième ; 42[#] 16 sols de capitation, — 36[#]6 sols des trois vingtièmes de la métairie de Chez-Boucher, — reçu 15[#] 8 sols pour droit de bordereau.

18 juin. — Ma femme accouchée d'un garçon, qui paraît vigoureux (1).

19 juin. — Fait baptiser ; ont tenu Jean-Élie Gilbert de Boisjoli et la petite Joubert ; il s'appelle Jean-Élie-Marcellin Gilbert.

27 juin. — Appris la mort de mon fils Gilbert, de Paris (1*).

3 juillet. — Allé souper aux Minimes d'Ang^{me} (2).

4 juillet, — Allé en Corps chez Turcat, substitut du Procureur du Roi, pour la reddition du compte du don gratuit demandé au Corps de ville.

8 novembre. — Vu M^r l'Intendant en Corps.

11 novembre. — Assisté au département, diné à l'Intendance chez Mr Boisbedeuil.

7 mars. — Allé à l'assemblée du Corps de ville à l'occasion d'un arrêt rendu contre les jésuites (3) et signifié au Corps de ville, y retourné après dîner. Mon avis a été de s'adresser *aux Communautés séculières*.

5 mai. — Mr Boicluzaud a été remercié de sa subdélégation.

5 juin. — Répondu à Mr Boisbedeuil au sujet des réparations de l'église d'Aignes.

(1, 1*) Voir pièces justificatives, — généalogie.

(2) Ancien n° 844-846. Rue Neuve, — rue N.-D. de Beaulieu — rue Champ-Fada. (J. George, *Topographie d'Angoulême*, 1899.)

(3) A l'occasion de la suppression des jésuites.

4

1761.

19 juin. — Mgr (*sic*) l'Intendant m'a envoyé une requête pour aller faire procès-verbal d'ouragan à Saint-Christophe de Confolens (1).

25 juin. — Reçu de Mr Marot pour mes gages 478^#^.

29 juin. — Écrit à Mr Charpentier, avocat à Lesterps, pour faire des procès-verbaux d'inondation (2).

(1) Canton de Confolens-sud (Charente).

(2) Cette première partie du Livre-Journal se termine au 9 juillet 1762. Nous détachons du livre des dépenses, écrit de la main d'Élisabeth Pipaud, veuve de François Gilbert, ce qui suit :

1762.

— 2 novembre. — Fait conduire mon fils Gilbert-Beaupré (*) et Gilbert Boisjoli, en pension chez Mr Duruisseau, curé de Courgeac, à raison de 400^#^ par an pour tous deux ; mon fils le prieur (Deshéris) s'est déterminé à payer ladite pension, il leur a donné 12^#^ pour avoir des livres. — Airaux *(sic)*, chanoine de Blanzac, devait 22^#^ audit prieur, lequel les a données à ses frères.

3 novembre. — Mon fils le prieur retourne à Paris.

10 novembre. — Prêté à M^r^ l'abbé Gazeaud un couvert d'argent pour aller faire son séminaire à Saintes.

1763.

— Donné pour les réparations de l'église de Chavenac 27^#^ 17 sols.

3 décembre. — Donné 45^#^ pour les réparations de l'église Saint-Léger de Blanzac.

1765.

— 8 juin. — Payé à M^r^ le curé d'Aignes 8^#^ de dixmes.

17 novembre. — Donné (au même) 6^#^ pour des messes pour ma belle-mère et mon mari.

29 novembre. — Mon fils Boisjoli est entré chez M^r^ le curé de Courgeac le 25 novembre, moyennant 24 pistoles par an aux conditions qu'il lui fournira le papier, l'encre et plusieurs poudres, la chandelle, qu'il (ne) m'en coûterait rien pour le petit détail, pendant 9 mois 10 jours.

D'autre part, son fils François-Jean Gilbert avait consigné dans un résumé écrit par lui certaines notes, analysées d'après le livre même des dépenses de sa mère ; nous en usons pour compléter ce qui nous manque du texte primitif perdu :

1763.

— 19 mars. — Les Minimes (d'Angoulême) ont touché, provenant de la maison (Gilbert), 700 ^#^, et sont obligés de dire tous les ans quarante-cinq messes.

24 septembre. — Payé à M^r^ le curé d'Aignes pour l'enterrement de sa belle-mère (**) 18 ^#^, pour l'ouverture de la fosse 10^#^, et pour les cierges, 14 ^#^.

(*) Voir aux pièces justificatives.

(**) Marie Gros, veuve de Léonard Gilbert, décédée le 21 septembre 1763, âgée de 84 ans. (*Dictionnaire manuscrit*, (Gilbert. — Archives.)

II

1769-1826.

Imitant ses écrits et marchant sur ses pas,
Tu sauveras ton nom des horreurs du trépas.

1769.

—5. mai. — Donné 10 sols pour réparations à l'église de Saint-Cybard de Montmoreau.

8 novembre. — Gilbert-Bernier (1) est entré chez Mr Lacombe, il donne 262$^\#$ de pension.

1770.

— 3 mai. — Allé faire mon jubilé à Chavenac; dîné chez M^r le curé.

8 mai. — Convenu avec Mr Villards, perruquier près Saint-André (2), à 2$^\#$ 10 sols par mois pour me friser tous les jours, lequel temps court tant absent que présent.

1763.

23 octobre. — Fait faire un service à sa belle-mère ; cierges, 12 $^\#$.

1er novembre. — Payé au curé d'Aignes pour le service de sa belle-mère, 9 # 10 sols pour les assistants et 5 # 10 sols pour le service.

21 novembre. — Fait marché avec Mlle Ducluzeaud, pour garder en pension son fils Beaupré à 160 #.

1764.

— 21 mars. — Son fils Gilbert (F^{ois}-Jean) va apprendre à écrire chez Mr Bignon à 3 # par mois et au Collège en rhétorique

8 juillet. — Payé pour le maître à danser de Gilbert, 1# 10 sols.

10 décembre. — Contrat de mariage de sa fille (Marie) avec Mr Rancureau.

1765.

13 décembre. — Boisjoli a commencé à écrire et à compter.

— 22 février. — Gilbert (F^{ois}-Jean) a commencé son mois de géométrie, donné 3# pour vingt-deux leçons.

21 mai. — Acheté à Gilbert trois tomes de philosophie pour aller répéter chez le Père Rancureau, 7# 10 sols.

(1) Jean-Élie-Marcellin Gilbert. (Voir généalogie aux pièces justificatives.)

(2) D'Angoulême.

1770.

12 mai. — Mené Mme Gotte et les deux Toullites voir la curiosité ; payé pour elles et pour moi à trois fois différentes, 3^#. C'était un escamoteur qui faisait de jolis tours de cartes ; il avait le tour d'un chapeau en lui donnant un tour de main ; il se « coueffait » de 50 façons différentes.

19 mai. — Acheté une bourse à cheveux de Mr Villards, 2^# 10 sols.

20 mai. — dimanche. — Donné à un pauvre de Chavenac 3^# 3 sols pour M^r le Prieur. — Allé à Aubezine avec Mme Gotte, les deux Toullites, entendre la messe que lui a dite l'abbé Labrüe... elle est partie après-midi pour Paris, nous étions assez bien ensemble, je lui ai fait présent de la petite cassolette que mon oncle avait donnée à ma mère, faite en forme d'étui, cela pouvait bien valoir une dizaine de francs.

16 juin. — Allé chez Broy pour tirer des armes, — premier mois 6^#, un gant et un fleuret 4^# fait 10^#, m'a donné des billets.

2 juillet. — Donné au domestique pour les pauvres, 3^# 3 sols.

4 juillet. — Donné à Mr Denorus pour danser 1^# 10 sols. — Pris des billets chez Mr Martin pour jouer du violon, donné 3^#.

15 juillet. — Donné aux pauvres de Chavenac 6^# 3 sols. — La vigne n'est pour ainsi dire *qu'en fleur* ; il y a peu de choses ; les seigles ne sont point encore coupés, les foins (1) ne sont qu'à demi.

15 août. — Notre-Dame. — J'ai été à la frairie à Puyfoucaud (2), chez Mr Rousset ; le prieur de Montmoreau y était « *qui a de l'esprit* ».

---

(1) 1762. Foin, à Angoulême, on donnait 12 sols pour en botteler un millier ; un homme peut gagner 1^# 4 sols par jour. (*Dictionnaire manuscrit,* archives Gilbert.)

(2) Hameau de la commune de Saint-Amand-de-Montmoreau (Charente).

1770.

1er septembre. — Allé à Angoulême, mon frère le prieur (Desheris) est arrivé de Paris.

2 septembre. — Allé à La Valette, à la fête de Saint-Augustin.

30 septembre. — Mon frère est parti pour Paris, il va grand vicaire à Toul (1).

6 octobre. — Donné à un Père capucin pour quête 3 mesures de froment.

1er novembre. — Envoyé Bernier à Angoulême, chez le curé de Soyaux (2) pour y demeurer à 300# de pension.

9 décembre. — Allé à Poitiers, dépensé frais de licence dont détail : frais de consignation à Mr Chevalier pour les professeurs 46# 15 sols, — 8# 5 sols pour ma douzième matricule, — impression de thèse 3#, — aux agrégés 13#, — au bedeau 3#, — à Mr Filleau, 15# — procès-verbal, 12 sols, — cédule et attestation, 5 sols, — total, 90 #, — le reste des frais pour le voyage et le séjour à Poitiers.

1771.

— 9 janvier. — Payé au curé de Soyaux les deux quartiers restant de la pension de Bernier.

18 février. — lundi. — Venu à Angoulême pour y demeurer chez Mr Richet à côté du doyenné à raison de 450# de pension.

14 avril. — Mené Mr Debrême voir les sauts de l'Incomparable Péruvienne, payé pour trois — 3# 12 sols.

1er mai. — Mené Mr Debrême à la comédie, payé 3# 12 sols.

28 mai. — J'ai été à la comédie quatre fois, m'en a coûté 4# 10 sols.

---

(1) Ancien évêché, aujourd'hui chef-lieu d'arrondissement (Meurthe-et-Moselle). L'évêque d'alors était Claude Drouas de Boussey, nommé le 17 février 1754, décédé le 21 octobre 1773. (Communiqué par M. Dujarric-Descombes.)

(2) Deuxième canton d'Angoulême (Charente).

1771.

7 juillet. — Allé au feu d'artifice et à la comédie, 3# 14 sols.

22 juillet. — Allé au feu d'artifice.

18 août. — Nous avons joué la comédie chez Mr Debrême, « *Le légataire universel* et *l'Ecole des maris* », pour frais de théâtre et rafraîchissement, il m'en a coûté 16#.

20 août. — Retiré à ma campagne pour mes vacances.

21 août. — M'en suis revenu d'Angoulême pour tout à fait me fixer à la campagne.

11 septembre. — Donné la quête à un Père capucin, deux mesures de froment.

15 octobre. — Jour de sainte Thérèse. — Allé au Portail (1) chez Mr Debrême l'avocat ; nous y avons joué une pièce faite à « l'impromptu » par Debrême, « l'Ingénieur », et fait un compliment ; cela a été assez bien. Il y avait : Desmazeaud, l'aîné — Mr Vallier — Chassaigne — Meunier — Boisbellet de Forges — Salignac — Benoît — Debrême — Sazerac, etc., etc. Nous étions habillés en paysans, divertis autant qu'on peut le faire entre jeunes gens qui aiment le plaisir.

15 novembre. — Estimé et évalué en corps nos charges pour payer le centième denier. — Mr Bourdin, Héraud et moi avons porté les nôtres à 12.000#.

22 novembre. — Boisjoli est parti pour Paris.... M^r le curé de La Chapelle (2) et ma cousine de Las Escuras, mariée à Mr Romigeou, demeurant à Bussières-Badil (3), proche Montbron, avec sa belle-sœur ont demeuré ici, trois à quatre jours, beaucoup amusé, elle est fort aimable.

---

(1) Commune de Mouthiers, canton de Blanzac (Charente).

(2) Ancienne paroisse réunie aujourd'hui à la commune de Saint-Aulais, canton de Barbezieux (Charente).

(3) Chef-lieu de canton (Dordogne).

1771.

25 novembre. — Delhoste et l'abbé Dugazon sont venus me voir.

26 novembre. — Allé chez Mr Vallier à La Pépine (1), demeuré trois à quatre jours — bonne compagnie — bien amusé. — J'ai vu là, je crois, ma femme future.

1772.

— 24 janvier. — Allé voir M^r le curé de La Chapelle et ensuite à Barbezieux ; j'ai dîné chez Mr Texier (2) le sénéchal — allé aux assemblées, il a une fille, la seconde, qui serait fort de mon goût — soupé chez Mr Banchereau. On se divertit assez bien à Barbezieux.

18 décembre. — vendredi. — Mr Rénier, greffier du présidial s'est chargé de 123^# pour le receveur du centième denier à Limoges sur ma charge.

1773.

— 10 février. — Mené ma femme 4 fois à la comédie, payé 14^# 8 sols (3).

----

(1) Probablement de la commune de Ronsenac, canton de La Valette (Charente).

(2) Pierre-Paul Texier, écuyer, sieur de la Pégerie « en la paroisse de Touzac », avant cette époque, longtemps juge prévôt — comme son père — de la châtellenie de Bouteville. (Minutes de Texier, notaire à Touzac. — Archives départementales de la Charente). — Voir aussi à ce sujet l'intéressante et consciencieuse étude sur « le Château d'Ardenne, » par l'abbé Tricoire — année 1890.

(3) C'est dans l'année 1772 que François Jean Gilbert s'est marié, il ne nous indique pas la date précise : néanmoins il écrit « — Dépen- « ses faites pour mon mariage (1772), 1882^# 16 sols — sans compter « bien des fausses dépenses où je me suis mis, — entre autres, montre « d'or avec sa chaîne similor, 252^# — diamant fin. chez Cossart 265^#, « boucles d'oreilles à cailloux, chez le même, 15^# — joncs et crochets « montés en cailloux, 26^# — contrôle de mon contrat 177^# — à M^r « Colin de Montmoreau. pour violon 6^# — au sacristain à Ronsenac, « 3^# — à la servante 1^# 4 sols. Acheté chez Davrieu, de rubans pour « livrée 36^# — à la servante du curé d'Aignes, 1^# 4 sols — 300 « d'huîtres, 6^# — 4 dindes, 12^# — 8 poulets, 4^# — 5 canards, 4^# — « 80 livres, viande de boucherie, 20^# — 15 perdrix, 4 lièvres. — On « avait tué à la maison un cochon gras — boudins, andouilles, pâté « 24^# — pain 3 boisseaux, 18^# — vin, trois quarts d'une barrique,

1773.

21 juin. — lundi. — Partis, Giraud des Granges, ma femme et moi pour Thiviers, (1) passé à La Valette, à La Rochebeaucourt (2), où il y a un château joli et de beaux jardins entourés d'eau, de là par un grand chemin à Mareuil (3), où nous avons dîné au Lion d'Or, dépensé 5# 15 sols — de Mareuil à Brantôme (3*), il y a 3 lieues bonnes, nous y avons couché — belle abbaye de bénédictins — c'est la Dronne qui y passe, coûté 11# 15 sols.

22 juin. — samedi. — Mr Paris nous donna un conducteur qui nous fit passer à La Fontaine Puijoubert — à La Rochefideau — à Champlouvier (4) — à Saint-Pierre de Côle (5) et à Thiviers — 5 bonnes lieues, total, 12 lieues, nous y sommes arrivés à midi — passé 4 ou 5 lieues au delà, mauvais terrain, sable ardent et peu habité — à Thiviers, terre rouge comme à La Pépine, — forte.

25 juin. — vendredi. — Allé mon cousin et moi à Périgueux, il y a 5 bonnes lieues, logé chez Barrière, Ville de Limoges — près d'une jolie maison qui donne sur les allées de Tourny : il y a beaucoup de monde à Périgueux ; je le crois, de moitié plus petit qu'Angoulême — promené beaucoup et le lendemain matin, acheté bouteille de liqueur, mille fleurs et pluie d'or, 3#.

« soit blanc, soit rouge, 36# — foin pour les chevaux, 2 brasses, 24# ;
« total divers sans compter le gibier, 183# — à M. le curé de Ronse-
« nac, qui nous a mariés, 6 mouchoirs de toile fine et un jambon,
« estimé 15# etc., etc. (Livre des dépenses. — Archives Gilbert.)
(1) Chef-lieu de canton (Dordogne).
(2) Commune du canton de Mareuil (Dordogne).
(3, 3') Chef-lieu de canton (Dordogne).
(4) Hameau de Saint-Pierre de Côle (Dordogne).
(5) Commune du canton de Thiviers (Dordogne).

1773.

29 juin. — mardi. — Allé à Excideuil (1) ; on passe de
Thiviers à Corniac (2), à St-Jory (3), à St-Germain
la Rivière, à Excideuil — 2 lieues et demie. —
Excideuil tout couvert en tuiles plates, — vu
Mr Ardiller, qui a épousé une fille de Mlle Mace-
nat, sœur à Mr Texier, juge de Barbezieux, —
Mlle Reix, sœur à Mr Boisgrenat? fille de Mr Guillot de Châteauneuf, nos parents, et demeuré chez
Mr Faure, le mardi — mercredi — jeudi et revenu
le vendredi à Thiviers ; on s'y amuse très bien.
L'assemblée tous les soirs *pour le jeu ;* visité un
vieux château, qui paraissait bien fortifié. Toutes
les maisons à Excideuil ne servent qu'en haut, le
bas est ou une écurie où un cellier...

5 juillet. — Parti de Thiviers le 5 juillet — passé à
Villars, dîné chez Mr Charbonnaud, gendre
à Mr Las Escuras, — passé à Quinsac près St-Pan-
crace (4) — St-Crépin (5) et joint le grand chemin
de Brantôme à une rivière, où il y avait une forge
anciennement, — couché à Mareuil. Ce chemin
là est plus long et plus écartable que l'autre...
Thiviers est un peu plus grand que La Valette, —
sur une éminence — loin des rivières — assez
laid. — Nous y avons une cousine, seconde fille
de Mr de Saintrac, mariée avec Mr Laserve, avocat
bourgeois.

14 juillet. — mercredi. — Mlle de Livernant est mariée
de la semaine dernière avec Mr de Bernac
— Mlle du Tillet (fille de) l'avocat du roi, se marie
avec Mr de Galard de Béarn.

(1) Chef-lieu de canton, arrondissement de Périgueux (Dordogne).
(2) Commune du canton de Thiviers (Dordogne).
(3) Commune du canton d'Excideuil (Dordogne).
(4) Canton de Champagnac (Dordogne).
(5) Canton de Mareuil (Dordogne).

1773.

13 août. — vendredi. — Mon cousin Las Escuras, l'abbé, est venu nous voir; il a 22 ans et (est) diacre.

25 août. — Revenu au Maine-Bernier et ma petite sœur, qui sort du couvent des Ursulines (d'Angoulême (1).

15 novembre. — Ma femme est accouchée sur les 3 ou 4 heures du matin d'un garçon, il a été baptisé le soir, nommé Jean-François de Sales; ont tenu mon frère le prieur et Mlle Vallier, en leur place mon domestique et ma servante (2).

19 décembre. — dimanche. — Mr de Las Escuras et Mr Boile, avocat du roi, de Périgueux, sont venus et partis le mardi.

31 décembre. — jeudi. — Le petit qu'a eu ma femme du 15 novembre dernier est mort à 2 heures du matin; il n'a vécu qu'un mois et demi; il est mort d'un érysipèle sur tout le corps.

1774.

— 14 avril. — jeudi. — La forêt de Montmoreau est toute reverdie.

11 novembre. — On m'a assuré que l'ancien Parlement était rentré et les Cours supérieures supprimées.

26 novembre. — Le curé de Chavenac (3) est mort le 22 novembre (4).

---

(1) Voir généalogie aux pièces justificatives, —1770. — La demoiselle Deshéris, au couvent des Ursulines, à Angoulême, paye 201 # pour son entretien audit couvent — même année — 3 mois de pension, 60 #, audit couvent.

1773, — novembre. — Elle entre au couvent des Tiercelettes, à Angoulême, au prix de 15 # pour un mois. — *(Livre des comptes. — Archives Gilbert.)*

(2) Voir généalogie aux pièces justificatives.

(3) Lageneste, curé de Chavenac. *(Dictionnaire manuscrit. — Archives Gilbert.)*

(4) François-Jean Gilbert paye aux tailles de la paroisse d'Aignes, en 1774, pour les réparations de l'église, 60 # 15 sols. *(Dictionnaire manuscrit. — Archives Gilbert.)*

1775.

— 14 janvier. — jeudi. — Ma femme est accouchée d'une fille dans la nuit du 12 au 13, pendant que j'étais à Angoulême, fait baptizer ma petite à St-Cybard (de Montmoreau), parrain et marraine, Mr Desmazeaud, père, et Mlle Faure, ma tante, — son nom est Françoise-Thérèse Gilbert.

12 mars. — Copie de certificat de MM^{rs} de l'Election « Nous, conseillers du Roy, président, lieutenant « et élus en l'élection d'Angoulême, certifions que « Me François Rousset, demeurant en la ville « d'Angoulême n'a aucuns parents ni alliés dans « notre Compagnie au degré prescrit par l'ordon- « nance. En foy de quoy lui requérant, nous lui « avons accordé le présent certificat. — A Angou- « lême, le 4 décembre 1762 — signé : Benoît — « Rullier — Bourdin — Joubert. »

18 mars. — Passé une procuration « *ad resignandum* » de la charge d'élu dont Mr Rousset est pourvu.

20 mars. — Allé à Angoulême, levé mon extrait de baptême au greffe, pris l'agrément du Corps, en- voyé mes provisions à Mr Viallatte, secrétaire à Paris, affranchis 6^{tt} 10 sols et l'extrait 12 sols. — M^r le lieutenant général n'a pas pris d'argent pour légaliser mon extrait de baptême et ma procuration « *ad resignandum* ». — Mis à la poste le 24, vendredi. — Ma sœur est parfaite- ment rétablie, a mis sa petite chez les demoiselles Matelon. — Fait marché avec Mr Mioulle, ancien prieur de Saint-Martin, il transporte sa rente fon- cière de Chez-Biron à Bernier pour 2,400[#] et la petite maison de la Comptesse.

16 avril. — Pâques. — Je me suis rendu hier d'An- goulême ; — l'aubépin feuillu. — Procès entre le Chapître d'Angoulême et M^r le lieutenant de police pour taxe de chaise.

1775.

19 avril. — mercredi, — Reçu une lettre en diligence, de mon frère le prieur, il me marque qu'il a fait suspendre mon secrétaire pour mes provisions, à cause que Mr Turgot, contrôleur général veut remettre les pays d'élections en pays d'états comme la Bretagne et le Languedoc. Fait réponse que j'approuvais sa manière de penser.

4 mai. — jeudi. — J'ai eu à dîner et coucher MM^{rs} de Rochefort, Lanauve, Duruisseau, Dupinier, deux Lambert, Joubert, l'officier, Rousset, Vallier, Moreau, Chatenet, La Fouillouze ; nous nous sommes assez bien divertis ; joué à la bête ombrée.

6 mai. — samedi. — Allé à la foire à Blanzac, dîné avec Mr de Cressac et le curé de Mouthiers (Chez Rambaud). Il y avait beaucoup de bœufs, ne se vendaient pas ; de là, j'ai été voir mon oncle le curé de la Chapelle. Passé au-dessus de Cres-. sac (1) au Pont-Chevrier, à Brie (2) et à la Chapelle. — Le dimanche allé coucher Chez-Nadaud (3) à Condéon. En passant à Sallignac (4), j'ai refait la ferme du Petit Chavenac à Mr Belfont pour 4 ans au prix de 40^{tt} par an et une paire de chapons une fois donnés. Mon dessein était de n'aller qu'aux Guérinières, (5) proche Chevanceau (6), voir mon cousin Banchereau ; on me dit qu'il n'y était pas, et j'ai continué ma route vers Bordeaux. Allé coucher aux Plassottes

(1) Canton de Blanzac (Charente).

(2) Canton de Barbezieux (Charente).

(3) Hameau de la commune de Condéon, canton de Baignes (Charente).

(4) Ne serait-ce pas plûtôt Challignac ? Canton de Barbezieux (Charente).

(5) Hameau de la commune de Chantillac, canton de Baignes (Charente).

(6) Canton de Montlieu (Charente-Inférieure)

et à deux lieues de là, quand on est passé Cavignac, (1) on détourne sur la main gauche pour aller à Gauriaguet, (2) paroisse de MM^{rs} Fillon ; il y a peut-être un grand quart de lieue du bourg au grand chemin. Le pays est très sablonneux, point de pierre, tout le terrain à l'entour est à peu près comme celui de la vigne Labelle (3), au-dessus de mon défriché. — On ne plante dans ce pays là que par « jovalles » (4) qui sont des planches fort longues de 6 pieds de large, à deux rangs de vignes ; on met 4 ou 5 sillons de seigle entre deux et elles paraissent bien pousser, (les vignes) ; on y sème guères de blé, ils se servent pour bêcher « d'une pique ». C'est aussi large que nos piques et point entre-coupés ; ils avancent beaucoup, mais ils font du terrain bien léger On ajoute dans ce pays-là, beaucoup de foi aux chercheurs de sources, qui font tourner la baguette dans leurs mains. — MM^{rs} Fillon sont Gros dans leur nom, originaires de La Valette ; leur père était frère à ma grand-mère.

10 mai. — Allé à Libourne (5) petite ville très-jolie : il y a un grand chemin, qui y conduit à partir de Saint-André de Cubzac (6) ; on passe dans le bourg de Fronsac (7), sur le bord de la Dordogne, curieux par un édifice qu'a fait bâtir le maréchal de Richelieu (8). — Sur la montagne

(1) Canton de Saint-Savin, en Blayais (Gironde).
(2) Canton de Saint-André de Cubzac (Gironde)-
(3 En la commune d'Aignes (Charente).
(4) Ducange donne cette seule explication « *modus agri* » sous le nom de « Jova, Jovata. »
(5) Chef-lieu d'arrondissement (Gironde).
(6) Chef-lieu de canton (Gironde).
(7) Chef-lieu de canton (Gironde).
(8) L. Fr. Armand, duc de Richelieu, maréchal de France, arrière petit-neveu du cardinal.

1775.

qui y joint, élevée de tout coté, sa vue s'étend sur Libourne, qui n'en est distant que d'un quart de lieue, sur l'Isle et la Dordogne et sur plus de quatre lieues à l'entour. Il y a un jardin à découvert, orné de tilleuls, plates-bandes, bordures et palissades, grand comme trois à quatre journeaux en rond ; tout le tour de la montagne est planté en vignes qui en rendent l'aspect fort riant. On y monte en droite ligne par deux cent marches environ. Il y a un chemin de carrosse, qui fait un détour. Pour revenir à Libourne, elle est située au confluent de la Dordogne et de l'Isle. Il y vient des bâtiments plus gros que nos gabarres : on a construit une fontaine au milieu de la place, qui est fort belle et au dehors de la ville, des casernes, pour loger une garnison, qui mérite l'attention d'un curieux par l'ordre, la proportion et la régularité des pièces. L'escalier surtout est très beau, il y a un présidial à Libourne. — C'est très commerçant. — Je me suis promené beaucoup et [ai] visité l'église. — Il faut passer l'Isle en arrivant par Fronsac, passage que s'est attribué Mr de Richelieu. — 3 deniers par personne, 1 sol par cheval, 1 livre 4 sols par carrosse. Je soupai avec le Receveur des tailles de Périgueux et deux autres jeunes gens à l'hôtel de Picardie. — Bien servi.

15 mai. — Parti avec Mr Donezat et MM^{rs} Fillion pour Bordeaux, passé à Saint-André de Cubzac et traversé la Dordogne à Cubzac, passage qui appartient à Mr de la Tour du Pin, seigneur de Saint-André, pour 12 sols on peut forcer le batelier à vous passer ; il en coûte 6 sols avec votre cheval, si vous n'êtes moins de deux, et 1 sol par personne, si vous êtes douze. — Il faisait des bouffées

de vent qui me faisaient trembler. — Sur l'autre
côté est le bien des Jacobins de Bordeaux, et
une maison de M^r le Prince (*sic*), qui de simple
matelot a su ramasser plus de deux millions ;
son fils aîné qui doit partager sa succession avec
un frère, va encore rabattre les barriques au
premier qui le demande. — A mesure que l'on
arrive à Bordeaux, l'on voit de tous côtés des
châteaux et maisons de plaisance qui s'annoncent.
Nous avons laissé nos chevaux à Lormont (1)
sur la Garonne, bourg qui appartient à M^r l'archevêque et de là jusqu'à Bordeaux, nous avons
pris un bateau : on en trouve quantité et il en
coûte 2 sols par personne pour faire une lieue
environ : on arrive ainsi dans cette ville par
le côté le plus brillant. Les Chartrons forment
une rangée de maisons sur la rivière ; la quantité de bâtiments de toute grandeur, le Château-
Trompette, la Bourse, enfin tout forme une
enceinte d'un bout à l'autre de plus d'une lieue de
maisons bien bâties et percées. Nous avons logé
chez Mr Fillion, rue du Loup. On est après bâtir
un palais à l'archevêque de toute beauté. — La
Comédie quand elle sera achevée sera un édifice
consacré pour les spectacles, le plus achevé qu'il
y ait dans toute la France. On a trouvé proche
l'archevêché pour plus de 20,000 écus, dit-on, de
grosses pierres, mises les unes sur les autres et
enfoncées à 12 pieds de bas ; il y a des bas de
colonnes, des chapitaux, des bas-reliefs, on ne sait
point d'où cela provient. La cathédrale est un
vaisseau gothique, enrichi de quantité d'ornements
à la mode. durant le renouvellement des arts.

(1) Canton du Carbon-Blanc (Gironde).

1775.

16 mai. — C'était un jour de foire : vous auriez vu sur toute la place Dauphine à un bout de la rue St-Seurin, quantité de ferrailles et autres ustensiles de ménage étendus par terre ; — quelquefois on a cela à bon marché, ce qui coûte bien cher ailleurs. — Je me suis bien promené et j'ai été curieux d'aller à la Comédie, on donne 18 sols au parterre ; l'orchestre m'a paru plus agréable et mieux composé que celui de la Comédie Française de Paris. On a joué *Alzire* où Mme Maulan débutait pour la seconde fois. Le défaut de voix lui fait tort ; il y a un Mr Granger qui faisait le rôle de *Zamore,* dont j'ai été très content. La petite pièce, intitulée « *Le legs de Marivaux* » m'a fait rire et bien jouée. — Les femmes soit publiques soit maîtresses particulières, sont dans le général plus agréables qu'à Paris : on dirait qu'elles se mettent mieux. L'église des Jacobins est tout à fait régulière, bâtie dans le nouveau goût ; la chaire surtout est un ouvrage de menuiserie fort bien attrapé. — La Bourse fait un édifice qui orne beaucoup la ville, elle donne sur le milieu du port et fait face d'un côté à la statue de Louis XV sur la place royale. Les bas-reliefs de la statue représentent M^r le Maréchal à (1) la prise du Port-Mahon — ouvrage de sculpture sur une pierre, qui approche du marbre : bien beau. — Les portefaix n'ont point de crochets comme à Paris, ils n'ont que quelques cordes et un tissu de paille, qui les empêche de se macher les épaules. Les bœufs y sont en usage pour charrier dans la ville, on leur ferre les pieds. Il y a

(1) L.-Fr.-Armand, duc de Richelieu, s'empara de Minorque, dans les îles Baléares (Espagne). en 1756.

1775.

quelques fiacres un peu mieux ornés que ceux de Paris... On n'y vit pas si aisément que dans la Capitale, à 1 # 4 sols par tête, on y ferait très-mauvaise chère... Toute l'emplette que j'ay faite a été de deux ᵈbergamottes, l'une imitant une pêche et l'autre une pomme pour 1 # 2 sols.

17 mai. — mercredi. — Nous en sommes partis après dîner. — Couché chez M⁰ Stᵉ-Croix et le lendemain, après un déjeuner dinatoire, je suis venu coucher à La Grolle (1), fait ferrer ma jument à Chevanceau. — Le vendredi, traversé un pays tout de brandes avant d'arriver à Chillac (2), qui m'a conduit chez ma tante Mioulle des Audoins (3), elle a perdu son mari depuis trois mois.

19 mai. — vendredi, — Rendu au Maine-Bernier — le blé vaut 6 # 15 sols le boisseau. — Boisjoly est arrivé à Angoulême, le dix-huit, à raison de sa santé. L'air de Paris lui est contraire. Il y a eu une émeute *considérable* à Paris sous prétexte de la cherté des grains (4).

21 mai. — dimanche. — Dans le pays d'où je viens (Bordeaux) on transvase 3 à 4 fois la première année le vin d'une barrique dans l'autre : on dit que la lie le fait gâter. Pour ce faire, ils ont un boyau, garni aux deux bouts de deux cannelles qu'on fait entrer .l'une au bas de la barrique vide, l'autre pareillement dans la pleine, la bonde étant ôtée, la liqueur se met de niveau dans les deux barriques et à l'aide d'un soufflet, on force le vin à passer tout dans celle qui était vide. — Tous ces ustensiles coûtent deux louis environ.

(1) *Aliàs,* La Graule, hameau de la commune de Touvérac, canton de Baignes (Charente).

(2) Commune du canton de Brossac (Charente).

(3) Hameau de la commune de Châtignac, canton de Brossac (Charente).

(4) Ce qui amena la liberté commerciale des grains.

1775.

14 juillet. — vendredi. — Allé à Cercles (1) près de La Tour-Blanche, — fait procès-verbal de la grêle, couché chez le curé, nommé Reynaud.

15 samedi. — Couché chez Me de Joubertie à Jovelle (2) et le lendemain allé voir Mr Suze à Coutures (3) et Mr de Barières à Bertric (3*) — bon fonds, étang et châtaigniers : revenu le mercredi, passé à Montmoreau. — D'ici à Bertric, on passe audessus de Toufflac (4) à La Chapelle St-Gilles (4*) pour suivre le grand chemin, qui va à Palluaud (5) le laisser un peu sur la droite; on passe la Lizonne à un moulin à papier : il y a des ponts de bois; l'hiver, le passage est dangereux; l'on monte à Lusignac (6) — paroisse, de là on voit très à clair Bertric, qui est fort élevé.

18 août. — Allé à Angoulême avec le prieur de Chavenac, qui a passé ici (au Maine-Bernier) huit à dix jours.

6 septembre. — Mr Lambert, greffier de Montmoreau et marié avec une de mes cousines Mioulle est mort du 3 au 4 : c'est dommage, il était fort honnête homme.

8 septembre. — vendredi. — Allé à Bournet à la frairie.

18 septembre. — lundi. — Debrême des Ganiers (7) s'est marié avec Mlle Marchais, très jolie : j'ai été aux noces, — bien ennuyé, — il y avait grande compagnie pendant 4 jours.

(1) Canton de Verteillac (Dordogne).
(2) Commune de La Tour-Blanche, canton de Verteillac (Dordogne).
(3, 3*) Canton de Verteillac (Dordogne).
(4, 4*) Hameau de la commune de Saint-Amand de Montmoreau (Charente).
(5) Canton de Montmoreau (Charente).
(6) Canton de Verteillac (Dordogne).
(7) En la commune de Motuhiers, canton de Blanzac (Charente).

1775.

7 décembre. — jeudi. — Allé à Angoulême, logé au Grand-Cerf.

30 décembre. — Boisjoly est allé à Ang^me accompagner Deshéris et Bernier : ce dernier demeurera chez Mr Richet à 300 ^# par an.

1776.

— 5 février. — Allé avec Mr Vallier chez le curé de Courgeac, bonne compagnie et le lendemain chez Mr Peinson (1)? seigneur de Rochefort où nous nous sommes bien amusés.

16 février. — Allé à Angoulême — j'y ai passé mes jours gras; donné le bal à Mlle Javotte, les violons m'ont coûté 21 ^# et 9 ^# de bonbons et sirop. — L'assemblée était brillante.... On a commencé à démolir le parc (2) et l'on veut bâtir dans le pré du château; la ville a fait ses oppositions.

20 février. — mardi gras. — Allé au bal chez Mr Régnier.

24 mars. — dimanche. — Desmazeaud est marié du 19 dernier, le repas était le *22, vendredi* — je n'ai pu me rendre à cause de mes vignes que je faisais « tailler »... Son épouse est une demoiselle Briant de Fouqueure (3), déjà parente au 3me degré.

4 avril. — Parti avec ma femme pour Angoulême; je dois faire mon voyage pour Paris, dimanche prochain —... La saison est fort avancée : le chêne blanc reverdit et mon mûrier est tout boutonné.

---

(1) Probablement au hameau situé en la commune de Saint-Laurent de Belzagot, canton de Montmoreau (Charente).

(2) C'était une terrasse qui servait de promenade, où est le Cours d'Artois. (*Dictionnaire manuscrit.* — Archives Gilbert.)

(3) Canton d'Aigre (Charente).

1776.

7 avril. — dimanche. — Pâques. — Parti pour Paris par la diligence ancienne, fait voyage avec Mr Cléricourt et sa femme, com[mandant] Cherval, Mme Bouture, marchande, rue Vieille-Monnaie, en Bordelais. — MM^rs le baron de Blond, son fils; Mr Lainiers et un autre jeune abbé... Arrivé le lundi, 15 avril : logé à l'hôtel d'Artois, rue Guénégaud avec l'abbé Charsay... J'ai été deux fois aux Italiens : on représentait *Zémire* et *Azore,* belle musique, beaucoup de monde — ... Chez Nicollet, vu représenter « *l'Arrivée d'une Comtoise à Paris* ». — « Les *Trois Fourbes* », des sauts et une pantomime. — Chez Audinot, « *la parodie d'Alceste* » pantomime. — Au Grand Opéra, « *Alceste* » belles paroles — musique aigre — Aux Comédiens Français — « *Phèdre* » début d'une nouvelle actrice, point de voix; présence de la Reine et M^r le comte d'Artois, président — « *Les Bourgeois de qualité* » petite pièce. — Mémoires pour la charge d'Élu d'Angoulême (1) « L'office étant évalué 12.000#, les frais sont : savoir, chez M^r le comte d'Artois, droit de 24me denier — 500#; plus 2 sols pour livre — 50#; quitances 2# 16 sols; — droit de nomination et d'enregistrement, 115# total, 667# 16 sols; — Provisions du Roi; enregistrement au garde des rôles, 15# marc d'or, ancien principal, 540# — Augmentation par édit de mai, 1770, de moitié, — 270#, avec les 12 sols 4 deniers par livre = 500#; sceau, 115#; bourse commune, 60#; expédition, 36#, total, 1.536# — total général, 2.203# 16 sols.

(1) Voir a ce sujet « *Mémoires sur l'Angoumois* », par J. Gervais, lieutenant criminel, édition 1864.

1776.

3 mai. — vendredi. — Retiré mes provisions de mon secrétaire, (Mr Viallatte, rue de la Magdeleine, faubourg Saint-Honoré), lui ai donné 2.209# — Porté les dites provisions avec mon certificat de catholicité et de confession à Mr de Caudin, huissier priseur, buffetier de la Cour des Aides.

4 mai. — samedi, — Rendu au Palais sur les onze heures avec trois autres récipiendaires, (premier président de Châlons, un Élu de Saint-Quentin(1) et un grènetier de Marle(2); voir Mr Terray procureur général de la Cour des Aides: laissé à la porte formule ainsi conçue: « Mgr, Me F. J. Gilbert, pourvu de l'office d'Élu à Angoulême, est venu pour vous voir, et vous prier de lui être favorable à sa réception. » Donné au portier, chacun 9# : de là chez Mr Barentin, premier président, qui a voulu nous voir et nous a demandé à chacun les motifs de notre visite et si nous étions gradués. — Au sortir, laissé au portier 9# et 3# au conducteur, — ci payé au buffetier pour tous droits de reception à ladite Cour la somme de 209# 17 sols. — Le grènetier et l'Élu de Saint-Quentin en ont payé autant quoique leurs gages ne soient que de 300 quelques livres, pour un président il y a à payer 519#.

5 mai. — dimanche. — Allé à Versailles, vu toute la famille royale: promené dans le parc. Il (le roi) a fait détruire tous les canaux et abattre tous les arbres.

---

(1) Chef-lieu d'arrondissement (Aisne).
(2) Chef-lieu de canton, (Aisne).

1776.

7 mai. — mardi. — Rendu à 8 heures en robe à la buvette de la Cour des Aides, mené avec moi La Quintade et Ducluzeau pour certifier devant un conseiller, qu'ils me connaissent et que je suis de la religion catholique, un quart d'heure a suffi.— Attendu les trois conseillers pour notre examen, qui se fait avant l'audience : passé chacun à notre tour et interpellé de chacun des trois, ledit examen fini et avant ladite audience, on nous fait entrer l'un après l'autre dans l'auditoire jusqu'à la barre des avocats, Mr le premier Président, dit la Cour, reçoit M° tel... à l'office d'Elu. On monte par les banquettes d'en haut et on va se mettre à genoux devant lui, la main sur l'évangile selon Saint-Jean. On vous fait promettre d'observer les réglements, de rendre la justice et de mourir dans la religion catholique et vous dites : « Oui, monseigneur », et vous vous relevez faisant un salut ; vous vous en allez, tout est dit.

8 mai. — mercredi — A midi, allé chercher mes provisions chez le buffetier, pour l'enregistrement à la Chambre des Comptes, il m'en a coûté 37 # ; ainsi il faut compter pour tous frais, départ et retour, 220 # — provisions, 2.209 # — pour MMrs de la Cour des Aides avec suisses, 230 # — pour la Chambre des Comptes, 37 # — pour le dîner de vos certificateurs, 18 # — pour 15 jours au moins de sejour, 60 # — total. 2.774 #. — Il m'en a coûté plus que cela à cause de mille petites dépenses qu'occasionne Paris (1).

---

(1) Voir pièces justificatives.

1776.

15 mai. — mercredi. — Rendu à Angoulême par la nouvelle diligence : trouvé ma femme se portant
bien, j'ai été voir nos messieurs et voisins. —
Mr Turgot (1), exilé et dépouillé de sa charge de
Contrôleur. — Mr de Rouffignac, revenu de Genève
où il avait été trouver Mr de Montalembert.

19 mai. — dimanche. — J'étais logé à Paris, chez
Mr Vacquier, tailleur, occupant une chambre de
30 # par mois avec l'abbé Charsay (lequel) est
parti huit jours avant moi, m'en a coûté 16 #
10 sols et au perruquier 4 # 16 sols.

27 mai. — lundi de la Pentecôte. — Parti d'Angoulême à huit heures, dîné à Chasseneuil (2), distant six petites lieues : couché à Chabanais (3)
sur la Vienne, chez Polan, aubergiste avant le
pont — quatre lieues, — passé le lendemain à
Saint-Junien (4), — dîné à La Barre, — deux
grandes lieues ; arrivé à Limoges, il y a trois
lieues, — logé à la Pyramide, — qui est sur les
allées de Tourny, (maison neuve). — Trésoriers :
Mr Regnaudin, doyen, près la Pyramide ; —
Mr Garat de Saint-Yrieix, sous-doyen, près la
place des Bans, — Mr Roulhac-Ducluzeaud, rue
des Combes, procureur du roi, — Mr de Voyon,
fils, près les Etangs, procureur du roi, pour le
domaine.

30 mai. — jeudi, — Allé voir Mr de Beaulieu, qui m'a
prêté 300 # : remis par la caisse de M. de Chabrefy.
— A 10 heures du matin le courrier du Bureau m'a
apporté une robe de palais et mené des porteurs,
j'ai pris une chaise et été prendre Mr Talabot,

(1) Ministre des finances — 1774-1776. —
(2) Canton de Saint-Claud, (Charente).
(3) Chef-lieu de canton de la Charente.
(4) Chef-lieu de canton de la Haute-Vienne.

1776.

mon procureur. Là nous avons attendu le courrier qui nous a avertis de nous rendre au Bureau. Trouvé sur le perron de l'escalier, les tambours et violons de la ville ; ils ont coutume de se rendre ainsi aux réceptions pour avoir la pièce, quoique on ne soit pas obligé de leur rien donner. Cependant ils ont eu de moi 6 # et les pauvres 1 # 10 sols. Entré au Bureau près M. le sous-doyen, qui m'a fait lever la main et promettre d'exécuter les réglements et rendre la justice et après « un grand salamalec » je suis sorti : le greffier m'a délivré aussitôt mes provisions ; — conduit Mr Talabot chez lui et revenu à mon auberge ; donné aux porteurs 12 # ; le voyage, séjour et frais de réception à Limoges se montent à 454 # environ.

4 juin. — Ma tante Mioulle, sœur à mon père est morte aux Audouins (1).

12 juin. — A été baptisée dans l'église de Saint-Jean de la ville d'Angoulême Françoise-Rose-Perpétue, née le 10 du présent mois à 4 heures du matin. Parrain, Ant. Desmazeaud, du Maine-Large et marraine Françoise-Rose Gilbert (2).

14 juin. — vendredi. — J'ai pris une chaise à porteur. J'ai été voir tout le corps de l'Élection en robe (à Angoulême), savoir : Mr Benoist, président ; MMrs Suraud, lieutenant, Bourdin, Héraud, conseillers ; Mr Joubert, procureur du roi ; Mr Pigornet, vétéran, et Mr Varin, greffier. Quand on ne trouve pas ces messieurs, on laisse un billet. Il faut avant de faire ces visites porter ses provisions à Mr le procureur du roi pour donner ses conclusions, ensuite les donner au greffier pour en faire une copie que vous signez et qui reste au plumitif.

(1) Commune de Châtignac, canton de Brossac (Charente).
(2) Voir généalogie. — pièces justificatives.

1776.

15 juin. — samedi, — Allé au Palais à 2 heures après midi ; trouvé ces messieurs dans la chambre ; on les salue et après quelques compliments, on monte après eux sur le siège : le greffier lit les provisions et l'enregistrement à la Cour des Aides. Le procureur du roi se lève et conclut à la réception ; le juge prononce : « L'en soit enregistré ». La buffetière, l'audience levée, m'a porté un bouquet, on l'embrasse et on lui donne 12#. — Payé à Mr Grelon, commis du greffe pour la copie ci-dessus, pour le clerc seulement, 15 sols, 6 deniers. Fait autre copie sur papier timbré de mes provisions ou il faut relater toutes les réceptions, et prestations de serment, pour envoyer à M. d'Ormesson, intendant des finances, l'ai faite légaliser par Mr Brun, subdélégué, envoyé le 22 juin avec une lettre.

24 juin. — lundi. — Je suis venu à ma campagne. — La vigne est en fleur. — Mlle Beauchamps, fille unique, mariée aujourd'hui à Mr de la Soutière.

4 juillet. — Répondu à une requête pour saisir fruits en la paroisse de Chadurie (1), — reçu 16 sols. — C'est ma première !

6 juillet. — samedi. — Allé à l'audience, nous avons départi les châtellenies, celles de Loubert et Manot, Confolens et Chabanais me sont tombées et jugé plusieurs affaires.

7 juillet. — J'ai donné à dîner à nos messieurs chez Mr Desmazeaud : présents, MM^{rs} Benoist, Bourdin, Héraud, Varin, Desmazeaud, Brillat, Ducluzeaud, et Debrème. J'avais prié Mr Dupommeau, Rousset, les receveurs des Tailles et Mr Pigornet. — Noël, du Grand-Cerf, m'avait fait mon repas qui m'a coûté 61 # 16 sols.

(1) Canton de Blanzac (Charente).

1776.

25 juillet. — Mr Dupuis Rullier, ancien officier de l'E-
lection est mort. — Il y a un édit du Roi, qui
défend d'enterrer dans les églises.

27 juillet. — Audience. — Rendu à Angoulême : nous
avons enregistré les provisions de « Secrétaire du
Roi » au département d'Alsace — de Mr Labou-
ret, — épices, 15[#] — Le président a eu une part et
demie et pour ma portion 2[#] 14 sols. — Nous
avons jugé au rapport un procès entre Mr de Montberon (1) et les collecteurs de Chazelles (2), pour
savoir à qui appartiendraient les fruits saisis ou au
bailleur à rente : — adjugé à Mr de Montberon
et dépens compensés... Ecrit à Mr Turgot et
envoyé nos procès-verbaux de chevauchées de
1773 qu'il n'avait pas visés, lors du département :
celui seul du Président l'avait été.

5 août. — lundi. — Allé à Courgeac chez le curé, passé
la journée ; de là à St-Christophe de Thude (3),
proche Chalais, fait procès-verbal d'incendie au
village du Roc, d'une maison brûlée au nommé
Bourdier, estimée la perte 348[#]. — J'ai dîné et
soupé chez Mr Lamballerie à Labaurie (4) — jolie
maison — il est marié avec une fille à Mr Banchereau, oncle à ma mère.

7 août. — Allé à Chenaud (5) passé par St-Quentin (6), fait
un tableau de collecteurs pour 19 ans et revenu par
St-Romain (7), Bors (8) et couché chez Mr Duparc.

---

(1) De la famille des Chérade, qui avait acquis la terre de Montbron de
M. de Brienne. Voir à ce sujet : *La baronnie de Marthon,* par M^r l'abbé
Mondon, année 1897. — (*Mémoires sur l'Angoumois.* — Gervais.)
(2) Canton de La Rochefoucauld (Charente).
(3) *Aliàs* Saint-Christophe de Chalais (Charente).
(4) Château en la commune de Saint-Christophe de Chalais (Charente).
(5) Canton de Saint-Aulaye (Charente).
(6) Canton de Chalais (Charente).
(7) Canton d'Aubeterre (Charente).
(8) Canton de Montmoreau (Charente).

1776.

14 août. — mercredi. — Mlle Texier, fille de M^r le Juge de Barbezieux est mariée avec Mr Desmontis (1), médecin, du 8 au 9.

17 août. — Allé à Angoulême à l'audience : il a y eu beaucoup de défauts pris pour radiation de cotes. Nous avons jugé, au rapport de Mr Héraud, une demande faite par les collecteurs de Chazelles contre un Fleurat de 41 # qui se défendait sur la nullité d'un commandement à lui fait, où il n'y avait pas de parlant, a débouté le sieur Fleurat parce qu'il paraissait de mauvaise foi et condamné aux dépens.

7 septembre. — samedi. — Allé à Angoulême, au département — : dîné chez Mr Chabrefy avec tous les commissaires et subdélégués — ... audience, il n'y a eu que des défauts et des demandes en radiation de cotes. J'ai donné la veille 3 procès-verbaux d'incendie à Mr de Beaulieu... ; — le mardi, parti avec Mr Héraud, allé à St-Angeau (2), fait le tableau de la paroisse — bon pays, — Mr Calliaud, frère du chapelier, curé —... Chassé, le mercredi — ... La Bonnieure y passe (3)... Mr de Sigogne tout près — ... Revenu le jeudi... Mr Cadiot de Chez-Marlou (4) est mort le 4 septembre.

28 septembre. — Allé à Ang^{me}, tenu l'audience : on a mis au rapport ou délibéré un procès entre collecteurs : savoir, qui doit être privilégié... revenu le dimanche, dîné chez M. le curé de Chavenac (5).

(1) Voir les autres alliances de cette famille Texier dans « *Le Château d'Ardenne* », par M^r l'abbé Tricoire, 1890.

(2) Canton de Mansle (Charente).

(3) Rivière qui va se jeter dans la Charente.

(4) Il y a plusieurs villages, de ce nom dans le canton de La Valette (Ch^{te}).

(5) 1777 — 6 janvier. — Traité avec Mr Fleuri, curé de La Chapelle, près Barbezieux, pour réparations à faire à l'église à la somme de 824 #. (Drilhon, notaire Barbezieux.) Le 2 juin 1778, le curé de La Chapelle voulait encore la réparation du clocher. (*Dictionnaire manuscrit*. — Archives Gilbert.)

1776.

10 octobre. — Mr François Marchadier, curé d'Aignes, est mort ; il était curé dès 1760.

4 novembre. — L'abbé Delhoste (1) est venu avec M^r le Supérieur (2) du séminaire et Mr Crassac, prendre possession de la cure d'Aignes : ils ont abordé et passé la journée ici. (Maine-Bernier.)

23 novembre. — samedi. — Audience à l'Election : je n'ai pu y aller à cause du mauvais temps et de ma compagnie.

1er décembre. — Allé à Chavenac, diné chez M^r le curé, lui ai porté 197^# pour 6 mois de pension, comme « ex-jésuite » ; il s'appellait le Père Jarenne (3).

22 décembre. — L'abbé Boisjoly a reçu l'ordre de la prêtrise à Angoulême (4).

(1) Antoine Delhoste. — Le service de la paroisse pendant la vacance du titulaire fut fait par X... Allard. (Voir pièces justificatives.)

(2) Jean-Joseph Collot, de la congrégation de la Mission.

(3) Ce nom, comme celui de bien d'autres ecclésiastiques, se trouve oublié dans toutes les nomenclatures parues jusqu'à ce jour ; il servira, comme beaucoup d'autres à rectifier fructueusement les prises de possession, quelque peu douteuses.

(4) Voir pièces justificatives :

1777.
— 2 avril. — Mort de Descombes, avocat. — (*Dictionnaire manuscrit.* — Archives Gilbert.)

1778.
— février. — Philippe-Auguste de Mastin (1), marié, mort le 27 décembre 1784. (*Dictionnaire manuscrit.* — Archives Gilbert.)

23 mars. — Maulde d'Anais, mort.

4 novembre. — Mort de Joubert, mon condisciple. (*Dictionnaire manuscrit.* — Archives Gilbert.)

1779.
— 20 juillet. — Jean-Baptiste Mioulle, le chanoine, tué (2). (*Dictionnaire manuscrit.* — Archives Gilbert.)

1780.
— 22 janvier. — Joubert-Pralin, procureur du Roi, mort. (*Dictionnaire manuscrit.* — Archives Gilbert.)

1781.
— 24 avril. — Chancel, avocat, mort. (*Dictionnaire manuscrit.* — Archives Gilbert.)

(1) De la famille des seigneurs d'Aignes.

(2) A l'âge de 19 ans, par un domestique du séminaire d'Angoulême.

1775.

25 décembre. — Mʳ Galiot, prieur du Bournet, est
mort.

. . . .

. . . .

1777 à 1785.

Ce cahier du Livre-Journal fait défaut.

. . . .

. . . .

1781.

— 22 août. — Fait le département(1) chez Mʳ Chabrefy ; 1784, 22 août,
chez M. Brun ; — 1785, 29 septembre, chez Mʳ Desvarennes ; — 1787,
1ʳ, 3 septembre, chez Mʳ Besson, à L'Houmeau ; — 1789, 20 décembre, chez Mʳ Lacornie ? c'est le dernier. (*Dictionnaire manuscrit. — Archives Gilbert.*)

1782.

novembre. — Maulde de L'Oisellerie, marié.

— 12 janvier. — Mon frère (probablement l'abbé Déshéris) a acheté une
chaise de poste chez Dumergue, 330 #. (*Dictionnaire manuscrit.
— Archives Gilbert.*)

18 janvier. — Démoli la chapelle du Maine-Bernier (son logis d'Aignes). J'y ai couru un grand risque en déclouant le plafond. (*Dictionnaire manuscrit. — Archives Gilbert.*)

1783.

— vers le 1ᵉʳ novembre. — Héraud, élu, mort. (*Dictionnaire manuscrit. — Archives Gilbert.*)

1784.

— 25 janvier. — Joubert, procureur du Roi, mort. (*Dictionnaire manuscrit. — Archives Gilbert.*)

19 avril. — Joseph-Amédée de Broglie, évêque d'Angoulême, mort (2).
(*Dictionnaire manuscrit. — Archives Gilbert.*)

5 juin. — Mort de M. Hiver, curé de Saint-Antonin d'Angoulême, âgé
de 92 ans. (*Dictionnaire manuscrit. — Archives Gilbert.*)

16 juillet. — Reçu M. Ruffray, président (à l'Election) (3).

2 août. — Mʳ d'Albignac de Castelnau a pris possession de l'évêché
d'Angoulême. (*Dictionnaire manuscrit. — Archives Gilbert.*)

8 août. — Frairie de Sainte-Radegonde, à Aignes.

(1) Distribuer les impositions et les tailles sur chaque Election et sur les
paroisses.

(2) On le fait mourir le 9 avril et on l'enterre seulement le 21 du même mois;
c'est un peu long. — (*Bulletin de la Société archéologique de la Charente,*
année 1892.)

(3) *Dictionnaire manuscrit.* — Archives Gilbert.

1785.

— 28 janvier. — Allé à Angoulême : à l'audience le lendemain, signé avec Mr Suraud et Bourdin gratification de 1783 en trois quittances montant à 705 #, partagée suivant la coutume. — J'en ai eu 170 # pour ma part. Mr Suraud m'a fait raison de ce que nous avions laissé entre les mains, lors de l'affaire de la patrouille, le 10 août 1782. — Il avait avancé 172 #, il nous a donné de surplus 34 #, ainsi reçu en tout 204 #.

3 avril. — Allé à Chavenac : porté à M^r le curé de l'argent de son bénéfice de *Bordeaux*.

14 avril. — Allé à Angoulême, y demeuré jusqu'au 29 suivant. — Ma femme est accouchée le 23, d'une fille, baptisée par M^r le curé de la Paine — a tenu Léonard Pasa et Catherine Moreau — mes domestiques — lui ai donné le nom de Catherine-Ste-Croix et le domestique l'a emmenée après midy au Maine-Bernier (1).

30 avril. — Pendant mon séjour à Angoulême est mort Mr Mioulle, avocat — Mr Rousseau, curé de Brie (2) — Mlle de Boisbedeuil.

6 mai. — Allé à Ang^{me}, y demeuré jusqu'au 28. — Nous avons enregistré des lettres de décharge de Jean A[ugeraud] condamné aux galères pour *faux tabac*.

1er juin. — Je n'ai pas vu une année si sèche.

4 juin. — Allé à Ang^{me}, y demeuré jusqu'au 21. — On a fait une neuvaine à Angoulême à la Cathédrale *pour avoir de l'eau* — n'a point mouillé. — Le foin s'est vendu 100 # le millier.

---

(1) Voir généalogie, pièces justificatives.

(2) Léonard Rousseau de Magnac, curé de Brie, canton de La Rochefoucauld (Charente).

1785.

8 juin. — J'ai reçu à l'hôtel Mr du Foure pour commis aux Aides et Mr Roux, pour le fer, direction de Ruffec. — Fait prêter serment.

13 avril. — Le fils de Mr Vallier le médecin est mort d'hier, âgé de 20 ans — allé au convoi.

26 juin. — Occupé à écrire à M^r le Premier Président des Aides pour une affaire entre Mr Suraud et moi.

30 juillet. — Allé à Ang^me, à l'audience, enregistré les lettres *de noblesse* des sieurs Poitevin : ils étaient deux impétrants — épices 30 # et lettres d'un conseiller au *point d'honneur* (1) d'un M^r d'Auseilles de La Rochefoucauld — épices 9 #. M. Brun a assisté en place d'un troisième conseiller — eu pour ma part, 13 #. Nous avons signé un certificat comme quoi 16.000 # de moins imposées dans l'Élection ont été réparties sur les paroisses. Fait la distribution des châtellenies. J'ai Montausier (2), terres à part — Montbron et Marthon. — Reçu une lettre de Mr Barentin en réponse à celle que je lui avais écrite au sujet d'une sentence que Mr Suraud ne voulait pas signer : il m'a répondu suivant ma façon de penser.

14 août. — Allé à Angoulême à l'audience. Nous avons jugé le procès des Bailloux avec les collecteurs de St-Saturnin (3), mes épices — 36 #. — Ecrit au curé d'Ebréon (4) pour la grêle.

(1) Voir aux pièces justificatives.
(2) Commune de Baignes (Charente).
(3) Canton d'Hiersac (Charente).
(4) Canton d'Aigre (Charente).

1785.

22 août. — Parti avec mon frère à midi, allé à Cervanches (1) voir Mlle Murat. Passé à Villedieu (2), à St-Romain (3), à St-Aulaye (4), arrivé à 6 heures 1/2 à Cervanches, y passé le 23 et parti avec M^r le curé le 24 — passé à St-Barthélemy (5), il y a une lieue et demie — chemin beau — écartable dans la Double et de là à Veauclaire (6) où nous avons dîné, soupé et dîné le lendemain — c'est un couvent de Chartreux bien bâti, bien riche, sur l'Isle, à un quart de lieue de Monpont où nous avons passé en allant à Libourne, éloigné de Veauclaire de sept lieues. Nous y avons couché le jeudi à l'hôtel de Picardie — coûté 10 # pour nous. C'est une jolie petite ville, au bord de l'Isle et de la Dordogne. — Parti le vendredi matin à 10 heures, embarqué à Saint-Pardoux (7), passé à Saint-Loubeix (8). Il a grêlé beaucoup dans ce pays-là et surtout au Carbon-Blanc (9), où nous avons bu un coup, fait ferrer le cheval. Laissé nos chevaux à La Bastide. Allé nous loger aux Sept-Frères maçons chez Garderat le vendredi soir, y passé le samedi et parti le dimanche à 10 heures. — Nous avons payé 6 # pour deux nuits et 14 # pour 6 repas et donné au portefaix et embarquement et servante

(1) *Alias* Servanches, canton de Saint-Aulaye (Dordogne).

(2) Hameau de la commune de St-Romain, canton d'Aubeterre (Charente).

(3) Canton d'Aubeterre (Charente).

(4) Chef-lieu de canton (Dordogne).

(5) Canton de Monpont (Dordogne).

(6) Commune de Montignac-Menesteyrol, canton de Monpont (Dordogne).

(7) Département de la Gironde.

(8) *Alias* Saint-Loubès, canton du Carbon-Blanc (Gironde).

(9) Chef-lieu de canton (Gironde).

1785.

et café 2 #. — M^r de Ste-Hermine y était avec son cousin pour recueillir une succession. — Payé à La Bastide pour nos chevaux 10 # 5 sols, passé à Cubzac bien à point et arrêté à Cavignac, payé pour goûter 1 # 10 sols. — Nous sommes venus coucher à La Garde-Montlieu (1) à 9 heures du soir — coûté 2 # 10 sols pour cheval et *bien mal soupé,* coûté 9 # 9 sols. — Le lundi allé dîner à Condéon chez Mr Pipeaud où il y avait ma tante et mon cousin — le soir à Berneuil (2) chez M^r des Granges et le mardi matin rendu à Courgeac... J'ai acheté à Bordeaux deux feuilles de la carte de l'Angoumois, qui m'ont coûté 10 #.

10 septembre. — Nous avons reçu Mr Janet de Lafont pour procureur du Roi à la place de Mr Joubert : il nous a régalés chez Mr Suraud, nous étions une vingtaine... Jugé un procès au rapport de Mr Teurtas entre les collecteurs du Vieux-Ruffec (3) et Mr Visseron, pour domicile — jugé contre ce dernier, ai eu 12 # pour ma part d'épices.

24 septembre. — Allé à Angoulême — jugé à radiation et le procès du *Moulin Sortier (sic)* au rapport de Mr Bourdin — jugé qu'il était en Périgord qu'on ne pouvait l'empêcher d'y vendre vin — épices 24 écus. — On a compté avec *le buffetier* jusqu'à ce jour 28 # depuis 1781 jusqu'au 15 avril 1785, il a fourni 24 feux à 1 # et *de la bière et des biscuits...* Il a passé à Angoulême *50 esclaves* délivrés avec 3 Pères de M^rs de La Merci (4); ils ont été en procession à St-Pierre où l'on a chanté *un Te Deum* et ils ont fait quêter.

(1) Canton de Montlieu (Charente-Inférieure).
(2) Canton de Barbezieux (Charente).
(3) Canton de Ruffec (Charente).
(4) Ordre religieux fondé (1223) pour le rachat des captifs.

1785. 28 septembre. — Allé à Angoulême, fait le département chez Mr Devarenne à L'Houmeau à 8 heures du soir où nous avons soupé. — Nous y avons été en robe; il n'était arrivé qu'à 7 heures.

8 octobre. — Allé au Maine-Large (1) — Mr Desmazeaud est embarrassé pour loger sa « *vendange* ». — On fait brûler partout, jamais il ne s'était vu autant de vin.

19 octobre. — Allé à la foire à Montmoreau : il y avait un grand concours de jeunesse. — M^r l'abbé de Charras (2) est mort le 18, doyen du Chapitre d'Angoulême. — Mr Chabrignac (3) a été élu à sa place...............................

— Lacune regrettable — feuilles déchirées jusqu'en mars 1786.

....

1786. — 4 mars. — J'ai reçu à l'audience 1 # pour ma portion de 3 # d'enregistrement de la procuration du s^r Le Sueur, directeur de Confolens et 1 # pour même droit du s^r Guignard, directeur du même endroit..... On a *monté deux cloches nouvelles* à St-Pierre d'Ang^ine.

3 avril. — Reçu de gratification des Aides pour l'année 1784, 122 # 7 sols 6 deniers, savoir : $^2/_{11}$ de gratification — 60 # pour réception d'employés — 25 # d'enregistrement du bail et 33 # 7 sols 8 deniers d'étrennes des cuirs et $^1/_7$ dans 70 # d'indemnité des droits d'entrée — le Président a eu 178 # 12 sols 9 deniers pour sa portion, le Procureur du Roi 18 # 6 sols 8 deniers, parce qu'ils ont $^1/_7$ dans les 70 # et partagent entre eux deux 16 # 14 sols que l'un donne de surplus sur les cuirs.

(1) Hameau de la commune de Voulgézac, canton de Blanzac (Ch^te).
(2) François-Marc-René de La Laurencie — Charras.
(3) Henry de La Faux de Chabrignac.

1786.

9 avril. — Les *Rameaux.* — Les eaux ont beaucoup débordé.

13 mai. — Allé à Ang^me à l'audience — Bardines (1) est vendu 66.000 # à Labonne.

25 mai. — Parti à 4 heures d'Angoulême *de pied*, suivi le grand chemin — arrivé à 11 heures à Bourg (Charente) (2) où j'ai traversé la Charente — le château est *assez joli*, — j'y ai dîné, coûté 1 #. Passé à Cognac (3), entendu vêpres des *Cordeliers et bénédiction.* — Allé jusqu'à Crouin (4), où j'ai couché : on était après faire un pont — payé pour coucher et souper 15 sols. — Arrivé à Saintes à 7 heures, entendu la messe à St-Palais (5), promené un peu, bu pour 1 sol 6 deniers d'eau-de-vie. — Arrêté à *Rulon* (6), où j'ai mangé 3 œufs — payé 11 sols. — Arrêté à St-Porchaire (7), où j'ai bu chopine de bière et deux biscuits, payé 7 sols. — Il y a dans ce pays-là beaucoup d'ormeaux, on tire les jantes doubles et on les laisse exposées ainsi à l'air. — Le terrain est comme à la vigne Labelle (Aignes), à 2 deniers la sautille, un bœuf se vend 200 # 26 sols — en doublant toujours. — A Beurlay (8), une roquille de vin blanc 1 sol 6 deniers. — Allé coucher à Charente (9), qui est au delà

(1) Grand domaine en la commune de Saint-Yrieix, canton d'Angoulême, possédé autrefois par la famille Thomas, connue par ses productions littéraires au XVII' siècle et ses relations avec Balzac.

(2) Canton de Segonzac (Charente).

(3) Chef-lieu d'arrondissement (Charente).

(4) Ancienne paroisse suburbaine de Cognac, réunie aujourd'hui à celle de St-Jacques de la même ville.

(5) Paroisse de la ville de Saintes.

(6) Commune de St-Georges-des-Coteaux, canton de Saintes (Charente-Inférieure).

(7) Chef-lieu de canton (Charente-Inférieure).

(8) Canton de Saint-Porchaire (Charente-Inférieure).

(9) Chef-lieu de canton (Charente-Inférieure).

1786.

de la rivière, qu'il faut passer. C'est une petite ville très commerçante ; il y a bien des vaisseaux marchands — des *capucins?* — le sel y paye 67 # de droits d'entrée par muid ; le receveur consigne 40.000 # et compte tous les trois mois ; dépense pour ma couchée 1 # 12 sols. — Passé le lendemain avec un capitaine Ostendoy *(sic)* à Rochefort, monté dans le coche et parti pour La Rochelle, donné 3 # et dîné aux Rochers, coûté 18 sols. Arrivé le samedi à 3 heures après-midi à La Rochelle — la *cathédrale* est dans *un bon* goût, — le port plein de boue a été curé il n'y a pas dix ans. — Il y a un beau tableau dans l'église des Jésuites, représentant une femme mourante, qui tient un crucifix en main. — Logé sur le Port près les Tours, payé pour 3 repas, 6 # 5 sols. — J'ai entré *(sic)* dans le vaisseau Ostendoy où jai bu *de la bière et du punche*, ce n'est pas bien bon — baigné les pieds dans la mer — bien promené — j'ai été à la Comédie — vu représenter *la veuve du Malabar et le Directeur* — 12 sols et rafraîchissement 1 #. — Parti le lundi de La Rochelle dans le coche — coûté 3# 10 sols et dîné aux Rochers — 12 sols. — Revenu à Rochefort : logé à La Coquille, — vu le fils de Texier d'Angoulême, qui m'a fait entrer dans le port, où j'ai vu de bien belles choses. — Je lui ai donné à dîner à mon auberge le lendemain et parti à 3 heures — coûté 7 #. — Venu coucher à Beurlay où j'ai payé 1 # pour mon souper. — Arrivé le lendemain à Saintes — payé pour mon dîner 2 #. — Visité la cathédrale — St-Eutrope (1) — l'Arc de Triomphe. — *Saintes est fort vilain.* — Venu coucher à Javrezac (2) — payé 15 sols.

(1) Paroisse suburbaine de Saintes (Charente-Intérieure).
(2) Canton de Cognac (Charente).

1786.

juin — jeudi. — Déjeuné à Mainxe (1), payé 6 sols — dîné à Châteauneuf (2), payé 18 sols. — Je me suis bien allongé d'une lieue et demie en passant par Châteauneuf. — J'ai acheté à La Rochelle 2 cartes de l'Angoumois et Saintonge qui m'ont coûté 9 *"*..... Depuis 15 jours il fait bien chaud : je commençais à *être rendu* quand je *suis arrivé.*

7 juin. — Ma femme est accouchée d'une fille à 9 heures du soir. — Mon frère Bernier l'a baptisée le lendemain à Aignes : ont tenu Pierre... et Philippe Denoyer — elle s'appelera Philippe-Agate (3).

30 juin. — Nous avons reçu Mr Paulet pour Président de l'Élection. — M^r le Procureur du Roi a fait *un beau discours.*

1er juillet. — Dîné chez lui en grand repas..... Mon frère avait chez lui (Ang^me) Mr *Beauregard, théologal de Luçon* (4).

8 juillet. — On a publié les bans de M^r le marquis (de Mastin) avec Mlle des Groges.

14 juillet. — Mr Suraud a marié sa fille avec Mr Valleteau de Mouillac.

17 juillet. — Mlle Desmazeaud, sœur à ma femme, s'est mariée avec Mr Rousseau de Magnac au Petit-St-Cybard. — Je l'ai accompagnée à La Grange-Maubat en Torsac et revenu le jeudi au Maine-Bernier.

18 juillet. — M^r le marquis de Mastin est marié avec Mlle des Groges, sœur à la femme de M^r de St-Paul.

(1) Canton de Segonzac (Charente).
(2) Chef-lieu de canton (Charente).
(3) Voir généalogie — pièces justificatives.
(4) André Brumauld de Beauregard, docteur en Sorbonne; évêque d'Orléans, après le Concordat. Il est un peu nôtre par la branche des Brumauld de Villeneuve, près Ruffec. (Voir sa vie écrite par Mr de Curzon.)

1786.

25 juillet. — Il est venu à Aignes avec la noce.

16 août. — A la foire à Montmoreau. — La ferme du prieuré de Montmoreau s'est faite. Mr Laneauve donne 1.805 # des rentes, métairies et prés. M^r le curé de Saint-Amand. 1.600 # des dixmes.

12 septembre. — Passé avec Mr Decescaud, mon frère, et Mr Sicard à Breuti (1) où nous avons passé l'acte de vente des rentes du fief du Verger, au nom de mon frère Bernier pour 9.806 #... Le fils le plus jeune de Mr Desmazaud est mort le 17 août à Paris, *prêtre lazariste,* âgé de 26 ans (2).

16 septembre. — Rendu à Angoulême. — M^r l'Intendant (3) n'est venu que le 18 et nous avons fait le département le 19. Dîné chez Mr Brun. J'avais donné à dîner chez mon frère à MM^rs de l'Election.

8 octobre. — J'ai été hier à Angoulême. J'étais seul. Prononcé 3 jugements. Mr Sazerac le vieux est mort. — Fait deux parties de piquet avec le procureur du roi, gagné 3 #.

17 novembre. — Allé à Angoulême. Nous avons donné audience le lendemain. Nous avons reçu une lettre de M^r l'Intendant au sujet des rôles d'office. Deux de nos MM^rs doivent aller à Limoges.

2 décembre. — Prêté aux Carmélites d'Angoulême 3.000 # en rente constituée à 5 pour cent.

6 décembre. — Mr Saunier et Mr Thuet (4), curé de Magnac sont morts le 4 et le 7.

(1) Village important de la commune de La Couronne, canton sud d'Angoulême (Charente).

(2) On n'a pu découvrir aucun renseignement à la maison-mère de La Mission sur ce prêtre angoumoisin.

(3) Marie-Pierre-Charles Meulan d'Ablois, chevalier, dernier intendant. (Gay de Vernon. Bulletin de la *Société archéologique du Limousin. — 1860.*

(4) Laurent Thuet, curé de Magnac-sur-Touvre, 2e canton d'Angoulême (Charente).

1787. — 27 janvier. — Nous avons jugé le procès de Léonard Reinaud dit Chambonaud, détenu en prison depuis deux ans pour crime de rébellion aux commis ; condamné au blâme, à la confiscation, estimée 1.000 #, 100 # d'amende. Nous étions cinq juges : le procureur du roi a taxé 120 #, nous autres autant avec les 4 sols par sac.

10 février. — Allé à l'audience. Reçu Mr de Lille procureur à la place du vieux Roche. J'ai eu 4 # pour ma part des épices.

12 février. — Diné hier chez notre procureur du roi en grande compagnie.

13 février. — Noel, aubergiste du Grand-Cerf, (1) Angoulême, est mort.

21 mars. — Mr Roux de Pranzac (2) est mort.

Pâques. — 8 avril. — Dîné chez M^r le curé (d'Aignes) avec la maison d'Aignes, gagné au *trictrac* à écrire 3 # 12 sols avec M. La Loubière.

21 avril. — Allé à l'audience : il y a eu un arrêt de la Cour des Aides qui enjoint aux Elus d'Anlême de se transporter au greffe de l'élection de Barbezieux pour faire frapper devant eux *une empreinte du déposé* pour les cuirs. — Nous avons nommé M^r le Président. Il ma donné 84 # à compte sur ma part de gratification des Aides pour 1785, elle se montait à peu près à 123 #, il s'est retenu 36 # pour ma portion du voyage de Limoges fait au mois de novembre dernier. Ils étaient trois, il a coûté 222 # à ce qu'il a dit, en poste.

(1) Ancien maître d'hôtel alors renommé en la paroisse de Saint-André d'Angoulême. (Charente).

(2) Père du démagogue, Jacques Roux. Voir notre brochure : *L'Église et le Chapitre collégial de Pranzac. 1891.*

1787.

28 mai. — Allé dîner à Chavenac chez M^r le curé, nommé un fabricien.

2 juillet. — Vu l'édit des Administrations provinciales.

16 juillet. — On a plaidé la cause du lieutenant de police, Mr Leprêtre et Mr Roi.

30 juillet. — M^r et Mme la comtesse d'Aignes sont venus nous voir.

15 août. — Allé chez Mr Rousset, entendu la messe à Saint-Amand de Montmoreau. Il y avait le Père gardien des capucins (d'Angoulême).

12 septembre. — Rendu à Angoulême du matin. Allé à *la Comédie*. Vu *Cassin et Nicolette. Blaise et Babet.*

13 septembre. — Fait un *picni (sic)*, (1), chez M^r le Président et le département (2) chez Besson à 4 heures du soir : il n'y a eu que Mr Bourdin, qui a assisté au souper.

15 septembre. — A l'audience fait une ordonnance contre les Commis qui percevoient les droits pour les raisins à l'entrée de la ville.

26 septembre. — MM^{rs} les séminaristes d'Angoulême, M^r le curé, etc. sont venus dîner au Maine-Bernier.

26 octobre. — Les assemblées provinciales ont commencé chez M^r d'Argence, jeudi 25. Ils ont eu ordre de suspendre jusqu'à nouvel ordre à cause du Parlement de Bordeaux.

29 octobre. — Dîné chez M^r le curé d'Aignes avec MM^{rs} les curés de Saint-Cybard, Saint-Amand, Pérignac, Juignac, Chavenac. Il faisait un service pour ses prédécesseurs.

---

(1) *Aliàs* et mieux «pique-nique».

(2) 1787. Payé pour les réparations de l'église de Puypéroux montant à 548# — 13# 12 sols pour revenu de 9# — Le Chapitre de Blanzac pour rentes estimées 378#, payé 177# — Mr de Montmoreau (Perry de Saint-Auvent) pour rentes estimées 177#, payé 83# 3 sols. — (*Dictionnaire manuscrits* — Archives Gilbert.)

1787.

17 novembre — A l'audience il a été beaucoup question d'une lettre de M. l'Intendant.

13 décembre. — Mr Héraud, notre ancien confrère, est mort avant la Toussaint

17 décembre. — Mr de Moriès, (1), abbé d'Ambournet, est mort à l'abbaye de la Trappe où il était depuis 3 ans.

1788.

— 7 janvier. — Mr Chatenet, contrôleur de Montmoreau est mort de hier soir.

14 février. — Reçu gratification des Aides pour 1786, 115{#}. Payé aussi de mes gages de 1786, 541{#}.

21 février. — Bernier a payé à l'hopital (d'Angoulême), entre les mains de Mr Dubois, trésorier des pauvres, 5.586 {#}, il a mis au bas de la quittance qu'il provenait de moi 5.400{#}.

24 février. — Mis les 3 ainées de mes filles aux Dames de la Foi (2) à Angoulême, à demi-pension, donné pour 3 mois, 90{#}, fourni un plat, 3 gobelets, 3 couverts d'argent, 3 serviettes et un pot à l'eau.

6 mai. — Allé à la foire à Deviat (3). — Mr de Saint-Simon a bien fait arranger La Faye (4).

7 mai. — Payé pour moi, pour mes sœurs et frères qui ont les deux métairies de Chez-Boucher, dont les fonds sont situés à Saint-Cybard de Montmoreau en partie pour les réparations de l'église, 217{#}.

(1) Alexandre Melchior du Cheylan de Moriès, ancien abbé de Bournet, paroisse de Courgeac (Charente).

(2) En la rue de la Bûche. (*Topographie d'Angoulême* par J. George). (*Bulletin archéologique de la Charente, 1899.*) sur l'emplacement de la gendarmerie actuelle, et rue des Filles de la Foi.

(3) Canton de Montmoreau, (Charente).

(4) Commune de Deviat.

1788.

20 mai. — Ma femme est accouchée d'une fille, fait baptiser à la Paine (1), elle se nomme Marie-Camille, parrain et marraine, Marie Vicaire et Froquart, domestiques à mon frère.

28 mai. — Le roi a supprimé dans son lit de justice les élections, greniers à sel, eaux et forêts, traites, etc.

30 mai. — Notre procureur du roi a reçu du procureur général de la Cour des Aides l'édit de suppression.

18 mai. — Mr Benoît Boirou, notre greffier nous a donné son repas de Corps, chez Mr Desessards, nous étions 18 à 20.

2 juin. — Dîné chez M^r le curé de Saint-Cybard de Montmoreau. Mr Claireau, procureur des Génovéfains de La Couronne y était (2). Mr Gaston (3), aumônier du comte d'Artois, a été nommé *abbé d'Ambournet.*

23 juin. — Les Carmélites m'ont amorti 3.000^# et payé l'intérêt qui a couru, 81^#.

11 juillet. — M^r l'Intendant (4) est venu *nous supprimer* : il a fallu monter *en robe* ; il a pris la première place, a fait lire sa commission, l'édit de *suppression* et l'a fait enregistrer *à notre greffe.*

15 juillet. — J'ai été à Bauregard, dîné chez M^r l'abbé Sauvo (5) et d'autres chanoines.

17 juillet. — Je les ai régalés chez moi.

(1) Ancienne paroisse d'Angoulême.

(2) Abbaye sise autrefois en la paroisse du même nom — sous Angoulême.

(3) Jean Claude Gaston de Pollier, abbé de La Couronne, chanoine de Cahors, archidiacre de Blois, etc , etc., etc. (Voir : Pouillé du diocèse d'Angoulême, tome 1, par M. l'abbé Nanglard, 1893 — et surtout: L'abbaye royale de La Couronne, par M. l'abbé Blanchet, 1887-1888.)

(4) Marie-Pierre-Charles Meulan d'Ablois, chevalier, dernier intendant. *(Bulletin de la Société archéologique du Limousin, 1860.)*

(5) Chanoine d'Angoulême.

1788.

28 juillet. — Dîné chez Mr de Mastin. Occupé à visiter ses papiers. La terre d'Aignes leur a été vendue par M^r La Touche de La Faye au sieur Viault pour 6.000# en 1540.

30 juillet. — Dîné chez Mr de Montmoreau (1) au château.

1er août. — Allé à Angoulême, nous avons envoyé un état de nos finances à Limoges et à M^r le garde des sceaux. J'ai mis ma charge à 18,600#. Dîné chez l'abbé Dereix, chanoine.

8 septembre. — Ce Mr de Brienne est *culbuté* (2) ; Mr Nekre (3) est en place.

1er octobre. — Appris que le roi avait dès le 23 septembre remis ses anciens officiers dans l'exercice de leurs charges jusqu'aux États.

3 octobre. — Allé à Angoulème. M^r l'Intendant a fait son département le 27 octobre, assisté seulement des commissaires et subdélégués, suivant un arrêt du Conseil qui l'autorisait à cela. Nous avions reçu une lettre de Mr Hocquart, qui nous avertit de reprendre nos fonctions ; nous lui avons répondu et écrit à Mr Barentin, garde des sceaux.

14 octobre. — Allé à Saint-Just (4) à une lieue de La Tour Blanche voir Mr Vincent, qui m'a marié à Ronsenac. Nous avons assisté à la fête du patron Mr Monteil, curé d'Aiguillac (5). Reneau, curé de Cercles (6) et les autres curés des environs y étaient. Mr Dugravier, gentilhomme, Mr Lajarte, avocat.

(1) de Perry de Saint-Auvent, seigneur de Montmoreau.
(2) Lomenic de Brienne, ministre de Louis XVI.
(3) Le financier gènevois deux fois ministre sous Louis XVI.
(4) Commune de Chapdeuil et Saint-Just, canton de Montagrier, (Dordogne.
(5) *Aliàs* Leguillac-de-Cercles, canton de Mareuil, (Dordogne).
(6) Canton de Verteillac (Dordogne).

1788.

18 octobre. — Nous avons enregistré la déclaration du roi du 23 septembre, qui nous renvoie dans nos fonctions. La *buffetière* nous a donné *un bouquet* nous lui avons donné chacun 3#.

8 novembre. — Allé à la foire à La Valette. Diné chez les R. P. Augustins. MM^rs Falligon, Vallier, le curé de Dignac y étaient.
Mr Pigornet lieutenant honoraire de l'Élection est mort de mardi. Mr Renaud de Ladoue aussi.

6 décembre. — Allé à Angoulême de mon pied, il était verglassé. A l'audience, il n'y avait que Mr Suraud. J'y ai passé le dimanche et le lundi, jour de Notre-Dame.

9 décembre. — Bien du monde sont enrhumés à Angoulême.

31 décembre. — Allé à Montmoreau. On a affiché de faire venir des grains des Etats-Unis de l'Amérique avec 1# 10 sols par quintal de froment de prime et 2# de farine.

1789.

— 31 janvier. — Reçu gratification des Aides des mains de Mr Suraud, 112# 8 sols. — Mr Boisbedeuîl est mort, il y a 15 jours environ.

26 février. — Allé à Angoulême. On est fort occupé des *élections des députés*.

1er mars. — M^r le curé (d'Aignes) a lu au prône la lettre du roi pour la convocation des Etats et l'ordre de M^r le Sénéchal d'Angoumois.

5 mars. — Nous avons tenu l'assemblée à Aignes ; j'ai fait un cahier de doléances et ils m'ont nommé député avec Mr Gazeaud.

10 mars. — Allé à Angoulême.

11 mars. — On a appelé les paroisses, qui ont donné leur cahier, cela a duré le 12.

13 mars. — On a nommé 45 commissaires pour réduire les dits cahiers. J'étais dans l'arrondissement de La Valette avec Mr Orsin et Laneauve.

1789.

21 mars. — Revenu d'Angoulême : il fait un bien vilain temps. Mr Allard, (1) curé de Saint-Cybard de Montmoreau est mort le 19 mars.

25 mars. — Occupé à réfuter cahiers d'Angoumois.

27 mars. — M. Petit-Maine est venu, m'a rapporté qu'on avait nommé pour députés du Tiers-Etat : MM^{rs} Augier, de Cognac (2), Roy, avocat (3), Marchais, assesseur de La Rochefoucauld (4) et Dulimbert, procureur de Confolens.

28 mars. — samedi. — Allé à Angoulême après diner. — M^r l'Évêque (5) et M^r le curé de St-Martin, Joubert (6), sont députés de l'ordre ecclésiastique — ... Occupé à faire le cahier des *doléances des dames*.

2 mai. — Allé à Blanzac... On a affiché au poteau de la halle la vente des Gouffiers (7).

13 mai. — Envoyé une lettre écrite en corps à M^r le Procureur général des Aides et j'ai écrit à *Mr Frérol*, secrétaire à l'Intendance.

---

(1) Jean Baptiste Allard.

(2) Etienne Augier, négociant à Cognac, fils de Philippe, et de Marthe-Catherine Martell. *(Annuaire de Cognac*, par G. Bérauld, 1892.) Cognac, 13 foires, tous les seconds samedis et une foire royale, le 11 novembre. — 2 paroisses — Bénédictines — un hopital — Cordeliers — Récollets — 4.500 habitants — 31 paroisses. — *(Dictionnaire manuscrit.* — Archives Gilbert.

(3) A Angoulême.

(4) La Rochefoucauld, commerce en merrain, en fil plat et à coudre, en fabriques de serge, grosse toile et droguet, en tannerie et vers-à-soie. — Duché, pairie — 80 paroisses — ville, 3 paroisses — un Chapitre — des carmes — Visitation — hôpital. — *(Dictionnaire manuscrit.* — Archives Gilbert.)

(5) Philippe-François d'Albignac de Castelnau, évêque d'Angoulême.

(6) Pierre-Mathieu Joubert, plus tard évêque constitutionnel de la Charente. — Lire avec fruit pour cette période : « *Le Clergé charentais pendant la Révolution*, par M^r l'abbé Blanchet, année 1898. »

(7) Commune de Péreuil, canton de Blanzac (Charente).

1789.

29 juin. — Le pain *est fort cher* à Ang^me — ... M^r l'Intendant est venu pour faire la police : il a fait vendre le blé de Mr du Pellegrin — j'ai été le voir à L'Houmeau, lui ai parlé d'un mémoire sur la répartition des tailles.

25 juillet. — On a *fait un feu de joie* à Angoulême à *cause que le Roi est venu* à Paris le vendredi 17... On a pris *partout des cocardes bleues et rouges.*

28 juillet. — *mardi soir.* — Un courrier d'en deçà de Ruffec (1) apprit d'un paysan qu'il y avait dans la forêt une troupe de bandits et de voleurs, qui s'accrut en approchant d'Angoulême au nombre de plus de 15.000 ; il répandit l'alarme dans la ville. On fit la patrouille toute la nuit. On fit venir du canon sur la porte du Palet (2). — Le bruit se répandit pendant la nuit jusqu'à Aubeterre qu'Angoulême était menacé, le faubourg de L'Houmeau saccagé. — Blanzac y fut avec 3.000 hommes et s'arrêta à Roullet (3). — On lui dit que ce n'était rien. — La Valette apprit la même chose ; à Torsac (4) ils étaient 2.400. — Montmoreau resta en exercice jusqu'à 3 heures, parce que les gens raisonnables avaient peine à croire

(1) Marquisat. — Mr de Broglie l'a acheté en 1763 ; il comprend aujourd'hui 31 paroisses en entier et 10 en parties ; son commerce est en grains, fer, toile du pays, sel et marrons ; une paroisse, un hôpital, Capucins, — rivière, le Liain, — un sénéchal, assesseur, procureur d'office et greffier. Les avocats plaident par arrêt 1766 ; directeur des Aides ; régie des cuirs et droits réservés ; entrepôt de tabac ; bureau pour la perception des droits d'entrée ; juridiction des traites ; président, procureur du Roi, greffier. La ligne qui sépare l'étendue des cinq grosses fermes — du réputé étrangers — part des frontières du Berry, suit celles de la Marche, du Limousin, du Poitou et de l'Angoumois. Le tarif des droits est, par arrêt du Conseil, du 18 décembre 1664. (*Dictionnaire manuscrit.* — Archives Gilbert.)

(2) Angoulême.

(3) Canton sud d'Angoulême (Charente).

(4) Canton de Villebois-La Valette (Charente).

1789.

que la nouvelle fût vraie... On crut à Angoulême que la famine s'y mettrait, tant il aborda de monde. — On fit fermer les portes. — On a fait la recherche dans la forêt de La Braconne — on n'a rien trouvé et le 30, tout a été tranquille.

6 août. — jeudi. — Nous avons été 17 de Montmoreau et des environs à Montboyer (1) sur l'invitation qui en a été faite aux MM^rs de Montmoreau de s'y rendre. Nous avons diné sous la halle à une table de 80 couverts. — MM^rs Desgraviers et Michelon en ont fait la principale dépense. — M^r le curé (2) nous a dit la messe. — Nous nous sommes mis à table à 1 heure — y demeuré 2 heures, il y avait 15 à 18 dames. — On a dansé chez M^r le curé jusqu'à 6 heures, que nous sommes tous partis.

13 août. — Il y a beaucoup de discordes à Paris entre le Tiers-Etat et les Nobles.

22 août. — On a mis en prison Lacontaud (Ang^me) — minageur, — accusé d'accaparer du grain. — Le pain a diminué de 5 deniers par #.

23 août. — Vu faire *l'exercice et la revue* à la milice bourgeoise. — On a chanté un *Te Deum à St-Pierre* pour l'abolition des diximes, le remboursement des rentes et différents arrêtés envoyés par l'Assemblée nationale.

26 août. — Allé à Montmoreau... Assemblé en comité chez Mr Loreau : il a été question de former une assemblée régulière. — Mr Laneauve et M^r le curé ont été désignés députés pour aller à St-Auvent (3) proposer la place *de colonel* à Mr de Montmoreau.

(1) Canton de Chalais (Charente).
(2) Martial Madeleine Hardy, alors curé de Montboyer, et archiprêtre de Chalais. Voir aussi l'intéressante étude : « *Montboyer du XIVe siècle à nos jours* », par G.-E. Papillaud, instituteur en retraite, année 1899.
(3) Canton de Saint-Laurent-sur-Gorre (Haute-Vienne).

1789.

1er septembre. — mardi. — L'abbé Siéyès a fait un discours sur les dixmes, bien concluant.

3 septembre. — Nous avons été Mr Moreau, Joubert, le curé de St-Amand (1) et moi députés pour aller au Comité permanent de Chalais pour arranger l'affaire de Mr Gadrat qui avoit écrit à M^r de St-Simon que les *habitants de Chalais* avaient eu l'envie d'incendier le château de La Faye : ils ont porté un décret que led. s^r Gadrat, vu son écrit dont nous étions porteurs, se transportera à l'audience lundi 7 septembre à 9 heures du matin — là qu'il y déclarera que c'est *légèrement* et inconséquemment qu'il avait inculpé lesd. habitants de Chalais du crime d'aller mettre le feu au château de La Faye, qu'il leur en fait excuse et que copie du pareil décret sera envoyée à l'Assemblée nationale pour détruire les idées qu'auraient pu avoir les députés à qui serait parvenue la lettre écrite par le s^r Gadrat au s^r Roy, député. — C'était une heure après-midi, quand cela était fait ; nous sommes descendus à notre auberge, accompagnés de 4 membres, lesquels étaient venus nous chercher pour aller à l'audience. — Nous avons diné avec Mr Lafaye, commandant, — Mr Desages, président, et 7 à 8 autres messieurs. — Le greffier nous a délivré copie du décret et nous sommes partis à 3 h. 1/2.

4 septembre. — vendredi. — Allé à Angoulême. — Mr Roy a écrit au Comité qu'il y avait à craindre de grands troubles. — On instruit l'affaire de Lacontaud. — Nous avons eu audience ; il n'y avait que Mr Suraud et moi — peu de choses — signer une ordonnance pour prêter main forte à un huissier, qui avait été à Nanteuil (2).

(1) Pierre Léger et non Légier, se sécularisa plus tard.
(2) Canton de Ruffec (Charente).

1789.

9 septembre. — Allé à Montmoreau. — Assisté au Comité : on a parlé beaucoup du minage de Montmoreau qui est la 40me partie à 6^{#} le boisseau ; cela fait 3 sols. — Mr Dupinier a été reçu conseiller. — Il m'a chargé avec Mr Rousset et M^r le curé de St-Cybard (1) de proposer à Mr de Mastin la place de conseiller du comité de Montmoreau.

13 septembre. — Diné chez Mr de Mastin : toute la paroisse l'a pris pour le commandant de la paroisse d'Aignes : MM^rs Gazeaud et Jourdain sont les capitaines des deux compagnies — il y aura près de 90 hommes.

16 septembre. — Allé à Montmoreau — assemblé en comité — il a été question de taxer le pain des boulangers à 3 sols 3 deniers — ... On a aussi fait une bourse commune pour les besoins du comité à la générosité d'un chacun. — Il a été question d'empêcher les FALASSIERS (sic) (2) de quitter le pays.

20 septembre. — Allé à Montmoreau, à la *bénédiction des drapeaux*. — M^r le curé de Saint-Amand (3) a prononcé *un discours*. — On a été ensuite, après la messe chantée, dans un pré au-dessous le pont se mettre en exercice ; il y avait Saint-Amand — Saint-Laurent — Saint-Eutrope — Saint-Cybard — Courgeac et Montmoreau ; en total 500 hommes environ. — On a porté 103 miches et du vin dans des seaux et 32 plats de viande rôtie, qu'on a distribués par compagnies à proportion des hommes et l'Etat Major a mangé au *milieu du camp, debout*. — Mr Laneauve, commandant général — Mr Rousset, 1er colonel — Moreau — 2me colonel — Limouzin — major.

(1) Jean-Chrysostome Allard.
(2) Ducange définit : « *Falassia, modus agri* ». — Etaient-ce des journaliers?
(3) Pierre Léger.

1789.

30 septembre. — J'ai été à Montmoreau avec Mr de Mastin — assisté au comité où nous avons jugé bien des petites affaires sans les renvoyer au juge civil.

4 octobre. — M^r de *Morianges, curé* de Chavenac est mort d'hier. — C'était un ex-jésuite.

5 octobre. — Allé à Montmoreau. — Nous avons reçu 9 députés de Chalais et leur avons donné à dîner. — Nous étions 40 convives — un cuisinier d'Angoulême — on a parlé des *huissiers aux tailles* etc., etc.

12 octobre. — lundi. — Mr de Mastin avait invité la moitié du comité de Montmoreau. — Nous y avons dîné, Mrs Lancauve, Moreau, Joubert, Petit, — Maine, Lambert, Loreau père et fils, Rouyer, de Morel, de St-Paul, M^{rs} les curés de Courgeac (1), St-Amand (2), Montmoreau (3), — en tout nous étions 24 à table.

19 octobre. — Allé dîner chez Mr de Mastin avec l'autre moitié du comité qui était composée de Mrs Limouzin, Gadrat, Lesage, Ducluzeaud, Tenière, Gerbeaud, Loreau, Lafont, Nadaud, Labbatud et le curé de St-Laurent (4).

1er novembre. — On a donné des gardes à Mr Sénemond (5), abbé de Blanzac et à Mr Baraudin. — Le premier portait avec une lettre du second, cachée dans la perche du bréviaire, quelque complot contre les décisions de l'Assemblée Nationale.

---

(1) Pierre Duruisseau.

(2) Pierre Léger.

(3) Jean-Baptiste Arnaud.

(4) Jean-Siméon Héraud.

(5) *Alias* de Seinemont — et non de Seinemant — de Blignères, vicaire général d'Angers, etc., etc.

1789.

17 novembre. — Mme Laneauve est morte le 15 — c'était une Rempnoux, de Chabanais (1).

12 décembre. — Allé à la foire à La Valette — allé au comité — vu le décret de l'Assemblée nationale qui enjoint de taxer sur l'endroit.

20 décembre. — Fait le département chez Mr Lacornie où M^r l'Intendant s'est rendu; il y a eu un peu d'humeur parce que nous n'avons pas voulu descendre à Lhoumeau.

1790.

— 5 janvier. — Allé à Montmoreau... On a fait un don patriotique au comité pour envoyer à l'Assemblée nationale; j'ai donné 6 #. — Les *filles de Montmoreau* se sont fait annoncer pour faire leur offre patriotique — on a été les accueillir avec le tambour — 4 fusiliers — Mlle Lafont a fait un compliment. Nous avons aussi fait le compte des dépenses du comité; il y avait à peu près de donné cy-devant 530 # et la dépense montait à 78 # de plus — nous avons donné chacun 3 #, ainsi m'en voilà pour 27 #.

12 janvier. — mardi. — Allé à Angoulême, paru au comité; à la foire il a été question des municipalités.

20 janvier. — Allé à Montmoreau — assisté au comité — on a lu une lettre de Mr de Montmoreau au sujet de son boisseau de recette.

29 janvier. — Allé à Ang^me — le soir au comité : on *s'occupait de mettre des bancs dans les églises* pour la nomination des *officiers municipaux.* — On a partagé la ville en 4 assemblées (St-Martial et St-Paul et La Bussatte 3) — L'Houmeau et St-Cybard 2) — St-André et St-Antonin — St-Jean, Beaulieu, St-Cybard, La Paine, St-Martin 4). Il y a environ 1.200 citoyens actifs — la convocation est pour le 3 février.

(1) **Chef-lieu de canton (Charente).**

1790. 31 janvier. — Revenu d'Angoulême. — Les truffes se vendaient 45 sols la livre — une troupe de brigands, le nombre est, dit-on, de 40, ont volé Mr Domblanc, à Lanville (1), ont voulu entrer à Tusson (2).

3 février. — Allé à Montmoreau. — On a reçu une lettre de Mr Roy, qui a marqué que l'on serait du district de Barbezieux.

4 février. — Mr Salomon Sauger, vicaire desservant Chavenac.

7 février. — Allé à Montmoreau où le comité devait s'assembler pour avoir un district, fait un petit mémoire (3).

9 février. — Mr Fontdouce, vicaire de St-Eutrope — allé à Montmoreau le lendemain... On est fort intrigué pour avoir un district.

11 février. — Allé le soir à Ang^me... On a fait le recensement du second *scrutin ;* il n'y a pas eu de majorité *absolue* pour aucun — Mr Gaillot de Lhoumeau qui a eu le plus de voix sur 829, n'en a eu que 408.

13 février. — Ecrit Mr Bourdin et moi au comité de Judicature aux Etats Généraux —... envoyé la fixation de nos charges de 1771 = 12.000 ^# et 2.488 de rachat du prêt annuel... Mr Chabrefy a été élu *maire* au 1er scrutin.

24 février. — On est fort occupé des municipalités... On a nommé à Aignes Mr de Mastin pour maire. — Mr Jourdin, pour procureur de la commune... il y avait 90 votants ; on a nommé 5 officiers municipaux et 12 notables... donné 12 ^# aux garçons d'Aignes pour boire. Comme citoyen actif d'Angoulême, je n'ai pas voté.

---

(1) Ancienne paroisse unie avec celle de Marcillac, canton de Rouillac (Charente).

(2) Canton d'Aigre (Charente).

(3) Voir pièces justificatives.

1790.

28 février. — dimanche. — On a reçu M^r le maire (Aug^me) et les autres officiers municipaux devant la Commune. Ceux élus sont : Mr Chabrefy, maire ; Galliot de Lhoumeau, Vallier, médecin ; Brun, Vachier, Deval, Chancel, Huet, Dexmier, curé de St-André ; Crassac, Tiffon, Maulde, Destouches — 12 officiers municipaux — Mr Trémeau, conseiller, est le procureur de la commune et Mr Deret, le fils, substitut — notables, 24 — Mrs Croiseau, — Seguin, entrepreneur ; Claveau jeune, Debrandes, Sazerac de Forges, Valet, procureur ; Civadier, médecin ; Moineau, confiseur ; Henri l'aîné, nég^t ; Robin, apotic ; Debrouzède, Vallier l'aîné, du pont ; Thomas, apotic ; Dubois, libraire ; Roulet, chirurgien ; Penot, curé ; Mérillon, chirurgien ; Lagresille, conseiller ; Chéneau, entrepreneur ; Gerbaud, négociant ; Simon Sazerac, Desmazeaud père, avocat ; Giraud père, médecin — ... Ils se sont rendus deux à deux, ayant à leur tête Mrs Robin, Thevet, Joubert, Lescalier, Brun, de l'ancien Corps de ville, devant chez M^r le lieutenant général au milieu des compagnies patriotiques — ... Mr Robin a proclamé la nomination du maire et fait *un compliment* et remis les clefs de la ville, et les officiers nouveaux ont prêté le serment devant la Commune... Mr Chabrefy a fait un discours... Mr Tremeau en a fait un autre et ils ont fait prêter serment ensuite à Mr de Bellegarde (1) et officiers des Compagnies collectivement... Mr de Bellegarde a prononcé un petit discours... Mr de Brême des Ganiers, secrétaire de la légion, a demandé permission de prononcer un autre discours... ce qui

____

(1) Dubois de Bellegarde, plus tard député à la Convention.

1790.

lui a été accordé... Mr de Bourges, capitaine des Invalides du Château a aussi prêté serment à la nouvelle municipalité... M. Tremeau est revenu et a proposé à tous les assistants de le prêter... ils l'ont fait *par acclamation*. — La troupe a défilé et fait plusieurs évolutions devant le Corps de ville... On a ensuite allé en passant par Beaulieu conduire Mr Chabrefy chez lui... Le lendemain un repas à *100 couverts* à l'Evêché... Les nouveaux candidats avaient tous un bouquet que la buffetière *du Palais* leur avait donné... Le rendez-vous avait été donné à la chambre du Conseil... On a tiré 15 coups de canons placés au bout de la place sur la campagne.

3 mars. — On a fait donner des cocardes à Mrs Brunet et *Fontdouce*, desservant St-Eutrope (de Montmoreau).

12 mars. — Allé à Angoulême. — Mr Suraud m'a payé 122 # 6 sols pour gratification des Aides. — Mr Bourdin, élu, mon confrère est mort d'apoplexie le 10 mars.

17 mars. — Les droits de minage, hâllage, péage sont abolis.

21 mars. — dimanche. — Il y a eu dispute à Aignes pour la place de commandant et de capitaine.

24 mars. — Il est venu des M^rs d'Aubeterre députés à la municipalité de Montmoreau pour les prier de se joindre à eux dans la vue de demander un septième district pour la partie méridionale.

25 mars. — On a agité la question à la municipalité d'Aignes de faire payer les chaises et les bancs de l'église — Mr de Mastin a consenti de payer 3 # par pied courant ; il a 7 pieds de long, cela fera 21 #. — Le mien n'a que 5 pieds. — Les chaises doubles paieront 3 #, les simples 2 #. — Je leur ai dit que j'aimais mieux n'avoir pas de banc.

1790.

5 avril. — lundi de Pâques. — Allé à Angoulême.

6 avril. — Vu la procession de la Confédération d'Angoulême à l'île de M^r le médecin Vallier. - Les *maires et la garde nationale* de tout l'*Angoumois* s'y sont rendus et ont fait dire *la messe sur un autel au milieu de l'île.*

9 avril. — vendredi. — Fait porter mon porte-manteau à la messagerie à Lhoumeau — bu un coup et parti à pied d'Ang^{mo} pour Paris à 10 heures. — Arrêté à Mansle — soupé à Ruffec (1) et couché à la *Couronne d'or*, payé 1 # 10 sols.

10 avril. — samedi. — Diné à Couhé (2), chez Marlière en face de la halle, payé 1 # 5 sols. — Visité en passant l'abbaye de Valence (3), c'est une fondation de la maison de Lusignan, il y a 6 à 7 *religieux bernardins* de la filiation de Cîteaux — ils ont 6 à 7 mille livres. — Couché à Vivonne (4), près de l'église, en face du pont, payé 1 # 4 sols.

11 avril. — dimanche. — Arrivé à Poitiers à 7 h. 1/2. Vu la troupe sur la place Royale... M^r le vicomte de Chasteigner est le commandant; ils sont descendus au moulin à 3/4 de lieues; payé mon dîner à côté du *Plat d'Etain*, chez Mauri, 1 # 4 sols. — Vu toute la confédération; c'était un beau coup d'œil... aller coucher à Clan (5), à la poste.

12 avril. — lundi. — Passé le matin à Châtellerault (6) et venu dîner à Ingrande (7), payé 1 # 5 sols, ... enseigne d'un apoticaire « *Accipe dum dolet, solvere*

(1) Chef-lieu d'arrondissement (Charente).
(2) Chef-lieu de canton (Vienne).
(3) Commune de Couhé-Vérac (Vienne).
(4) Chef-lieu de canton (Vienne).
(5) Commune de Jaulnay, canton de Saint-Georges (Vienne).
(6) Chef-lieu d'arrondissement (Vienne).
(7) Canton de Dangé (Vienne).

1790.

sanus nollet », donné à un homme pour me conduire sur la carriole jusqu'à la Celle, 1 # 6 sols. Allé coucher à St-Maure (1), à la poste, payé 1 # 14 sols — soupé avec un commis de négociants : c'est à 136 mille de Paris.

13 avril. — mardi. — Dîné à Montbazon (2), à l'*Etoile*, payé 1 # 2 sols — l'Indre y passe grosse comme *les Rougets (sic)*... Mr Ruffray, notre ancien président, demeure à La Guéritaude (3), à 1/2 lieue de là. Cela vaut 150 mille livres... Arrivé à 4 heures à Tours... Passé à Grandmont, abbaye à Mr l'archevêque de Tours, il y fait bâtir... Visité l'église St-Gatien, celle de St-Martin... la nouvelle rue est superbe... allé à la Comédie, vu représenter le *Tuteur et la Pupille* et l'*Amitié à l'épreuve*... 4 arcades du Pont-Neuf ont été emportées le 25 janvier 1789. Le cocher de Laval y passait pendant ce temps-là ; il eut la prudence de couper les rênes des deux premiers chevaux et il sauva le reste... Logé vers le pont, payé 1 # 5 sols ; il y a sur la porte : « *Lilia sustinent turres* ».

14 avril. — mercredi. — Visité l'abbaye de Marmoutiers et fait voyage avec un Mr de Marmande, qui allait à Paris recueillir la succession de son beau-père, receveur de loterie... Il y a à Marmoutiers (4) un superbe escalier en pierre... le tombeau de St Martin est dans une chapelle haute, ils sont 25 à 30 bénédictins... dîné à Amboise (5),

(1) Chef-lieu de canton (Indre-et-Loire).
(2) Canton de Tours nord (Indre-et-Loire).
(3) Commune de Veigné, canton de Montbazon (Indre-et-Loire).
(4) Commune de Sainte-Radegonde, canton de Tours (Indre-et-Loire).
(5) Chef-lieu de canton (Indre-et-Loire).

1790.

les ponts de bois ont été emportés aussi le 25 janvier 1789 — payé 1 # 1 sol, donné aux hommes pour son cheval 9 sols pour 3 lieues. — Laissé à CHOUSY (1) mon compagnon de voyage et arrivé le soir à Blois. En arrivant on voit quantité de *caves sous les vignes* où il ne parait d'autres *ouvertures que la porte*, logé vers le pont — payé 1 # 11 sols 6 deniers.

15 avril. — jeudi. — Monté dans une carriolle vers Ménars (2), qui m'a conduit jusqu'à Orléans — payé 2 # 8 sols — dîné à Beaugency (3) avec une compagnie bien honorable, payé 1 # 10 sols. — Mr de Malvoisin est héritier de Mr le marquis de Marigni. — Mr de Penthièvre a pensé acheter Ménars, il en avait offert 4 millions... Les hommes ici, les vignerons et gens de journée mettent une espèce de chemise sur eux pour le travail. — Arrivé à 5 heures à Orléans... Visité les tours de Ste-Croix, monté jusqu'à la cîme *380 degrés de 7 pouces*, payé mon souper 1 # 5 sols. — On vous sert dans des pintes d'étain depuis Blois.

16 avril. — vendredi — Déjeuné à Cercottes (4), payé 6 sols — dîné à *Thouri* (5), gros bourg. — A Angerville (6), il y a un horloge curieux. Dans ce pays de Beauce on fait passer un rouleau sur les orges qui sont nées — il a 8 pieds de long — 8 pouces de diamètre. — Couché à Etampes (7), ... En général *le sexe y est très vilain* — payé 1 # 12 sols.

(1) Canton de Saint-Aignan (Loir-et-Cher).
(2) Canton de Mer (Loir-et-Cher),
(3) Chef-lieu de canton (Loiret),
(4) Canton d'Artenay (Loiret).
(5) *Aliàs* Toury, canton de Janville (Eure-et-Loir).
(6) Canton de Mereville (Seine-et-Oise).
(7) Chef-lieu d'arrondissement (Seine-et-Oise).

1790.

17 avril. — samedi. — Diné à Arpajon (1) — payé 2 #...
quoiqu'il fît beau, tout le monde était en sabots...
Longjumeau (2), gros bourg... Arrivé à Paris à
5 heures du soir, pris une chambre pour 15 jours
à l'hôtel du *Panier fleuri*, rue des Grands-
Augustins, pour 8 # et allé chercher mon porte-
manteau, rue des Petits-Pères — près la place
des Victoires — payé 5 # 2 sols, le soir au café
Conti, payé une bavaroise 8 sols.

18 avril. — dimanche. — Fait friser, 6 sols. — Promené.
— A la Comédie Française vu représenter *Médée
en fureur* et le *Couvent* — 2 # 8 sols — diné *chez
le traiteur*. — Le bâtiment de la cour de Bordeaux est plus beau.

19 avril. — lundi. — Assisté à l'*Assemblée nationale*...
M^r le marquis de Bonnay, président. — Vu parler
et entendu Mrs Maury, Demeunier, Mirabeau
l'aîné, Pétion, Merlin, Garat, etc. — On a discuté la question de la permanence des députés
actuels jusqu'à la fin de la Constitution — mangé
pour 15 sols. — Le soir assisté à l'Hôtel de ville
ou l'assemblée de la Commune se tient... On a
donné l'idée des revenus de l'Hôtel-Dieu, ils sont
à 13.000 # ? Les malades y coûtent à peu près
30 sols par jour. — Il y a 780 personnes employées
à servir — le vin coûte 120.000 #, la chandelle,
l'huile, 40.000 # ; pain, 150.000 # ; frais d'administration, 60 #, etc. — Soupé chez le traiteur,
couté 1 # 11 sols.

20 avril. — mardi. — Allé à l'Assemblée nationale...
visité le matin la bâtisse de l'église de la Magdeleine... les colonnes sont montées à leur hauteur

(1) Chef-lieu de canton (Seine-et-Oise).
(2) Chef-lieu de canton (Seine-et-Oise).

— conduit vers le pont Louis XVI... les piles sont faites, on travaillait aux cintres en bois... On a décrété à l'Assemblée nationale l'usage des biens ecclésiastiques, etc. — dîné à l'hôtel de Lyon, rue de Grenelle, près le Palais-Royal — M^r de St-Heruge y était — payé 2 # 2 sols. — Allé au spectacle des Variétés, près le Palais-Royal — au parterre, on est assis, payé 1 # 10 sols — vu représenter la *Veuve* depuis 15 jours — *St-Aubin* et le *Revenant*.

21 avril. — mercredi. — Assisté à une audience des vacations de 7 heures... on a fait bâtir un beau palais, mais il est bien désert... Visité l'église Notre-Dame, l'Hôtel-Dieu, il y a 3.669 malades en 1787... on a abattu la maison du Pont-au-Change et refait les parapets... Allé aux Italiens au bout de la rue Richelieu, payé 1 # 4 sols. Vu représenter *Le droit du Seigneur* et *Azéma où les Sauvages*.

22 avril. — jeudi. — A l'Assemblée nationale, discussions sur la chasse. — Promené au Luxembourg. — Visité le cloître des *Feuillants où la vie du bon Père Labarrière* est représentée... A l'Hôtel de ville, *bien discuté* longtemps sur le *curage d'un puisard* engorgé.

23 avril. — vendredi. — Allé voir Mr Roy, hôtel de la reine d'Angleterre, rue de Beaune, près le Pont-Royal — vu au même hôtel — Mrs Laberge, Augier et Gaye. — J'ai été me promener au Jardin-Royal avec ces messieurs. — Après dîner, allé voir la halle aux farines, — c'est un monument admirable, sa coupole est en vitres toute couverte — revenu sur le Pont-Notre-Dame, visité la pompe et de là l'Hôtel de ville... On a agité la question, si on s'emparerait des *bibliothèques* ecclésiastiques, si on les vendrait.

1790.

24 avril. — samedi. — A l'Assemblée nationale... on a décrété plusieurs articles des droits féodaux, — diné chez Mr *Roy,* notre député — j'y ai vu l'abbé *de Blanzac* (1) et Mr Sazerac... J'ai été aux Variétés, au Palais-Royal, vu représenter l'*Ecouteur aux portes, La nuit aux aventures* et l'*Intendant comédien,* tout cela peu de choses.

25 avril. — dimanche. — A l'Assemblée nationale, il a été question de la protection contre les assignats de Mr Bergasse... on a accordé aux maîtres de postes 30 [#] par cheval... promené au Luxembourg, vers les Invalides, revenu vers le pont de Louis XVI.

26 avril. — lundi. — Allé à St-Cloud, revenu par Boulogne et Passy, vu la pompe à feu, et sur les boulevards, au bout de la rue Richelieu, un café chinois à clochettes et rochers... Le Palais Royal est *superbe,* il y avait un monde infini.

27 avril. — mardi. — A l'Assemblée nationale, Mr de Virieu (2) a pris le fauteuil, il avait 394 voix et M^r d'Aiguillon (3) 371. — Allé au Mont-de-Piété, vu vendre à l'encan une montre d'or à répétition 146 [#], acheté une tabatière d'ivoire garnie d'écaille, dessein en ovale, 4 [#] 4 sols. Passé à l'Hôtel de ville où il y a *eu bien du grabuge.*

28 avril. — mercredi — Allé au Mont-de-Piété, vu vendre des bas de soie pesant 3 onces 7 et 8 [#] — diné à côté du tretteur *(sic)* 1 [#] 8 sols — on sert trois portions — allé voir Mr Roy. — Mr Laberge m'a proposé une place dans sa voiture.

---

(1) De Seinemont de Blignères.
(2) Comte de Virieu, député du Dauphiné.
(3) Armand Duplessis-Richelieu, duc d'Aiguillon, député de la noblesse d'Agen.

1790. 29 avril. — jeudi. — Promené le matin au Jardin-du-Roi — visité le cabinet d'histoire naturelle depuis 11 heures jusqu'à 1 heure — allé au faubourg Montmartre à des bals champêtres. — Vu l'hôtel du prince de Pons, — il y a un jardin anglais.

30 avril. — vendredi. — A l'Assemblée nationale — M^r l'abbé Gouttes (1) est président sur la démission de Mr de Virieu — on a décrété qu'il y aurait des jurés en matière criminelle et point en matière réelle... Les religieux de Paris ont de revenu 2 millions 760.000 #, leurs charges sont à 1 million 76.000 #... A l'Hôtel de ville, M^r l'abbé Mulot (2), victorin, président — l'hôtel de ville paye de pension 69.000 #... Les députés ont tous les 12 jours un billet à donner pour entrer à l'Assemblée nationale.

1er mai. — samedi. — Vu les écoles de chirurgie... allé au Mont-de-Piété... au spectacle chez Nicolet, vu représenter *Les deux Arlequins*, *Le Trompeur trompé* et *Mme Ragot*.

(1) Jean-Louis Gouttes, né à Tulle, 1740, curé d'Argeliers, canton de Durban (Aude), député aux Etats Généraux par le clergé de la sénéchaussée de Béziers, vota la constitution civile du clergé; évêque constitutionnel de Saône-et-Loire en remplacement de Talleyrand, et sacré par ce dernier. Traduit au tribunal révolutionnaire, il fut mis à mort le 26 mars 1794. — Il était âgé de 54 ans. (Michaud, *Biographie universelle.*)

(2) François-Valentin Mulot, né à Paris, 29 octobre 1749, chanoine régulier de Saint-Victor... Nommé en 1789 membre de la commission provisoire de Paris, il la présida trois fois. Incarcéré pendant la Terreur; il fut envoyé plus tard en qualité de commissaire du gouvernement à Mayence, là il se fit l'apôtre des théophilanthropes; il mourut subitement au Jardin des Tuileries, 9 juin 1804... Mulot parlait avec facilité, avec onction, mais il n'était nullement orateur : son style est lâche, incorrect, et ses vers valent encore moins que sa prose. (Michaud, *Biographie universelle)*

1790.

2 mai. —dimanche. — Parti à 10 heures de Paris—dîné à St-Denis (1), payé 19 sols — couché à Pontoise (2), logé : *Au Juste*, payé 1 # 16 sols — Pontoise est sur une hauteur en partie : il y a une horloge qui marque les *phases de la lune*. — Passé à Franconville (3), où le comte d'Albon a fait enterrer un philosophe — cadran « *Utere non redituro* ».

3 mai. —lundi. — Monté sur un chariot pendant 3 lieues, donné 6 sols — les chemins sont bordés de pommiers — dîné à Magni (4) où j'ai vu le tombeau de Mrs de Neuville de Villeroy — payé 1 # 10 sols. — Couché à Ecouis (5), il y a 12 chanoines fondés par Enguerrand de Marigny en 1310, ils ont plus de 2.000 # chacun. — Il n'y a pas de puits dans le pays, on se sert d'eau de mare — la terre est bâtisse, les maisons sont bâties de terre pure et les murs de jardin — et couvertes de chaumes déjeûné au *Bourgboudin* (6), 5 sols.

4 mai. — mardi. — Arrivé à midi à Rouen, on le voit en vol d'oiseau — logé près la porte St-Eloy, sur le port. Promené dans la ville, les rues ne sont pas jolies. — La cathédrale est dans le goût gothique, le tombeau du cardinal d'Amboise est assez beau ; il n'y a que le port qui mérite la peine d'être vu et le pont de bateaux sur la Seine, il y en avait un en pierre dont il ne reste que les piles ; il a 120 pas de long —... le sexe y est assez bien — allé à la Comédie, vu représenter la *Femme*

(1) Chef-lieu d'arrondissement (Seine).
(2) Chef-lieu d'arrondissement (Seine-et-Oise).
(3) Canton de Montmorency (Seine-et-Oise).
(4) Chef-lieu de canton (Seine-et-Oise).
(5) Canton de Fleury-sur-Andelle (Eure).
(6) *Alias :* Bourgbaudoin.

1790.

jalouse et l'*Heureuse erreur*... Il y a des fontaines dans la ville... les portefaix y ont des brouettes longues de 8 pieds... le faste n'y est pas grand... vu la place où la Pucelle a été brûlée en 1431, elle y est représentée sur une fontaine... la grille qui renferme la cathédrale est bien propre de cuivre luisant — payé 4 #, — comédie 1 #.

5 mai. — mercredi. — Parti par une galiotte qui vous rend à Houilles (1), à 5 lieues — 6 blancs; elle part trois fois le jour — allé coucher à Bryonne (2) dont Mr de Vaudemont est seigneur.

6 mai. — jeudi. — Passé à Bernay (3), il y a une abbaye fondée par Judith de Conon, femme du duc de Normandie, morte en 1017, elle vaut 80.000 #, dîné à Broglie (2*), qui s'appelait Chamblay auparavant — le château n'est pas beau, la terre vaut 40.000 # — pris la route de traverse, venu passer à Glan et venu coucher à L'Aigle (4), jolie ville, il y a des manufactures de papier peint et d'épingles.

7 mai. — vendredi. — Allé diner *à La Trappe* — nous étions 12 à table, un Père religieux nous a conduits dans le cloître, on ne peut y parler, puis dans l'église, qui est fort simple, dans le chapitre et la sacristie et nous a fait voir le tombeau de Mr de Rancé : il est dans une chapelle au milieu d'un petit cimetière où sont 80 petites croix sur lesquelles sont inscrits les noms et âge des religieux morts; il y en a près de 600 depuis la réforme — ils sont de la municipalité de Soligni (5),

(1) Canton d'Argenteuil (Seine-et-Oise).
(2, 2*) Chef-lieu de canton (Eure).
(3) Chef-lieu d'arrondissement (Eure).
(4) Chef-lieu de canton (Orne).
(5) Canton de Bazoges-sur-Hoêne (Orne).

1790.

ils nous ont servi 2 plats de soupe — 2 plats mougettes rouges apprêtées au beurre — 2 plats de betterave rouge, à la sauce blanche — 2 assiettes de bouillie — du cidre. — Ils travaillent une heure le matin autant le soir. — Assisté à leurs vêpres, ils sont bien édifiants... *O beata solitudo, o sola beatitudo...* y soupé et couché.

8 mai. — samedi. — Passé à Mortagne (1), qui est assez gros : il y a un Chapître fondé en 1444 par l'épouse du duc d'Alençon — dîné aux Pins, 11 sols. — Passé à Bellême (2), à St-Côme (3) et venu coucher à Bonnétable (4), appartenant à Mr de Luynes — le terrain est beaucoup meilleur que dans le Perche.

9 mai. — dimanche — Entendu la messe à Bonnétable et venu dîner à Souvigné. — Arrivé au Mans (5) à 2 heures — la cathédrale n'a rien de remarquable, il y a un tombeau de Charles V, duc du Maine — il y a une grande épitaphe de Mr de Beaumanoir-Lavardin — assisté à vêpres — les chanoines portent le rochet et le camail. — La ville n'est pas jolie. — Vu passer une troupe de 100 dragons du régiment d'Orléans et 400 gardes nationaux qui amenaient 17 hommes qui avec d'autres arrêtaient du blé, qui venait au Mans — c'était bien bruyant... Dans ce pays, les femmes et les filles prononcent très-souvent les F... et les B... Les manceaux sont petits et les femmes — il y a beaucoup de pins sur les chemins... venu coucher à Gué-Celard (6).

(1) Chef-lieu d'arrondissement (Orne).
(2) Chef-lieu de canton (Orne.)
(3) Canton de Mamers (Sarthe).
(4) Chef-lieu de canton (Sarthe).
(5) Chef-lieu du département de la Sarthe.
(6) Canton de La Suze (Sarthe).

1790.

10 mai. — lundi. — Passé à La Flèche (1), la ville est fort jolie, l'église des Jésuites fort belle — assisté à la messe... Vu les pensionnaires en uniforme bleu... couché à *La Suette* à 4 lieues d'Angers... Passé auparavant à Durtal (2), appartenant à Mr de Liancourt — terre qui vaut 60.000 # — rivière le Loir... Fait route aujourd'hui avec un marchand pelletier habitant de Nantes, qui venait de Paris.

11 mai. — mardi. — Arrivé à 9 heures à Angers... vu en passant les carrières d'ardoises... la procession des Rogations, la cathédrale... le roi René de Sicile y a un beau tombeau et plusieurs évêques. Il y a au maître-autel 6 belles colonnes de marbre... déjeûné au Port-Ligné, coûté 1 # 10 sols et embarqué pour Nantes pour 3 # par personne. Les rues sont vilaines et montueuses, il y a des escaliers. — Relâché à Ingrandes (3), séparation de la Bretagne et de l'Anjou, pour visiter la barque... Arrivé à Ancenis (4) à 8 heures du soir, payé 2 # 5 sols, *bien servi* — il y avait dans le bateau un juif établi à Nantes, marchand — un marchand épicier d'Angers, un fabricant de toile de Cholet, un jeune homme, un commis et sa femme, 2 autres femmes et un suisse, marchand pelletier.

12 mai. — mercredi. — Parti à 6 heures d'Ancenis, arrivé à Nantes à 9 heures, il y a 8 lieues — promené beaucoup... le port et la fosse et le quartier Graslin où est placé la Comédie est assez beau, mais l'intérieur fort vilain... la chambre des

(1) Chef-lieu d'arrondissement (Sarthe).
(2) Chef-lieu de canton (Maine-et-Loire).
(3) Canton de St-Georges-sur-Loire (Maine-et-Loire).
(4) Chef-lieu d'arrondissement (Loire-Inférieure).

1790.

Comptes, vers la Cathédrale, est un beau bâtiment... le vaisseau de la cathédrale n'a pas été achevé, il est fort élevé, les églises en général sont fort décorées et les figures en relief dorées, le tombeau de François II, duc de Bretagne, est dans l'église des Carmes... logé au *Cheval-Blanc*, vers les Carmes... allé à la Comédie, on a représenté les *Folies amoureuses* et la pantomime du *Déserteur*, payé au parterre 1 #.

13 mai. — jeudi. — Parti après la messe à Saint-Pierre (1), pris la route de La Rochelle, dîné à Aigrefeuille (2), à 6 lieues de Nantes ; on entre dans le Poitou. On voit sur le chemin bien des croix bien ornées, fruits de plusieurs *missions*. Passé à Montaigu (3), qui est à 8 lieues de Nantes — venu coucher à St-Fulgent (3*)... Les bœufs sont bien petits... les femmes sont *habillées* comme les Sœurs de St-Vincent.

14 mai. — vendredi. — Vu un homme extraordinaire, qui n'est *qu'un buste*. Il est maquignon, sarcle, marche aussi vite qu'un autre, il vend vin et ne paye *pas de droits*... Le bon terrain commence à Chantonnay (3**)... dîné à St-Hermant (4), bourg près de Ste-Hermine (3***). Laissé le chemin qui conduit à La Rochelle et venu coucher à Fontenay-le-Comte (5), c'est une *grande villasse ;* il y a un clocher *pointu* fort haut. L'église principale est fort ornée ; il y a des *lanternes* dans les rues.

(1) Paroisse de Nantes.
(2) Chef-lieu de canton (Loire-Inférieure).
(3, 3*, 3**, 3***) Chef-lieu de canton (Vendée).
(4) Hameau de Ste-Hermine (Vendée).
(5) Chef-lieu d'arrondissement (Vendée).

1790.

15 mai. — samedi. — Bu un coup à Oulmes (1), 7 sols
— arrivé à midi à Niort (2) — le terrain est planté en vignes auprès de la ville. — Les halles sont
fort longues et à côté sont des boutiques adja-
centes aux maisons qui n'ont qu'un demi-jour —
dîné auprès de la Porte-La-Brèche, à la poste,
payé 1 # 10 sols... Il y a une pyramide au milieu
du champ de foire qui a été placée en 1779. —
Niort est à 207 mille de Paris, il est *assez vilain*
— parti à 3 heures — passé à Vouillé (3), à Mou-
gon (4) et venu coucher à *Celles* (5), abbaye de
Génovéfains.

16 mai. — dimanche. — Entendu la messe avant de partir — passé à Melle, déjeuné aux *Trois-Piliers*
chez Mr Violet, *qui a 10 filles et 4 garçons* —
payé 10 sols — *Melle n'est pas remarquable*, on
traverse le grand chemin et on prend à droite
pour venir à *Chef-Boutonne* (5*). — Il y a trois
bonnes lieues, le chemin est écartable... pays de
groie en arrivant. Passé à Loubillé (6), à Lon-
gré (7) et venu coucher à St-Fraigne (8), il y a
3 lieues.

17 mai. — lundi. — Passé à Aigre (9) à 8 heures, à
Lanville et à Genac (10), arrivé le soir à Ang^me
chez mon frère et rendu le 18 mardi au soir à
Aignes. — Dépensé pour aller à Paris, 27 #...

(1) Canton de Saint-Hilaire-des-Loges (Vendée).
(2) Deux-Sèvres.
(3) Canton de Prahecq (Deux-Sèvres).
(4) Canton de Celles (Deux-Sèvres).
(5, 5*) Chef-lieu de canton (Deux-Sèvres).
(6) Canton de Chef-Boutonne (Deux-Sèvres).
(7) Canton de Villefagnan (Charente).
(8) Canton d'Aigre (Charente).
(9) Chef-lieu de canton (Charente).
(10) Canton de Rouillac (Charente).

1790.

pour mon séjour à Paris, 36 #, été à différents spectacles, 9 #... payé pour le port de mon porte-manteau, 12 #, et mon retour de voyage de Paris, à Rouen, Nantes, etc., 48 # 16 sols — total 132 # 16 sols. — J'ai fait, d'Angoulême à Paris, 119 lieues — de Paris à Rouen, 30 lieues — Rouen à Broglie, 18 lieues — Broglie à Aigles, 7 lieues — à La Trappe, 4 lieues — au Mans, 20 lieues — à Angers, 21 lieues — à Nantes, 21 lieues — à Niort, 33 lieues — de Niort à Ang^{me}, 19 lieues — à Aignes, 5 lieues... total, 297 lieues de poste.

19 mai. — mercredi. — Il est arrivé dans mon absence bien des *disputes à Aignes*.

1er juin. — mardi. — Allé à la foire à St-Cybard (de Montmoreau), diné chez M^r le curé (1) — les curés de St-Laurent, Pérignac, St-Eutrope y étaient. — On voulait leur *faire une visite*, le maire a *défendu*.

3 juin. — Assisté à la procession d'Aignes — Mr de Mastin et Lauriou a côté comme officier municipal, y *étaient en écharpe*... Les échevins portaient le dais, les femmes étaient devant. — Le maire suivait le Saint Sacrement et quelques dames, venait ensuite la troupe et le reste de la paroisse.

11 juin. — vendredi. — 5 maçons ont posé la 1re pierre de la *Bertinière* — Bertin l'a posée; j'ai mis au coin de la galerne une plaque d'étain où il y a : « Bertin Gilbert, posuit 11 junii 1790 » — au revers : Mr Gilbert, élu, a fait bâtir cette maison en 1790 et l'a nommée La Bertinière. Il y a aussi

____

(1) J. Yrvoix — Jean-Siméon Héraud — J.-Bap. Chabodie — J.-Bap. Arnaud.

1790.

dans un petit cylindre fermé de plomb, un écrit en papier, où il y a : Etienne-Bertin, fils de Mr Gilbert, élu, a posé la 1re pierre de cet édifice le 11 juin 1790 — son père présent — Mr de Mastin étant seigneur d'Aignes, Mr Ant. Delhoste, curé, et Mr Larigaudie, de Ronsenac, entrepreneur — *Ad majorem Dei gloriam, majoremque fructum.*

19 juin. — Assisté à l'assemblée aux Cordeliers (1) (Ang^{me}) — Mr Lambert a été élu président — Mrs Gerbaud, Maulde et Laffont ont été scrutateurs — Mr de Loisèlerie a été électeur au 1er scrutin — il doit y en avoir 4 scrutins.

2 juillet. — Allé à Angoulême — Mr Rouanet, juge de Barbezieux, est le président de l'assemblée des électeurs ; ils sont convenus d'en prendre 6 dans chaque district. — Mrs Chabrefy — Chassaigne — Chancel — Mallet du Las — Poitevin et Pinaut de Grosbos sont choisis dans celui d'Angoulême — Mr Lamen (*sic*) (*aliàs* Delamain) — Mrs Guédon — Peluchon (2).

14 juillet — mercredi. — Assisté à la messe à Aignes (3) en *mémoire de la prise de la Bastille*. On a lu le serment décrété : tout le *monde a levé la main,* il y a eu le soir *vépres et feu de joie.*

20 juillet. — On a élu Mr de Gurat pour maire d'Angoulême à la place de Mr Chabrefy.— Donné mon billet pour élire le procureur de la commune — Mrs Desmazeaud—Souchet—Lagrésille—Sazerac, partagent les voix — Mr Souchet a été nommé.

(1) Aujourd'hui Hôtel-Dieu d'Angoulême.

(2) District de Cognac (Charente).

(3) « Un mercredi — 14 juillet — 1790 — Assisté à la messe à Aignes ; Mr Delhoste, curé, a lu le serment décrété ; tout le peuple a levé la main ; il y a eu, le soir, vépres et feu de joie. » (*Dictionnaire manuscrit. —* Arch Gilbert.)

1790.

26 juillet. — Fait ôter mon banc de l'église (d'Aignes) — la municipalité a affiché qu'elle le ferait sortir, ou que je n'eusse à payer 15 #, prix qu'elle avait taxé — je l'ai trouvé trop cher, j'ai mieux aimé prendre deux chaises pour 4 # et j'ai signé ma protestation sur le registre que je ne le faisais enlever que par force et contraint, sans qu'on puisse m'opposer un abandon de mon droit de banc dans lad. église en vertu d'un acte passé en 1649 — de ce que je l'avais enlevé moi-même. — J'ai mieux aimé prendre la voie de la douceur... Mr l'abbé de Mastin a fait enlever le sien pour le trop haut prix... Mr de Mastin garde le sien, il est fixé à 21 #.

6 août. — vendredi. — On a reçu à Angoulême le *drapeau du département* de la Charente. On a été accueillir Mr de Bellegarde au Pontouvre et dit la messe à la *place de la Commune* sur les onze heures — il y avait près de 5.000 hommes, on a chanté le *Te Deum* ensuite... Mrs du département commencent à entrer en activité : le directoire est composé de Mrs Chabrefy, président — de Trion — Piet — Rouanet — Maulde La Clavière — Memineau — Lamen (*sic*) (1) — Chassaigne — et Trémeau, pour sindic... Le directoire du district : président, Mr Lembert — Desjartres — Constant d'Hauteville... Brun, procureur sindic... Mr Dumas (2), fils aîné, est marié avec Mlle Terrasson, il y a 8 jours.

---

(1) *Aliàs* De Lamain.
(2) Marie-François du Mas, sieur de Chebrac, époux de Madeleine-Elisabeth de Terrasson.(Voir *Le Château d'Ardenne,* par M. l'abbé Tricoire.)

1790. 27 août. — Allé voir Mr de Chabrefy... Mr de Gurat donnait son *repas de maire* aux Cordeliers (1), 84 couverts.

1er septembre. — mercredi. — Allé à Montmoreau — les maires du canton se sont assemblés chez Mr Lafond, pour donner des notions sur leurs paroisses.

8 septembre. — Mr Gillebert (2) de Ronsenac, est venu à Chavenac, en qualité de commissaire du district, a fait le procès-verbal des rôles, etc.

13 septembre. — M. Maulde de L'Oisellerie est venu faire le procès-verbal des rôles d'Aignes.

14 septembre. — Il y a eu une assemblée des maires du canton (de Montmoreau) chez Mr Lafond, il s'agissait des grands chemins.

15 octobre. — Les électeurs ont nommé les juges du district d'Ang^me : Mrs Lagresille — Chancel — Souchet — Guimberteau et Tiffon.

7 novembre. — Le département et le district ont été avec la garde nationale prendre *l'étendard de la Fédération* du 14 juillet qui était dans l'église St-Pierre, pour le porter en la *salle du département* aux *Jacobins* (3)... La municipalité a voulu *prendre le pas*... On a envoyé des mémoires respectifs à l'Assemblée nationale...

8 novembre. — On a signifié au Chapitre de ne plus *faire l'office*. Il a été arrêté qu'ils pourraient continuer jusqu'à nouvel ordre, mais sans *aumusse* (4) ni *camail* et feront *tinter* seulement

(1) Actuellement, avec sa chapelle et ses dépendances, Hôtel-Dieu d'Angoulême.

(2) De la famille des Gillebert des Seguins.

(3) N°s 285, 287, 289, 290. — Occupé aujourd'hui par le Palais de justice. (*Topographie d'Angoulême* — J. George.)

(4) Cette prohibition laisserait croire que les chanoines d'Angoulême usaient alors de cet ornement.

1790.

les jours ouvriers. — Il y a une religieuse béné-
dictine qui a profité du bénéfice de la loi qui lui
permet de sortir du couvent ainsi qu'un cordelier
— un jacobin et un carme.

9 novembre. — mardi. — Mr Desmazeaud l'aîné est nommé président des juges de Ruffec.

27 novembre. — Ecrit à Mr Roy, député, au sujet de
ma charge pour la liquidation... Mr Roux (1),
ancien professeur de philosophie à Ang^mo est
mort à Paris, il y a 15 jours.

1791.

— 28 janvier. — Occupé chez Mr le curé (d'Aignes) à
écrire questions sur le *serment*.

13 février. — Dîné chez Mr le curé d'Aignes (2), il a
prêté le *serment* avec *restriction* pour ce qui
intéresserait la religion catholique, apostolique et
romaine — j'ai servi de secrétaire.

20 février. — dimanche. — Mr Labbatud, ancien maire
d'Ang^mc, est mort le 10 février.

7 mars. — dimanche. — Les électeurs sont à Ang^mo pour
élire un évêque *constitutionnel*.

11 mars. — Allé à Ang^mo de mon pied. — On a
nommé Mr Joubert (3), évêque d'Ang^me, et
Mr Dupuis (4), ex-cordelier, curé à Aignes, et
une *trentaine* d'autres dans le district d'Angoulême.

(1) C'est sans nul doute l'étrange Jacques Roux, ex-chanoine de
Pranzac, autrefois professeur au grand séminaire d'Angoulême. C'est
seulement l'année suivante, que Jacques Roux sortit de ce monde
misérablement. (Voir notre brochure : *L'Eglise et le Chapitre collégial de Pranzac* — année 1891.)

(2) Antoine Delhoste.

(3) 11 mars. — Les électeurs ont nommé M' Joubert, fils du médecin, évêque du département de la Charente. (Dict. manusc. — Arch.
Gilbert.)

(4) Damien Dupuis, curé intrus.

1791

15 avril.—Vu M^r^ l'abbé Joubert qui a assisté à la messe de l'archiprêtre à St-Pierre (1)... On y a porté *la femme de Printemps pour faire l'office des Trépassés.*

17 avril. — Mr Dupuis, ex-cordelier, est venu prendre possession d'Aignes.

18 avril. — M^r^ l'ancien curé d'Aignes (2) a fait vendre ses meubles — j'ai acheté outils de menuisier 5 #, etc.

27 avril. — Mr Chauvineau, curé de la Paine (3), est mort le 3 avril.

7 mai. — Mon frère est rendu de son prieuré... On a *coupé le poteau* d'Angoulême et effacé les armes de la porte St-Martial.

28 mai. — Vu vendre au district l'abbaye de Ronsenac 6.500 # — 7 journeaux de près 8.400 # — la forêt des Moines près celle de La Barde 9.000 #, il y a à peu près 53 journeaux.

5 juin. — mercredi. — Mr Benoît est venu à Aignes avec les troupes de Blanzac, Porcheresse, Nonac, etc. reconnaître celles d'Aignes. On avait mené une barrique de vin à la Chaume Labelle, mais on n'y a pas trouvé *le vin bon.* — On est retourné à Aignes.

8 juin. — Il a grêlé à Saint-Laurent et à Saint-Martial de Montmoreau... on a conduit *les deux* prêtres à *Barbezieux* pour leur faire leur procès (4).

---

(1) Guillaume Deval, dernier archiprêtre de Saint-Jean d'Angoulême. Nous possédons la partie d'été de son bréviaire, gros in-8°, avec paraphe de sa main. Quoi qu'on en ait écrit par ailleurs tout récemment, à cette époque, le clergé angoumoisin suivait le bréviaire romain ; c'est cet exemplaire que nous avons, ancienne propriété réelle et utilisée de l'archiprêtre de Saint-Jean. N'avons-nous pas, d'ailleurs, sous ce rapport, le témoignage autorisé de Mgr Cousseau ?

(2) Antoine Delhoste.

(3) Ancienne paroisse d'Angoulême, près la cathédrale.

(4) Jean Siméon Héraud et Pierre Hervoit. (Voir les détails aux pièces justif. de « *Montboyer au XIVe siècle jusqu'à nos jours*, par G.-E. Papillaud — 1899 »).

1791.

11 juin. — On a demandé des *troupes et gardes nationales* pour venir remettre le *bon ordre* à Montmoreau et à St-Amand.

17 juin. — On a envoyé une armée de mil à 1.200 pour prendre les auteurs du trouble arrivé à Saint-Laurent (1), à Saint-Martial et ceux qui avaient *planté les potences* à St-Amand, à St-Romain — on en a pris *une quarentaine*.

23 juin. — Allé à Ang^me. — On a appris la fuite du Roi le 21 dernier et le lendemain son arrestation.

4 juillet. — M^rs du département se sont réunis à l'Evêché.

7 juillet. — jeudi. — Parti à 5 heures pour Bordeaux, passé à St-Laurent et dîné à Chalais — passé à Parcoul (2) la Dronne, 3 sols — passé à La Roche (3), couché à *Coutras* (4), c'est un beau bourg, on y fait des *épingles* et des *farines* pour Bordeaux — le sexe *est assez vilain* dans *tout le pays*. — Passé à Laubardemont (5) la rivière de l'Isle et arrivé à Libourne à 7 h. 1/2 — promené autour — il y a une barque La Cavernière qui tous les jours à la marée vous descend à Caverne entre Cubzac et St-Pardoux — de là vous traversez l'Entre-Deux-Mers jusqu'à Lormont, il y a deux lieues. — Le temps n'était pas propice — nous avons été à pied jusqu'à St-Pardoux... On nous a demandé nos passe-ports et à Izon (6) et à St-Lou-

---

(1) « On a envoyé à Montmoreau 1.000 à 1.200 personnes avec deux canons pour arrêter les auteurs du trouble. » (Dict. manusc. — Arch. Gilbert.)

(2) Canton de Saint-Aulaye (Dordogne).

(3) La Roche-Chalais, canton de Saint-Aulaye (Dordogne).

(4) Chef-lieu de canton (Gironde).

(5) Près Coutras (Gironde).

(6) Canton de Saint-Loubès (Gironde).

1791.

bès, au Carbon-Blanc, passé à Lormont : la marée n'allait pas, débarqué après Bacalan, visité Bacalan (1), qui est un moulin que le flux et reflux fait aller, il y a 24 moulanges, c'est un chef-d'œuvre. — Traversé tout le Chartron (1*) et venu loger contre la Comédie, à l'hôtel d'Henri-IV, rue Ste-Catherine.

9 juillet. — Le soir allé au théâtre des Variétés — *La Solitude, La théatromanie* et *Les noces du père Duchêne*, etc.

15 juillet. — On a établi un club sous le Minage (Angoulême).

17 juillet. — Allé à la messe à Aubezines... Les couvents sont fermés.

20 juillet. — Allé à Malatrait (2), examiné la terre, estimée 90.000 ″.

31 juillet. — dimanche. — Mr Ducluzeaud m'a écrit que ma liquidation était fixée à 14.127 #... Ma femme est accouchée hier au soir d'un garçon, fait baptiser aujourd'hui; Dumas et ma servante ont tenu; il s'appellera J. Gilbert Montigni (3).

4 août. — jeudi. — Rendu visite le soir à Mr Dupuis (4) *qui a baptisé* mon enfant.

13 août. — Allé à Ang^me — entendu la messe les deux jours de fête.

1er septembre. — jeudi. — Lauriou, officier municipal d'Aignes est mort.

3 septembre. — samedi. — On est assemblé pour élire les députés à l'Assemblée nationale et les Corps administratifs.

(1, 1*) Quais de Bordeaux.
(2) Commune de Péreuil, canton de Blanzac (Charente).
(3) Voir généalogie, pièces justificatives.
(4) Damien Dupuis, curé-intrus d'Aignes.

1791.   8 septembre. — Allé à La Mothe-Charente (1) — 2 grosses métairies de 25 boisseaux chacune — jolie maison, mais point de servitude — un moulin sur la Charente, 200 journeaux de possession — bien fonds — 30 journeaux de vignes qui ne valent rien — 20 journeaux de taillis et beaucoup de prés — affermé 3.000 # — cela vaut 70.000 #.

9 octobre — dimanche. — Allé à Angoulême — entendu la messe *à Aubesine*.

10 octobre. — Il est question de loger des soldats à Angoulême *pour 3 semaines*.

18 octobre. — On a assemblé 1.069 hommes pour le département qui se sont rendus à Angoulême avant-hier.

24 octobre. — Mr Monnerot, curé de Courgeac.

12 novembre — samedi. — Mr Véron, lazariste (2), est venu nous voir (Mme Bernier).

13 novembre — dimanche. — Mr Véron a dit la messe.

20 novembre. — Allé à *La Pépine* (3) — Mrs Véron, Desmazeaud, etc., sont venus ce matin — *on a dit la messe*.

21 novembre. — L'Assemblée nationale a donné un décret qui fait défense de payer aucun traitement sans attestation du *serment civique* prêté... Mr Couvillet, ancien musicien de Saint-Pierre, est mort le 20.

22 novembre. — Mr Labbatud est maire de Montmoreau. – Mr Desbrandes est maire d'Angoulême.

28 novembre. — Allé à Ang^{me} de mon pied : assisté aux sessions du département... allé à la Comédie, assisté à la représentation de *Charles IX*... il semble *qu'on veut attaquer* la religion.

(1) Commune de Nersac Charente).

(2) Ne serait-ce point l'ancien procureur du grand séminaire d'Angoulême? Jean Etienne, prêtre insermenté.

(3) Près Ronsenac (Charente).

1791.

31 novembre. — Visité le domaine de la Bussière (1),
promis 36.000 # — visité Boisbellet 37.200 #,
parlé à Mlle Salignat.

1792.

— 12 janvier. — Il est venu des assignats de 5 # que l'on
distribue à ceux qui ont eu un bon du district.

28 février. — Mr Delhoste, ancien curé d'Aignes, m'a
écrit une lettre fort amicale datée de Bruxelles
— il *a espérance*.

7 mars. — mercredi. — Mr Lanauve a été nommé à Barbezieux chef de légion des cantons de Montmo-
reau, Aubeterre et Chalais... Mr Chatenet, curé
de *Bardenac* (2), frère de l'ancien contrôleur de
Montmoreau, est mort le 1er mars.

10 mars. — samedi. — Allé à Angoulême .. La municipalité a fait *observer les portes* fermées des
églises des religieuses et défendu qu'il y entrât
personne... *L'impiété se prêche publiquement
dans les clubs*.

Dimanche des Rameaux. — Mr Poussard a pris possession de la cure d'Aignes (3).................

NOTA. — Ici, 12 pages ont été déchirées au manuscrit.

. . . .

21 octobre. — Mme Resnier, femme du greffier, est
morte le 20... Mon frère *est réduit à rien* — le
maximum des ecclésiastiques non fonctionnaires
est 1.000 #, il faut faire le serment.

---

(1) Commune de Mouthiers, canton de Blanzac (Charente).
(2) Canton de Chalais (Charente).
(3) 27 mai. — « On a planté l'arbre de la liberté à Angoulême, au
bout du cours d'Artois ». (Dict. manusc. — Arch.
Gilbert.)
19 août. — « La garde montée à Aignes : Noellet, Gazeaud y
étoient ; je me suis retiré à trois heures après-
minuit. » (Dict. manusc. — Arch. Gilbert.)

1792.

27 octobre. — Les métayers disputent les rentes aux maîtres parce qu'elles sont abolies — mais c'est une convention !

1er novembre. — Envoyé à Ang^me, à mon frère, beaucoup de provisions... Mr Sazerac Lavigerie est mort.

11 novembre. — Allé au club (Ang^me) qui se tient dans l'église des Tiercelettes (1).

18 novembre. — dimanche. — Dîné chez M^r le curé d'Aignes (2)... on écrit à présent au *citoyen tel*.

28 novembre. — mercredi. — Allé à Montmoreau. — Les tenanciers de la paroisse d'Aignes m'ont fait une sommation de présenter le titre primordial de mes rentes — répondu que j'avais 3 mois — que je le présenterais dans ce délai devant juge compétent.

2 décembre. — dimanche. — Mr Dutillet, ancien procureur du Roi est mort.

17 décembre. — M. Resnier est élu maire (Ang^me).

24 décembre. — M^r l'abbé de Mastin est tombé en apoplexie... assisté aux séances du département, — reste une place d'administrateur à remplir — on écrit à la Convention.

28 décembre. — L'abbé Bernier nous a dit la messe (Aignes) (3).

1793.

— 23 février. — Allé à Ang^me — parlé à l'abbé de Mastin au sujet de son moulin qu'il avait envie de vendre — offert 2.500^#. — Mme Roffignac est morte à Paris, c'était une Vantongre — ... Mme Hinand (?) g^d-mère de Mme Mastin est morte à l'âge de 90 ans, il y a quinze jours — ... On a fait vendre les meubles de Mr Lavialle, chanoine.

(1) N°s 629, 635 — près de l'église Saint-André d'Angoulême. (*Topographie d'Angoulême* — année 1898 — J. George.)

(2) Charles Poussard, curé intrus.

(3) Son fils Marcellin Gilbert. — « 20 décembre, mort de Mme d'Argence, la vieille ». (*Dictionnaire manuscrit.* — Archives Gilbert.)

1793.

9 mars. — samedi. — Allé à Ang^mo. — On a guillotiné un homme qui avait tué son beau-père - ... *mardi dernier*. — On a pris et *conduit en prison 30 ou 40* jeunes gens qui s'étaient assemblés sur les chaumes de Crage (1). On leur a supposé des projets *de contre-révolution*.

13 mars. — Allé à Montmoreau. — Les ordres sont venus de faire 17 hommes par 1.000 personnes dans les paroisses.

17 mars. — dimanche. — A Aignes, nous avons 6 hommes dans la paroisse pour aller à Nantes, je leur ai donné pour la quête, 6# 10 sols.

20 mars. — On est venu avertir la gendarmerie des cantons pour aller contre des insurgés en Bretagne et à Niort.

21 mars. — On a recruté à Aignes 12 volontaires parmi 40 jeunes gens — on n'a *pas tiré* : ils sont venus le soir me demander la quête, ma femme leur a donné un assignat de 50#.

27 mars. — Les volontaires ont voulu me faire payer du vin — 4 cavaliers m'ont accompagné au Maine Bernier (2).

29 mars. — Allé à Angoulême. — La *Deshéris (3) avait été* renfermée aux Ursulines (4) avec Mrs de Broglie, Montalembert, elle est sortie 3 jours après. — On a mis au château : Mrs Lambert — Labrüe — Suraud — Vigneron — Crussol — de Gurat — etc. comme suspects.

---

(1) Près d'Angoulême.

(2) Les volontaires ont voulu m'insulter à Montmoreau. (*Dictionnaire manuscrit.* — Archives Gilbert.)

(3) Françoise-Rose Deshéris, sa sœur. (Voir *Généalogie*, pièces justificatives.)

(4) Non loin de l'église Saint-Martial d'Angoulême.

1793.

30 mars. — Les *Chanoines ont fait le serment civique* de la liberté et l'égalité. — Ceux qui n'ont pas voulu le faire ont eu ordre d'aller se renfermer aux Carmélites (1).

5 avril. — On a fait sortir 39 jeunes gens qui s'étaient attroupés sur les chaumes de Crage. — C'étaient *tous les enfants* des bons *bourgeois* d'Angoulême.

5 mai. — dimanche. — On a emmené 8 prêtres *d'Angoumois*, l'abbé Labrüe (2) à Bordeaux pour transporter *en Guianne*.

13 mai. — La municipalité d'Aignes a fourni 34 hommes pour la Vendée.

14 mai. — Acheté à M. l'abbé de Mastin son *moulin d'Aignes* (3).

15 mai. — M^r le maire de Voulgézac (4) est venu — Mon frère et moi avons été dîner au Maine-Large avec mes deux beaux-frères, les interpeller pour savoir s'ils avaient fourni leur contingent — il nous a emmenés *tous quatre au bourg* — il nous a fait garder par 8 hommes — bien mal couchés — et nous a renvoyés le lendemain vers nos municipalités.

17 mai. — Fait conduire Bernier à Ang^{me}... On a renfermé 114 hommes de troupes qui se disaient *marseillais* et n'ont pas voulu retourner à la Vendée

---

(1) Aujourd'hui Noviciat de Sainte-Marthe.

(2) Pierre Labrüe, curé de Roullet, canton sud d'Angoulême (Charente). (Voir en outre d'autres détails sur ce prêtre dans *Le Clergé charentais pendant la Révolution*, par M. l'abbé Blanchet, 1898).

(3) Pour 3.000#, reçu Texier, notaire. (*Dictionnaire manuscrit.* — Archives Gilbert.)

(4) Canton de Blanzac (Charente). « On nous a arrêtés au Maine-Large et menés à Voulgézac; gardés comme en prison ». (*Dictionnaire manuscrit.* — Archives Gilbert.)

1793.

19 mai. — Pentecôte. — Les enrôlés ont eu contre-ordre ; ils restent au pays jusqu'à une autre fois, ma femme leur a donné 50#, quand ils sont venus rendre visite et faire la quête.

20 mai. — On a été faire visite chez M#r# de Morel ; on craignait qu'il n'y eût *des mal intentionnés (sic)*.

10 juin. — Le département a adhéré à l'arrêté de celui de Bordeaux pour faire réintégrer en leurs *places 22 députés* à l'Assemblée nationale, qui ont été mis en arrestation le 1#er# juin.

20 juin. — Allé à Barbezieux — ... M#r# Pipaud, mon cousin est au directoire du district. — Il y a M#r# Demontis, président. — Les citoyens Ruffier — Bordier —. et Hérier... Assisté à une délibération. On a nommé des commissaires pour vérifier dans les paroisses les causes de l'arrestation de certaines personnes — ... La *Turgotine* (1) est arrivée le soir : il y avait 8 messieurs qui allaient à Paris. — M#r# Boucherie-Papineau, secrétaire du district.

26 juin. — mercredi. — M#me# Arnaud, femme au conseiller est morte, il y a 3 jours... M#r# *Marchais, vicaire épiscopal* est marié avec M#lle# Tremeau : il a *profité du bénéfice de la loi*.

5 juillet. — vendredi. — Allé à Angoulême — Les marchands tiennent un prix fort haut... On a reçu la Constitution à Ang#me# et proclamé *autour de l'arbre de la liberté* — au bruit des canons.

10 août. — samedi. — On a chaumé la fête de la Révolution du 10 août — Cependant à St-Amand — Ronsenac — on a travaillé comme les autres

(1) Nom donné aux diligences des Messageries royales, établies en 1775, à Paris, rue Notre-Dame-des-Victoires. (*Littré*).

9

1793.

jours. — M^r l'abbé de Mastin est mort du 7 août dernier (1).

1er septembre. — dimanche. — M. Loreau fils, avocat et juge au district d'Ang^{me} est mort la semaine dernière.

8 septembre. — dimamche. — Mr Brouzède est mort — Mr Banchereau, ancien président de l'élection de Barbezieux est mort il y a huit jours.

16 septembre. — Allé à Ang^{me}... On a eu ordre d'y mener ses chevaux pour faire une cavalerie.

21 septembre. — On a emprisonné Mr Lafont pour avoir vendu du froment en cachette.

6 octobre. — dimanche. — Mr Gazeaud, notaire de Chez-Jambon (Aignes) est mort, il y a un an qu'il était en paralysie... On a vendu la vendange de M^r l'abbé de Mastin 1.600[#].

21 octobre. — La reine a été guillotinée le 16 octobre (2).

26 octobre. — On a mis beaucoup de monde en arrestation à Beaulieu. — M. Dupuis, curé de Vœuil est mort il y a un mois.

20 novembre. — On a parlé au *département de fermer les églises.*

27 novembre. — Allé à Montmoreau. — On a formé un club, vu recevoir des candidats.

4 décembre. — Allé à Montmoreau. — Allé au Club, on a reçu beaucoup de candidats.

7 décembre. — On a fait l'inauguration de *Saint-Pierre* (d'Angoulême) et nommé le Temple de la Raison.

(1) 1793 — 15 août. — Messe. — Le culte public interdit : entendu la messe dans une chambre. (*Dictionnaire manuscrit.* — Archives Gilbert). — Etienne Gaston de Mastin, abbé commendataire de l'abbaye de Saint-Martin de Pontoise, vicaire général d'Orléans, etc., etc. (*Archives departementales.* — Charente. Série E.)

(2) Marie-Antoinette, reine de France, épouse de Louis XVI.

1793.

29 décembre. — On a de la peine à avoir du pain à Angoulême... Le club est après procéder à un épurement.

1794.

— 1er janvier. — mercredi. — Allé à Montmoreau, assisté au club qui se tient au Château, on m'a demandé si j'en voulais être.

6 janvier. — Allé à Ang^me... Les foires *n'étaient pas brillantes*; il n'y avait pas de pain à Ang^me, les *aubergistes* n'en fournissaient pas, on craint beaucoup la disette.

22 janvier. — Mr Loreau père, ancien président du district de Barbezieux est mort. — Mr Monnerot (1) curé de Courgeac est mort.

20 février. — On a abattu une *Croix de la Descente* (Aignes), je l'ai emportée et serrée dans ma grange. Il est venu des commissaires et gendarmes pour faire procès-verbal des vols de bois et vignes mal taillées des biens de la nation.

3 mars. — M^r l'abbé *Létourneau est marié avec Mlle L. D. (sic)*.

8 mars. — Il y a une grande *détresse* pour les subsistances... On s'occupe à Angoulême, à l'épuration de la société. — On a rejetté Feirand et Dumoulin.

1er avril. — mardi —. Trois commissaires de Ruffec, L'Houmeau et Pierre Giraud ont pris l'état de mon grain et mesurer.

5 avril. — Aller à la foire à Blanzac. — Allé au club. Périer, avoué était président, — du Pellegrin a voulu se faire recevoir : on lui a objecté une anticipation dans la forêt de Nanteuillet (2) et une émeute du peuple lors de la conduite de l'avoine à Blanzac.

(1) Jean Clément Monnerot.
(2) Commune de Voulgézac (Charente).

1794.

11 avril. — Ma sœur a envoyé un message pour que Bernier fut aux Carmélites, — mon frère y est du 10.

21 avril. — Il a été question avec M. Gazeaud beaucoup de savoir si on peut travailler les *jours de décade*, il n'y a pas de décret là-dessus, — reçu des nouvelles d'Angoulême... on a renfermé plusieurs procureurs.

30 avril. — mercredi. — On a mis une garde à ma porte (Ang^me) pendant trois jours à cause de deux papiers que m'avait donnés Limouzin et qu'il a dit que je lui avais demandés. — Je l'ai fait ôter en exposant le fait au Comité de surveillance, — coûté 9^#, — signé Félix.

5 mai. — lundi, — Occupé à présenter requête pour ôter le gardien de la maison de mon frère. — Offert de l'être avec ma sœur et présenté caution le citoyen David, marchand. — On a enlevé 400^# dans le cabinet de ma sœur : elle a aussi fait sa pétition.

16 mai. — On a décapité Mme Élisabeth, (1) sœur du roi et une *trentaine de fermiers* généraux.

17 mai. — On a commencé *une montagne* au champ de Foire d'Ang^me : tout le monde y a été travailler (2).

25 mai. — Allé à la Pépine. — Vu Mme **V***allier, la visitandine* ; on l'a fait rendre avant-hier d'Ang^me : elle est innocente *depuis 25 ans*.

28 mai. — Mes frères partent *demain pour Rochefort* : on a dit *qu'ils avaient* fait le *serment trop tard*.

---

(1) 9 mai 1794. — Élisabeth de France, sœur de Louis XVI. ,

(2) Variante : Tout le monde sans *distinction* y travaillait. (*Dictionnaire manuscrit*. — Archives Gilbert.)

1794.

1er juin, dimanche. — On a conduit des Carmélites à Rochefort : 2 Gilbert, — 2 Sauveau, Lagravière, — Thinon, — Deret, — Naud, — Chadurie, Duplessis, — Janet, — Pelletier, etc... Total 22 (1). — Ils sont partis d'Angoulême le 29 et arrivés le 2 juin. — Les membres du district d'Ang^me ont changé. — Il y avait Lavialle, président, — Petit, agent, — Menaud, — Maulde, — d'Auteville, — Bourdin, — Janet. — ... Aujourd'hui est resté Lavialle, — Petit est administrateur, — Augeraud, — Guimberteau, — Limousin père, — Buchès, agent national et Gaurin, secrétaire.

9 juin. — lundi. — Mr Chenevière est mort, il y a trois jours. — Allé au club à Montmoreau... On a lu la nouvelle que le roi de Sardaigne avait été livré aux troupes françaises.

13 juin. — Le citoyen Benoît est venu à Aignes, pour exercer le droit de *préhension* — sur les selles, — brides, — bottes, — licols et autres objets pour la cavalerie.

14 juin. — Allé à La Valette.... allé au club qui se tient au *réfectoire* des Ursulines... on a parlé de faire une montagne au Champ de Mars.

18 juin. — mercredi. - *Decade.* — Allé à Aignes. — *Montargis, instituteur* a lu les décrets et *a chanté* : il a annoncé qu'il ouvrirait son école au presbytère le lendemain.

20 juin. — Allé à Ang^me. — ... Nous avons empêché que les Anglais interceptassent un convoi de 115 vaisseaux chargés de blés, — il est entré sain et sauf dans nos ports.

---

(1) M^r L'abbé Blanchet n'en cite que 21 : il est regrettable que notre narrateur n'ait pas énuméré tous les noms des déportés. — Voir pour plus de détail : *Le Clergé charentais pendant la Révolution.*

1794.

24 juin. — Le commissaire de Blanzac est venu demander le compte du blé que nous avions mangé depuis le 11 germinal, — froment 94 boisseaux — fourni 55 boisseaux et mangé 39 — ... 80 livres pain et 250 livres farine.

8 juillet. — On a mis tous les contre feux en réquisition.

10 juillet. — Mr de Bellade (*sic*) gendre de M. Gurat a été guillotiné à ce qu'on m'a dit.

14 juillet. — Célébré à Aignes la fête de la Révolution : porté un gigot cuit à la braise — une bouteille de vin et 1 livre de pain, — mangé en compagnie avec les citoyens d'Aignes *dans l'Eglise.*

27 juillet. — On est après juger (Ang^{me}) Memineau (1) au club sur le fait de fédéralisme et les billets de Confiance.

6 août. — mercredi. — Roby Pierre a été guillotiné le 28 juillet.

19 août. — On a enlevé de ma maison (Ang^{me}) 4 plaques le 11 thermidor pesant 542#, j'en ai le reçu, — chez Coudert, maison du Minage, une pesant 165#.

28 septembre. — Allé à Angoulême. — Le district est rangé *au doyenné* (2).

12 octobre. — Mr Tabuteau de La Grèse, est mort d'un coup qu'il a reçu en revenant de Fontaines (Champagne) (3).

---

(1) Ancien député nommé à la Convention nationale, procureur général syndic du département de la Charente.

(2) Ancien n° 949. — *Topographie d'Angoulême*, J. George, 1898, — dans la paroisse de la Paine.

(3) Dordogne.

1794.

2 novembre. — dimanche. — Ecrit à Guimberteau (1) député et à Quichaud, membre du jury révolutionnaire au *sujet de mes frères* — ... On a fait sortir des Carmélites tous ceux qui y étaient, les prêtres aussi, et Mr Vigneron (2) et le Doyen (2*) *qui n'a pas prêté le serment*... Tout est exhorbitament cher, la chandelle 4[#], le savon 6[#]... C'est M. Vivien, qui a loué la maison de mon frère 1,000[#]; il vient d'acheter le Lugeat.... Les clubs ont eu défense de présenter rien en *Corps* ni de se communiquer ensemble... La Convention est revenue à *l'humanité*.

18 novembre. — La Deshéris est partie le 18 pour Rochefort, pour voir mes frères... ma femme est à Ang^{me} depuis 15 jours. — Les étoffes se vendent 5 fois plus (cher) qu'en 1789 — de la siamoise de 48 sols se vend 13 à 14[#].

30 novembre. — dimanche. — La Déshéris a écrit de Rochefort : elle a vu mes frères, mais bien peu de temps.

9 décembre. — La Deshéris est revenue de Rochefort le 5 décembre — elle a obtenu de faire transporter mes frères dans *l'hôpital à Rochefort*... Il y est mort, dit-on, l'abbé *Leclerc, Janet, Naud, Pelletier* (3) Joli, Duplessis, Lagravière et Gilbert — ... exemple frappant d'inhumanité — ... J'ai donné à la Deshéris 750[#] pour le voyage de Paris.

26 décembre. — La Deshéris est partie pour Paris le 21 dernier.

(1) Député conventionnel.

(2, 2*) Jean Vigneron, vicaire général d'Angoulême. — Henri de Lafaux, de Chabrignac, vicaire général d'Angoulême.

(3) *Aliás* Lepelletier, Jolly, etc. (Voir *Le Clergé Charentais pendant la Révolution*, l'abbé Blanchet.)

1795.

12 nivôse. — Le Père Dussé, ex jésuite est mort — Le prieur Mioulle (1) est tombé en apoplexie.

1er février. — dimanche. — Il a fait pendant 15 jours un froid excessif (2) — Les moulins ne pouvaient pas moudre. — La neige a duré 6 jours, haute de deux pieds. Le vin a gelé et le pain — pommes de terre, fruits, pommes et marrons.

An 3me.

28 nivôse. — Il a été adjugé la coupe de bois taillis, provenant des bois de Marcellin Gilbert, prêtre déporté sis en la commune de Chavenac à la réserve de 892 chênes, baliveaux et 16 par arpens à Martial Cadiot et Naudon pour 14.000#

1795.

12 février. — L'eau de vie vaut 1.200#... Les affaires de Paris demandent beaucoup *de patience*... Les déportés ont été *ramenés à Saintes,* dans le couvent Notre-Dame.

9 mars. — On a vendu une paire de *bœufs à Blanzac* *12.000#.*

17 mars. — Reçu des nouvelles de Mlle Deshéris ; elle a obtenu la mise en liberté *de mes frères* et le lever des scellés, — le *5 ventóse* — mais le prieur Gilbert (3) n'y était plus — dès le *mois de septembre* il est mort *à l'île d'Aix,* près Rochefort.

25 mars. — Dîné à Angoulême avec l'abbé de Chadurie (4), qui a échappé à la *mortalité des vaisseaux,* — sur *750 prêtres* (5) il ne s'en est sauvé *que 250.*

(1) Jacques Mioulle.

(2) 15 janvier. — Froid excessif pendant 15 jours; la neige a duré 6 jours, haute de deux pieds. — *(Dictionnaire manuscrit.* — Archives Gilbert).

(3) Jean-Gilbert Deshéris, ancien prieur de Fontblanche et chanoine d'Angoulème. *(Dictionnaire manuscrit.* — Archives Gilbert.)

(4) Arnaud-Simon-Pierre La Laurencie, ancien curé de Tourriers (Charente).

(5) Mr L'abbé Manseau croit devoir donner le chiffre de 800 déportés et au delà et 275 survivants. *(Les Prêtres et Religieux déportés,* 1886.)

1795.

3 mai. — La Convention a rapporté son décret qui disait que l'argent n'était pas marchandise... Un homme m'a demandé 600# pour *un louis*.

23 mai. — Promulgué dans les Cantons que les assignats à face royale étaient démonétisés, qu'on ne les recevait qu'en payement d'achats de biens nationaux, — ceux de 5# appelés *Corsets* seront reçus pendant 3 mois pour le payement d'impositions.

23 mai. — Les bœufs de 600# autrefois se vendent en assignats 15.000# à 18.000#.

29 mai. — Il y a un décret qui démonétise les assignats.

25 juin. — Les œufs se sont vendus à Montmoreau 80# le cent.

29 juin. — Allé entendre la messe chez Mr Guillaumeau (Ang^{me}), l'abbé de La Lorancie (1) l'a dite ; il y avait 200 personnes. On a chanté vêpres le tantôt *et donné la bénédiction.* — Romme — Duroy — Soubrani — Duquerroi et deux autres députés ont été guillotinés pour s'être trouvé à l'affaire du premier prairial.

3 juillet. — On m'a nommé maire d'Aignes.

15 juillet. — On parle de réorganiser les gardes nationales... le sac de froment se vend 1.000#.

19 juillet. — Bertin est tombé malade des vers : il est mort le 19 à 3 heures après minuit. — J'en suis bien affligé, c'était toute mon espérance (2).

10 août. — Allé dîner au Maine-Faure (3) avec MM^{rs} Clément, curé d'Aussac et Lichères.

---

(1) *Aliàs* La Laurencie, ancien curé de Tourriers.
(2) Voir généalogie, — pièces justificatives.
(3) Martial et Daniel Clément. — Hameau de la commune d'Aignes (Charente).

1795.

17 août. — Allé à Ang^me. — *Les messes ont été dites à Aubezines.*

3 septembre. — On commence à sonner l'*Ave Maria le matin* et le *soir*.

6 septembre, dimanche.. — J'ai été à Blanzac avec M. Gazeaud, où s'est tenue l'assemblée primaire pour accepter la Constitution du 5 fructidor et nommer des électeurs, — il y a 131 votants dans notre commune. — Signé la vérité des faits contenus dans une déclaration de Mr Maine-Large(1) au sujet de notre détention à Voulgézac, au mois de mai 1793. - Mr Duclaud a été à son tour mis en prison à Angoulême.

10 septembre. — La Deshéris est venue de Paris le 6 septembre.

14 septembre. — Mlle Deshéris et Bernier sont venus au Maine-Bernier, — Desmazeaud, le président criminel.

18 septembre. — Mlle Birot de Ruelle d'Ang^me est morte il y a 8 jours.

22 septembre. — Les élections sont finies à Ang^me… Les *turbulents ont été* trompés; le département est resté comme il était.

8 novembre. — On a assemblé la commune à Aignes. On m'a élu pour agent municipal et Gazeaud pour adjoint.. - Soupé le soir chez Lambert *en corps,* chacun avait porté *son plat.* On a encore rendu un décret du 3 brumaire contre les *prêtres* qui n'ont pas prêté le serment. — Bernier (2) est parti d'ici.

14 novembre. — On à dit que le louis de 24^# se vendait 3.400^# d'assignats à Angoulême et à Paris, 4.000^#.

(1) **Desmazeaud.**
(2) Son fils, Marcellin Gilbert, prêtre.

1795.

1er décembre. — mardi. — Allé à Blanzac à l'assemblée municipale.

26 décembre. — Allé à Ang^{me} ; bien mouillé, entendu la messe de l'abbé Vigneron (1) – On a fait au marché une dinde 3.000#. Les assignats sont tombés en discrédit tout à fait, 100# valent 10 sols.

28 décembre. — La Deshéris a affermé partie de la maison de mon frère à Mr Létang de Rulle pour 10 barriques de vin; il se vend 50# la barrique.

29 décembre. — Remis une lettre de convocation à Blanzac, pour l'emprunt forcé.

31 décembre. — Allé à Blanzac à l'assemblée extraordinaire, fait le tableau de 38 composant le tiers de la paroisse des plus aisés pour l'emprunt forcé.

1796.

— 2 janvier. — Allé encore à Blanzac : on a discuté et réduit plusieurs personnes à une taxe moyenne.

6 janvier. — Les appréciations de fortune ont été basses à La Valette. Mr Vallier 25.000# – Cadiot autant, – Gilbert Plantier autant.

11 janvier. — lundi. — Fait assembler la Commune (Aignes) pour la manière de payer l'emprunt forcé.

15 janvier. — Allé à Angoulême : on m'a taxé pour l'emprunt forcé à 60.000# ou 600# — payé le 20 — en assignats.

18 janvier. — Allé à Ang^{me}. — J'ai payé à Mr André, receveur, 179.340# que j'avai reçu de l'emprunt forcé. — On a refusé des assignats de 400#. — Angoulême a fourni 16 millions, revenu le 13 au soir (février) jour *de serment*,

29 février. — lundi. — Allé à Blanzac à l'assemblée.

(1) Probablement Jean Vigneron, ancien vicaire général d'Angoulême.

1796.

7 mars. — Depuis 10 jours il a fait un froid excessif, qui a gelé toutes les fèves.

10 mars. — Allé à l'assemblée à Blanzac; parlé des écoles primaires, — des contributions somptuaires.

16 mars. — Diné à Montmoreau, assisté à la séance de l'Administration.

20 mars. — Les Rameaux. — Allé à Blanzac. — Question du curé de Mainfonds (1), qui célèbre *tous les jours* dans l'église.

7 avril. — M' Lavialle est mort il y a trois jours.

9 avril. — samedi. — Allé a Blanzac, assisté à la fête de La Jeunesse. — on a été en *procession* (sic) dans les rues de Blanzac, chanté, etc.

9 mai. — Allé à Blanzac, à l'assemblée.

24 juin. — On refuse à Angoulême les assignats au-dessus de cent livres : l'eau-de-vie vaut 160# ou 1.600# en mandats.

28 juin. — Allé à Blanzac à l'Administration. — La fête de l'Agriculture a été ajournée vu le *peu de monde*. — Reçu l'arrêté du département pour échanger les assignats contre des mandats.

8 juillet. — M' Thevet, ancien conseiller, est mort il y a 3 semaines. — Les vignes ne sont pas belles, l'eau-de-vie vaut 240#.

7 août. — On a assassiné M' et Mme Duranclaud (2), propriétaires, demeurant au-dessus La Bussatte.

13 août, samedi. — Signé le partage de Mlle Mastin avec la nation — M' Curé, soumissionnaire, a pris les objets pour 62.000 #.

---

(1) Canton de Blanzac. — Ne serait-ce pas François Yver, devenu plus tard curé de Blanzac ?

(2) Le dictionnaire manuscrit marque le 4 juillet (Arch. Gilbert).

1796.

16 août. — Il y a beaucoup d'agiotage dans le trafic des mandats.

6 septembre. — Allé à Blanzac — jour de la décade.

16 octobre. — J'ai mis en réquisition un millier de foin dans la commune et lu la liste supplétive de l'emprunt forcé — diné chez Mlle Mastin.

26 octobre. — L'abbé de Chadurie est mort il y a 8 jours (1).

9 novembre. — On a dit à Montmoreau que Mr Lanauve avait acheté Champrose (2) 38.000 francs à bon marché.

10 novembre. — Allé à Blanzac à l'assemblée — question des coupons de l'emprunt forcé.

10 décembre. — Allé dîner chez Mr Clément, entendu la messe.

24 décembre. — Mr Clément nous a dit la messe de minuit.

30 décembre. — Le vieux prieur Jacques Mioulle (3), cousin germain à mon père, est mort la veille de Noël.

1797.

— 4 janvier. — Mr de Brême, l'avocat, est mort il y a 8 jours.

29 janvier. — Mr Vallier et Mlle Thérèse sont venus entendre la messe.

19 février. — Allé à la Pépine, dîner et y entendre la messe de Mr Clément.

10 mars. — Allé à Blanzac : il n'y a pas eu d'assemblée : elle est changée à *tous les dimanches*.

16 mars. — Allé à Blanzac avec Mr Gazeaud, tiré au sort à qui resterait agent municipal.

---

(1) Arnaud-Simon-Pierre de La Laurencie (ancien déporté).

(2) Commune de Saint-Laurent-de-Belzagot, canton de Montmoreau (Charente).

(3) Voir pièces justificatives.

1797.

21 mars. — Allé avec Mr Gazeaud à Blanzac à l'assemblée primaire : il y avait 4 électeurs à nommer ; nous n'étions que 3 de la commune ; retourné le lendemain à Blanzac, on a tenu l'assemblée municipale.

22 mars. — Allé à Livernant avec Mlle Mastin — Mr Cloer y était — officier allemand qui est de vers Jérusalem *(sic)*.

17 avril. — A la maison nous avions Mr le curé d'Aussac.

20 avril. — On a élu à Ang{me} Mrs Thorel et Descordes pour députés.

27 avril. — Allé dîner avec ma femme au château d'Aignes. — Mlle de Mastin est mariée avec Mr Magnac de la Mercerie (1).

28 avril. — Fait le mariage civil de Mlle Mastin ; son mari avec elle sont venus dîner à la maison.

29 avril. — Donné 24 # aux Carmélites *(sic)*. — Vu juger (à Ang{me}) Genillard qui avait voulu abattre l'arbre *de la liberté* à Manot. — Mr de Jambes, beau-frère à Mr Duclaud, est mort le 6 mai.

21 mai. — Allé à Blanzac. — On a célébré la fête de la Paix... on a simulé Bonaparte qui donne la paix à un général autrichien.

22 mai. — J'ai eu à dîner Mrs Clément et Bouyer, curé de Voulgézac.

4 juin. — Allé entendre la messe à La Pépine avec Félicité.

1er juillet. — Mme Ducluzeaud, femme de l'ancien greffier des eaux et forêts, est morte il y a 15 jours et Mme Chillac.

9 juillet. — Allé à Blanzac à l'assemblée.

(1) De l'ancienne et noble famille des Rousseau de Magnac — 27 avril — Loumeau, maire d'Aignes. *(Dictionnaire manuscrit. —* Archives Gilbert).

1797.

16 juillet — dimanche. — Nos petites ont été entendre la messe à La Pépine.

5 août — samedi. — Allé chéz Mr Rancureau (1), son fils est revenu de l'armée d'Italie.

10 août. — A Blanzac, à l'assemblée, sur les tailles de l'an 5.

6 septembre — mercredi. — Allé à Montmoreau : on est occupé à organiser une garde pour empêcher les Autrichiens de voler des raisins.

10 septembre. — Allé à Blanzac, à l'assemblée de la municipalité : il y a eu de grandes nouvelles de Paris.

1798.

— 28 avril. — Mr Chabrefy est mort il y a 4 jours (2).

---

(1) Allié à la famille Gilbert. (Voir pièces justificatives — généalogie.)
(2) Le dictionnaire manuscrit marque le 20 avril.

1798.

— 21 janvier. — Les citoyens Petit et Fayou, commissaires, ont vendu par adjudication l'autel en pierre de Saint-Antoine, 3 # 10 sols; le grand autel, 6 #; le marchepied en pierre, 5 # (Aignes).

8 mars. — Lagrésille, juge, mort.

14 juillet. — On a représenté à Angoulême, place des Capucins, la prise de la Bastille; il y a eu attaque, défense, retraite; 1.200 coups de fusils tirés.

26 octobre. — Ducluzeau, procureur, mort d'apoplexie chez Flamant, en dînant.

Décembre a été très froid.

1799.
1800.
1801.

— 3 avril. — Maulde de L'Oisellerie, mort.

— Janvier a été très froid — 15 jours.

— 2 janvier. — Bouyer, curé de Voulgézac, mort.

23 janvier. — Offert à M^r le chevalier de Peudry, pour Champrose, moulin et borderie, 40.000 # et 2.400 # de pot-de-vin; il voulait 5.000 #.

5 juin. — De Magnac, époux de Mlle de Mastin, 37 ans, mort d'une goutte remontée.

18 août. — Ducluzeau, le greffier, mort.

12 octobre. — Deret, chanoine d'Angoulême, mort.

1802.

— 15 janvier. — Froid excessif; la terre couverte de neige, on a pris des perdrix et alouettes en quantité.

27 février. — Du Ranclaud, curé de Saint-Simeux, 83 ans, mort.

25 décembre. — Naud, chanoine d'Angoulême, mort âgé de 92 ans.

1798.   9 mai. — Allé à Montmoreau : on a fixé les marchés sur le calendrier nouveau tous les tridis des décades.

20 mai. — Eu à diner Mrs Clément, qui ont dit la messe.

11 juin. — Le curé de Saint-Cybard de Montmoreau a diné ici.

. . . .

. . . .

Le Journal fait défaut.

. . . .

. . . .

1805.   — 22 juillet. — M^r de La Porte, maire de Pérignac (1), est mort.

15 août. — Allé à Angoulême ; assisté à la grand'messe de M^r l'évêque ; il a donné la confirmation à une douzaine (d'enfants), Constance était du nombre (2).

1803.   — 18 janvier. — Joachim Desmazeaud, avocat, mort âgé de 83 ans ; il a vécu 61 ans avec sa femme.

20 juillet. — Héraud, procureur, mort.

Septembre. — Poussard, curé de Juillaguet est mort.

Octobre. — Caluaud, officier, mort.

25 décembre. — Naud, curé de Mouthiers, mort âgé de 86 ans.

1804.   — 19 février. — Jacques Mioulle, prêtre, mort.

Mars. — Lanternes établies à Angoulême.

7 avril. — L'abbé Hervoit, mon ancien condisciple, mort à Angoulême ; son frère Louis mort en août 1812.

15 juillet. — Périer de Gurat, ancien maire d'Angoulême, mort d'apoplexie ; son fils, marié avec une Terrasson, est mort aux Iles en même temps.

1805.   — 10 mars. — M^r d'Argence, que j'ai vu à Livernan, mort.

4 juillet. — Desmoulins, maître de pension à Angoulême, mort.

(Dictionnaire manuscrit. — Archives Gilbert.)

(1) Canton de Blanzac (Charente).

(2) Sa fille.

1805.

19 août — lundi. — Mr Bediou, curé de Saint-Antonin d'Angoulême est mort.

1er septembre — dimanche. — Allé à Puypéroux (1). Mr Clément y a dit la messe.

12 septembre. — On a donné ordre aux gendarmes de se rendre vers La Rochefoucauld à la poursuite d'une bande de voleurs. ◄

1er novembre. — Notre empereur Bonaparte a fait capituler Ulm et pris 80.000 hommes.

28 novembre. — Mr Laroche, procureur, est mort à Voulgézac.

1er décembre. — Entendu le sermon de Mr Senailhac (2).

1806.

— 21 janvier. — Mme Mioulle, la mère, est morte, née Trémeau.

13 mars. — Mr Voisin, curé de Nonac (3) chante bien.

9 avril. — Mr Sicard, curé de Juignac (3*).

10 juin. — La Deshéris a été à Bordeaux accompagner Mlle Adèle La Caussade, porteuse d'une pétition souscrite par 500, au sujet de M^r l'évêque (d'Angoulême).

16 juillet. — Mr Descordes a été mis dans la maison d'arrêt : on a mis les scellés chez lui et Mlle Gilbert (Deshéris) qui est arrivée de Bordeaux le 11 dernier, — fait lever. — Cela peut venir d'une souscription de 400 personnes *(sic)* tendantes à déplacer Mr Lacombe, évêque d'Angoulême.

27 juillet. — Profession de Pauline (Gilbert) (4) à Limoges chez les sœurs hospitalières. Je lui donne pour sa dot de religieuse 3.600 $^{\#}$ en or.

(1) La frairie est où le jour de Saint-Gilles, le 1er septembre, où le dimanche d'avant; on y vend beaucoup d'oignons, des gaules pour abattre des noix, 5 sols. (*Dictionnaire manuscrit.* — Archives Gilbert.)

(2) François de Senailhac, vicaire général d'Angoulême.

(3, 3*) Canton de Montmoreau (Charente).

(4) Sa fille — voir généalogie.

1806.

1er septembre. — M^r le curé de Chavenac a dit la messe à Puypéroux; prêté nos ornements.

4 novembre. — Appris de bonnes nouvelles : Napoléon a gagné la bataille d'Iéna sur le roi de Prusse.

1807 (1).

— 20 avril. — Mr de Raix, ancien lieutenant général du présidial d'Angoulême. Le Musnier, est mort il y a huit jours, à 88 ans « homme recommandable ».

29 mai. — M^r l'évêque était à Montmoreau pour donner la confirmation.

15 août. — Allé de mon pied à Ang^{me}; assisté à la grand'messe où tous les Corps constitués étaient en costume; le soir, il y a eu feu d'artifice — et le bal gratis.

16 août — dimanche. — Allé à la frairie de Saint-Roch (Angouléme), devant l'hôpital général; toute la ville y était.

8 septembre. — Assisté à Ang^{me} à l'enterrement du général de division Petitot.

16 octobre. — Allé à la foire à Châteauneuf (2), vu Mr Legrand, curé — belle église.

10 novembre. — Allé à Angoulême; assisté aux élections comme électeur du département : on a nommé M. Dupont Chaumont, général — de Confolens, — à la place de sénateur et Chancel; au Corps législatif — Chancel et Descordes; — suppléants, de Bellat et Mestreau.

---

(1) 29 janvier. — Labriie, curé de Saint-André d'Angoulême, mort. (*Dictionnaire manuscrit.* — Archives Gilbert.)

(2) Foires avant 1789 : onze, — le 23 janvier, 1er jeudi de carême, jeudi avant les Rameaux, 2 mai, le jeudi de l'Octave, 21 juillet, 26 août, 22 septembre, 29 octobre, 29 novembre, 22 décembre. — (*Dictionnaire manuscrit.* — Archives Gilbert.)

— Cybard Legrand, plus tard vicaire général d'Angoulême et supérieur du grand séminaire.

1807.

25 novembre. — Mme Sophie de Magnac, née de Mastin, est morte.

31 novembre. — Mr Bargeas, libraire (à Ang^me^), qui avait eu la jambe coupée et la cataracte, est mort.

1808.

— 6 avril. — Lée, curé de Montmoreau (1).

4 mai. — L'empereur Bonaparte a passé et dîné à Barbezieux ; il n'a vu que Mr Drilhon, maire de Barbezieux.

7 mai. — Mr Hiver, curé de Blanzac, est mort mardi dernier (2) (mardi, 3).

25 mai. — Mr de Nanteuil, d'Argentine, est mort il y a 8 jours. — Le roi d'Espagne a passé à Barbezieux et Angoulême pour aller à Compiègne ; il y a une cession de ses droits à Napoléon.

2 juin. — Mr Descordes Beauchamps est mort le 1er juin.

24 juillet. — Fait l'adjudication du presbytère d'Aignes à Fr. Lambert pour 60 ^#^ et 3 ans.

27 juillet. — Mr Loreau, curé de Deviat, est mort.

11 août — jeudi. — Mr Deval, ancien archiprêtre de Saint-Jean et chanoine d'Angoulême « actu presente », est mort le 3 au 4 août.

30 août. — Mr Moisan, ancien curé de Pérignac, est mort la semaine dernière... Il y a une supplique de la cloche de Saint-André (d'Ang^me^) adressée à M^r^ l'évêque, assez bien faite, à l'occasion du nouveau règlement, qui défend de sonner plus de « trois *coups aux funérailles* et aux messes des « jours ouvriers ».

---

(1) 23 janvier. — Il a fait grand froid.

15 mars. — Lavialle, trésorier, chanoine d'Ang^me^, mort.

(2) 15 mai. — Mort de Mme Odelucq, mariée à Rousseau de Magnac, fils à celui de Chez-Grasset, commune de Vœuil (Charente). (*Dictionnaire manuscrit. — Archives Gilbert*.)

1808.

10 octobre. — Mr Poujaud de Nanclas est mort, il y a
15 jours. — M^r l'évêque d'Angoulême a donné un
mandement pour la vaccine.

Novembre. — Mr Héraud, curé de Saint-Laurent de
Montmoreau est mort.

13 novembre. — Mr Menault, ancien curé de Rouffiac,
est mort il y a 15 jours (1).

20 novembre — dimanche. — Il passe des troupes tous
les jours pour l'Espagne.

21 décembre. — Bonaparte est entré dans Madrid le
4 décembre. — Le froid a commencé du 18 très
vivement.

1809.

— 22 janvier. — Mr Ragueneau, un des gardes d'honneur est mort. Vu son enterrement, on l'a conduit
dans le corbillard de 24 # au cimetière, — il
était un des coryphées de Noël, le traiteur
(Ang^{mc}) (2)... — Mr Joubert, ancien médecin,
est mort, il y a un mois, âgé de 90 ans.

19 avril. — On a entendu le 12 dernier des coups de
canon, qui venaient de la mer du côté de La
Rochelle à l'île d'Aix.

23 avril. — Napoléon a gagné 4 combats — beaucoup
d'avantage sur l'empereur d'Autriche, il a pris
100 canons, fait 50.000 prisonniers et pris Ratis-
bonne. — Latapie, curé de Salles de Montmoreau.

19 juillet. — Nous avons gagné une grande bataille à
Grant, en Hongrie.

11 septembre. — Mr de Maillou, ancien chanoine d'Angoulême, est mort.

---

(1) Jean-François Menault, curé de Mosnac, près Châteauneuf (Charente).

(2) Hôtel du Grand-Cerf..... 1808, 23 décembre. — Mort de Joubert, médecin, 90 ans. — (*Dictionnaire manuscrit.* — Archives Gilbert.) — Ne serait-ce pas le père de l'ancien évêque constitutionnel
Joubert ?

1809. 12 septembre. — Allé à l'enterrement de Mr Clément, ancien prieur de Villars.

1810. — 1er janvier — lundi. — Bonaparte nous a annoncé la dissolution de son mariage avec Joséphine, veuve Beauharnais.

3 mai. — Mr Pierre Duruisseau, ancien curé de Courgeac, est mort à Palluaud, le 1er février dernier.

11 mai. — Mme Rivaud, la générale, est morte à 36 ans.

10 août. — Assisté à l'enterrement de Mr Clément, ancien curé d'Aussac.

1er novembre. — Allé à Bournet. — On a chanté la grand'messe.

1811. — 29 janvier. — L'abbé Arnaud, curé de Chazelles, est mort il y a 8 jours.

3 avril. — Mr Guillemeteau père, procureur à Angoulême, est mort il y a 8 jours — *petit homme, bien fourni,* il avait 58 ans.

11 avril. — Allé à Montmoreau, aux Ténèbres.

31 juillet — mercredi. — Parlé à M^r le curé de Montmoreau (Colin) au sujet du Concile. On a dit qu'il avait été dissous par l'empereur, qu'il n'y avait que 7 prélats, qui avaient été de son sentiment.

14 septembre. — Allé à Montmoreau, diné chez Gazou avec Mr Janet de Lafond, conseiller à Bordeaux — un ancien confrère à l'Élection. — Mr du Mergey, curé de Saint-Pierre d'Ang^me, mort il y a 8 jours.

4 novembre. — Allé à Angoulême, voir la construction du dépôt de mendicité à l'hôpital général... On a mis le clocher des Jacobins en tour carrée pour y mettre une horloge... Il a passé 60 prêtres espagnols qu'on a exilés à Poitiers et à Châlons; ils ont déjeuné chez ma sœur (Deshéris).

1812.

— 9 janvier. — Guimberteau, l'ancien juge et représentant, est mort d'hier.

12 janvier. — Mᵣ Marchais, curé d'Yvrac, est mort il y a 15 jours et le Père Poirier, ancien cordelier.

19 janvier. — Mᵣ Rullier-Dupuis, l'ancien subdélégué à Montmoreau, est mort aujourd'hui, 82 ans... On a exposé trois criminels au carcan.

24 mars. — M. Latreille (1), mon condisciple, qui était au département, est mort le 1ᵉʳ avril.

17 mai. — Allé entendre la messe à Montmoreau ; il y avait 40 premières communions.

1ᵉʳ juillet. — Rambaud-Maillou, colonel, est mort jeudi dernier.

28 juillet. — Mᵣ Petit, l'ancien procureur-syndic du district d'Angᵐᵒ, est mort avant-hier.

15 août. — samedi. — Allé à Angoulême ; assisté au *Te Deum* chanté dans la cathédrale ; vu défiler Mᵣ le Préfet et autorités constituées.

30 août. — Allé à la frairie de Puypéroux, dîné avec Mᵣ Cousin, curé de Nonac, qui y a dit la messe, prêché et chanté les vêpres.

11 octobre. — dimanche. — Fait sonner à Aignes pour assembler les habitants à l'occasion des votes cantonales : il y a 3 électeurs du département à nommer — 3 électeurs d'arrondissement — 2 candidats de juge de paix et 4 suppléants... il n'est venu *personne*.

(1) Gabriel Latreille, archiprêtre de Saint-Projet, puis vicaire épiscopal. (Regist paroiss. de Saint-Projet).

1812.

— 10 mai. — Le curé de Voulgézac, distributeur du pain pour les pauvres. — Aignes est porté à 24 portions par jour ; nommé 12 pauvres qui, pour deux portions ont tous les dimanches cinq à six livres de soupe économique ou du pain. — (*Dictionnaire manuscrit. — Archives Gilbert.)

18 juillet. — Lalande, prêtre, demeurant à Saint-Martin (d'Angoulême), mort. (*Dictionnaire manuscrit. — Archives Gilbert.)

1812.

8 novembre. — dimanche. — Mr Pigornet, curé de Charmant, a dit la messe à Chavenac et chanté le *Te Deum* pour la prise de Moscou.

1813.

— 20 janvier. — Les foires ne valent rien... L'empereur demande 350.000 hommes et 15.000 chevaux pour réparer le déficit arrivé vers Moscou... Mr Rullier, ancien curé de Torsac, est mort. — Mr Vinsac, chanoine d'Ang^me et le chevalier de Ronsenac, sont morts la semaine dernière.

29 janvier. — Allé à Blanzac, à l'assemblée des maires, pour faire un don patriotique; Aignes a été taxé à 176 francs.

27 février. — Mr Héraud, ancien curé de Saint-Laurent (de Montmoreau), depuis curé de Soyaux, est mort.

14 mars. — Il a passé 3.720 (prisonniers) de guerre à Angoulême, venant d'Espagne.

26 avril. — Occupé à lire les *Annales du Limousin* — instructives.

16 juin. — On a signé un armistice entre la Russie et l'empire... — Question de l'élection du Pape.

24 juillet. — Mr Sauvo, chanoine, est mort, il y a huit jours.

18 octobre. — Mr Léger, ancien curé de Saint-Amand de Montmoreau, est mort hier.

27 octobre. — Bonaparte, a évacué Dresde et s'est retiré vers Lippe *(sic)*.

12 décembre. — Allé à Courgeac entendre la messe; ils ont pour curé un Mr Rolland, du diocèse d'Auch.

1814.

— 16 mars. — Les Anglais et les Espagnols sont entrés à Bordeaux et ont fait chanter un *Te Deum* et proclamé Louis XVIII, suivant les nouvelles.

13 avril. — mercredi. — Les journaux annoncent le rétablissement du comte de Provence sur le trône

1814.

de France. — Il y a un gouvernement provisoire du 5 avril... L'empereur de Russie, le roi de Prusse, sont entrés à Paris, le 31 mars et ont fait abdiquer la couronne à Bonaparte; il y a une charte constitutionnelle.

25 avril, — Le drapeau blanc est sur le clocher de Saint-Pierre (Ang^me).

23 mai. — lundi. — M^r le duc d'Angoulême, fils du comte d'Artois, est arrivé à Ang^me à 3 heures et demie, y a couché et reparti à 9 heures du matin — grande réjouissance, illumination... il n'a pas voulu voir Mr Lacombe, évêque.

16 juin. — Mr Jay, curé de Palluaud, est mort, il y a 15 jours.

17 juillet. — dimanche. — Allé à Courgeac à la Mont-Carmel. — Mr Joubert à fait chanter le *Te Deum* « pour la paix », par M. le curé de Nonac.

24 juillet. — L'abbé Guillot, ancien chanoine, est mort à l'Hôpital, il y a 15 jours.

27 juillet. — Allé à Blanzac pour prêter le serment de fidélité au roi Louis XVIII.

6 décembre. — Mr Constantin de Villars, ancien lieutenant de police, est mort, il y a trois mois... On a fait rendre à Ang^me les soldats qui n'avaient pas de congés absolus : « il y a eu beaucoup de troubles. »

1815.

— 19 janvier. — Mr Sicard, ancien curé de Juignac, est mort, il y a 15 jours.

21 janvier. — On a fait un grand service pour l'anniversaire de la mort de Louis XVI, à Saint-Pierre (d'Ang^me).

25 janvier. — Il a neigé d'un demi pied; il y a 7 à 8 ans que nous n'en avions pas vu.

15 mars. — vendredi. — La duchesse d'Angoulême, qui devait se rendre à Ang^me hier, n'a pas parti de Bordeaux... Le commerce est interrompu.

1815.

7 mai. — Lacroix, curé de Chavenac (1).

13 juin. — On a chanté à Ang^me le *Te Deum* pour le rétablissement de Louis XVIII et fait des feux de joie dans tous les quartiers de la ville. Les fonctionnaires publics destitués depuis le 20 mars rentrent en fonctions.

1816.

— 19 janvier. — On a mis en prison, pour mesure de sûreté : Tourette, apoticaire; Clavaud, le sourd; Ganivet, pharmacien, et autres.

2 juin. — dimanche. — Assisté à la messe militaire de Mr de Broglie — beaucoup de musique (Ang^me).

23 juin. — Allé à Blanzac, assisté au *Te Deum* à la messe, à la procession et aux vêpres, à l'occasion du mariage du duc de Berry avec une fille du roi de Naples, — Caroline.

16 novembre. — Mr Mioulle, juge d'Ang^me, est mort ; il était marié avec une Sazerac (2).

---

(1) M^ue Barbizier, née Sainte-Hermine, morte, le 11 avril 1815. (*Dictionnaire manuscrit. —* Archives Gilbert.)

Conscription de 1815 à Aignes — 8 hommes; — on faisait tirer deux ans avant d'avoir les 20 ans. — (*Dictionnaire manuscrit. —* Archives Gilbert.)

1815.

— 20 février. — Clément, procureur, mort. — (*Dictionnaire manuscrit. —* Archives Gilbert.)

1er décembre. — Mme de Magnac de La Mercerie, née Livron, morte à Magnac, canton de La Valette. — (*Dictionnaire manuscrit. —* Archives Gilbert.)

6 novembre. — Dussouchet, curé de Magnac, mort. — (*Dictionnaire manuscrit. —* Archives Gilbert.)

(2) 1816.

— 12 décembre. — Mort de Mme de Ferrière, née Perry de Saint-Auvent, dame de Montmoreau. — (*Dictionnaire manuscrit. —* Archives Gilbert.)

— L'abbé de Chabrignac, le doyen du Chapitre d'Angoulême avant la Révolution, mort, âgé de 90 ans. — (*Dictionnaire manuscrit. —* Archives Gilbert.)

24 décembre. — Lameaud, ancien curé de Cressac, mort. — (*Dictionnaire manuscrit. —* Archives Gilbert.)

1817.

— 1er janvier. — J'ai appris que l'abbé Delhoste, notre ancien curé (d'Aignes), vivait encore à Brunswick, où il est dès 1793.

12 mars. — Janet-Lafond, ancien procureur du roi à l'Election d'Angoulême, est mort, il y a deux jours, à Bordeaux.

22 juin. — Mr Desbrandes, ancien maire (d'Ang^{me}), est mort, le 23 avril (1).

1818.

— Février. — Mr Trémeau-Rochebrune, est mort, il y a 4 jours; il avait 50 ans.

28 août. — M^r l'abbé Héraud, ancien propriétaire du Maine, est mort, vers Pâques dernier.

12 octobre. — Mr Girard, professeur de seconde, au collège d'Ang^{me}, est mort, le 5 septembre dernier (2).

1819.

— 12 avril. — lundi. — Fait marché avec René maçon, pour les réparations du presbytère, du clocher, etc. (d'Aignes), convenu à 140 fr., Mr Gazeaud était avec moi.

1er juillet. — jeudi. — Mr de Soutras, curé de Bors (de Montmoreau) est mort subitement.

---

(1) 1817.

— Octobre. — Maulde des Touches, mort. — (*Dictionnaire manuscrit. — Archives Gilbert.*)

18 mars. — Visité le domaine de M. de Pindray, à Etriac (canton de Blanzac), bien étendu, bien du mauvais; il a été vendu à M. Genet, 60.000 #. — (*Dictionnaire manuscrit. — Archives Gilbert.*)

16 juin. — Acheté du chevalier de Ferrière le moulin de La Forge, 15.000 #, reçu Gadrat, notaire. — (*Dictionnaire manuscrit. — Archives Gilbert.*)

(2) 1818.

— Rivaud, l'ancien procureur, mort en mai. — (*Dictionnaire manuscrit. — Archives Gilbert.*)

Mort de M. de Mastin, marié avec Mlle des Groges. — (*Dictionnaire manuscrit. — Archives Gilbert.*)

18 décembre. — M. de Corlieu, marié avec Mlle de Las Escuras, mort. — (*Dictionnaire manuscrit. — Archives Gilbert.*)

20 décembre. — Mallet, conseiller à la cour de Bordeaux, ancien président criminel à Angoulême, mort. — (*Dictionnaire manuscrit. — Archives Gilbert.*)

1819.

27 décembre. — Mr Tillet, curé de Blanzac est mort il y a 15 jours.

1820.

— 18 juin. — dimanche. — Il y a eu une émeute à Paris, on a fait feu sur le peuple.

16 juillet. — Allé à la fête de Courgeac, Mr Pouzou a prêché,

20 août. — Allé à Juignac, chez Mr Collin, le curé, les abbés Coullet, Guillemot, Massonneau y étaient ; l'abbé Coullet a prêché.

10 septembre. — Allé à Nonac, M^r l'abbé Guillemot a prêché.

1821.

— 22 avril. — Thibaud, l'ancien greffier criminel est mort il y a huit jours. — On travaille à toute force à la poudrière de Thoirac, au-dessous Bardines (1).

21 mai. — Pentecôte. — Il y a un homme de 26 ans au séminaire, qui s'est coupé la gorge.

27 mai. — Mme Texier, propriétaire de la terre de Chaux (2), près Chevanceaux est morte, il y a un mois ; elle avait 107 ans.

1er juillet, — dimanche. — Donné 51 francs pour les réparations de l'église de Saint-Cybard-de-Montmoreau.

3 août. — Dubois, ancien curé de Fouquebrune, est mort il y a 3 mois, il avait 85 ans ; il avait 10.000[#] de rente ; il y avait trois mois qu'il était retiré à Angoulême.

9 août. — dimanche. — Allé à Nonac, Mr Guimbellot a prêché.

---

(1) Commune de Fléac (Charente).

(2) 1er septembre. — Mme de la Porte, née Gourville, est morte. (*Dictionnaire manuscrit.* — Archives Gilbert.) — Canton de Montlieu (Charente-Inférieure).

1821.

— 15 avril. — Mort de Roche, procureur. (*Dictionnaire manuscrit.* — Archives Gilbert.)

1821.

3 octobre. — Mr de Senailhac, grand vicaire d'Angoulême est mort il y a huit jours, âgé de 87 ans. J'ai fait « ma philosophie sous lui à Poitiers en 1765 et 1766 ».

10 octobre. — mercredi. — Allé à Montmoreau, diné avec Mr Guimberteau, curé de Marthon autrefois ; il était inspecteur des eaux et forêts en Savoie. Mr Tesnière, Joubert et Ducluzeau y étaient.

1er novembre, — Allé à Bournet. — Mr Pouzou a dit la messe.

1822.

— 24 avril (1). — Assisté à la réunion des conscrits dans l'église des Jacobins (Ang^{me}).

26 mai. — Pentecôte. — Première communion à Montmoreau, 64 enfants.

18 juin. — M. Guimbellot, prêtre nouveau, est nommé à la cure de Pérignac : il est venu nous offrir de dire la messe à Aignes tous les dimanches.

22 juillet. — M^r l'évêque a nommé Mr Poussard et Aubris, commissaires pour voir si l'église d'Aignes est dans le cas d'être interdite : il l'a visitée en faisant un trou ? dans l'arc de la première voûte ; elle pourra servir.

10 août. — samedi. — Allé à Angoulême pour l'élection d'un député. Nous avons nommé Mr Descordes : il a eu 146 voix, Mr Vallier, 64, Montleau, 23. — J'ai été soupé chez lui, nous étions 15 à 20.

> Amis, je suis content du choix
> Du Député qu'on vient d'élire,
> Il a du respect pour nos rois
> Et ce qu'ils veulent nous prescrire.
> Avec des gens qui sans pudeur
> Jappent sans cesse et souvent mordent,
> Pour vaincre leur mauvaise humeur,
> Il fallait bien prendre Descordes.

(1) 1822. — Mort en mars, de Lavigerie, régent de 4me au collège d'Angoulême. — *Dictionnaire manuscrit.* — Archives Gilbert.)

1822.

1er septembre. — dimanche. — Mr Luguet (1) m'a annoncé que Mr Guimbellot est nommé pour faire les fonctions curiales d'Aignes.

15 septembre. — dimanche. — L'abbé Laporte, chanoine d'Angoulême et l'abbé Penot, sont morts la semaine dernière.

1823.

— 9 février. — dimanche. — M^r le curé de Pérignac a fait 10 baptêmes à Aignes.

18 février. — L'abbé Mesnard est mort le 16 ?

9 avril. — Mr Dominique Lacombe,. évêque d'Angoulême est mort le 7 avril, né en juin 1749. — Mme la duchesse d'Angoulême est passée le 5 et couché à Angoulême.

12 avril. — samedi. — On a dit que la famille de Mr Lacombe avait envoyé demander au gouvernement de mettre leur parent dans un caveau, — en attendant il est embaumé et déposé dans une chapelle.

15 juin. — (Pierre Honoré) Coullet, curé de Blanzac.

21 juin. — M^r le curé a peint l'église d'Aignes en gris (2).

25 juin. — Grande dispute au collège d'Angoulême (3) on a mis 7 jeunes gens en prison, ils ne pouvaient pas souffrir un de leurs professeurs.

(1) Elie Gabriel Luguet, prêtre du diocèse de Périgueux, alors vicaire général d'Angoulême.

(2) Quelle absurdité artistique d'alors et peut-être d'aujourd'hui ! — Le château de La Valette a brûlé. (*Dictionnaire manuscrit. —* Archives Gilbert.)

(3) Le collège d'Angoulême fut bâti en 1557 (*) et appartenait au Corps municipal ; en 1622, il le céda aux Jésuites de Guyenne ; ils fu-

(*) Il est vrai qu'en 1516 par des lettres patentes de François Ier, roi de France, le collège fut érigé à Angoulême, sur le papier seulement ; par suite de formalités à remplir, de l'acquisition des bâtiments, de leur aménagement, etc., etc.; l'organisation effective du susdit collège ne commença qu'en 1557. Aussi regarde-t-on généralement cette date comme étant celle de sa fondation. (Quénot, Statistique de la Charente). L'avis opposé ne semble guère prévaloir.

1823.

29 juin. — dimanche. — Mʳ le curé de Pérignac a célébré la messe à notre nouvel autel (Aignes). On a chanté le *Te Deum* à 9 heures du matin et est retourné dire la messe à Pérignac.

6 juillet. — Mʳ Guimbellot a fait faire la première communion à 30 jeunes gens.

13 juillet. — Mʳ Pouzou, nommé curé de La Faye depuis 8 jours.

16 août. — Envoyé bénir mes bœufs à Aignes.

13 septembre. — Mʳ le curé de Pérignac m'a dit qu'il allait à Saint-Quentin de Chalais.

5 octobre. — Damour, curé de Saint-Amand de Montmoreau.

1ᵉʳ décembre. — lundi. — Le duc d'Angoulême est arrivé en ville vendredi dernier à 3 heures.

1824.

— 18 février. — Mʳ Robin a vu à Rochefort Golo au bagne, ce faux évêque qui était venu à La Rochebeaucourt.

1825.

— Mʳ Lée, curé de Montmoreau est mort le 14 avril.

29 juin. — Mʳ Métreaud, avocat, ancien président du criminel est mort le 23, âgé 62 ans, il a laissé 2 enfants et 240.000 francs.

25 août. — Robert, curé de Blanzac.

25 septembre. — Retraite ecclésiastique à Angoulême.

---

rent supprimés en 1761 ; alors le bureau d'administration nomma 5 professeurs laïques. — J'y ai vu Mʳ Foret, principal et professeur de rhétorique ; Mʳ Coulon, père de Mᵐᵉ Mioulle ; Maigrier, professeur de seconde ; Létourneau, père du mari de Mˡˡᵉ Labatud, professeur de 3ᵐᵉ ; Mʳ Lavigerie, *loco* ; Le Sʳ Lacoux, régent de 4ᵐᵉ, et Richin, père du mari de Mˡˡᵉ Balatier, régent de 5ᵐᵉ. — Ce collège n'a jamais été *en réputation* : dix ans avant la Révolution, il n'y avait pas 90 à 100 écoliers. Il avait 6.000 francs de revenu donné par le seigneur de Ruffec. — En l'an 8 on y établit une école centrale, qui a brillé 4 à 5 ans. — Les autorités ont fait des demandes pour obtenir un lycée, mais en vain... (*Dictionnaire manuscrit.* — Archives Gilbert.)

1826.

— 16 juillet. — dimanche. — M. le curé de Pérignac a fait l'ouverture du Jubilé, nous avons fait la procession, où on a fait trois stations, la 1re à la croix de Chez Cresanne (1) ; la seconde à l'autel de Sainte-Radegonde et la troisième à l'autel principal : il faut y revenir 4 fois.

17 août. — M. d'Auteville, l'ancien membre du district est mort il y a 15 jours, — 60 ans.

23 août. Allé voir Mgr l'évêque.

25 août. — M. le curé de Péreuil a été nommé curé de Pérignac.

27 août. — dimanche. — M. Legrand (2) chanoine, est mort il y a un mois.

4 novembre. — M. Sibilotte, curé de Saint-Pierre d'Angoulême est mort, il avait été curé de La Valette, âgé de 74 ans.

(1) Hameau de la commune d'Aignes (Charente).
(2) Curé de Champniers avant la Révolution.

1827.

— 30 décembre. — Lemaître, chanoine d'Angoulême, mort. — (*Dictionnaire manuscrit.* — Archives Gilbert.)

1829.

—13 février. — Le clocher d'Aignes a eu le côté vers l'est-sud tombé ; la cloche est restée en l'air. — (*Dictionnaire manuscrit.* — Archives Gilbert.)

1829.

— 3 décembre. — Mort de Jérôme Delaurière, ancien curé de Pérignac. — (*Dictionnaire manuscrit.* — Archives Gilbert.)

PIÈCES JUSTIFICATIVES

NOTES GÉNÉALOGIQUES

SUR

LA FAMILLE GILBERT

I

Les Gilbert paraissent sortir du village des Gilberts en Poullignac, canton de Montmoreau (Charente) (1).

1551. — X... Gilbert, demeurant Chez-Bouchers (Aignes).

1582. — Mathieu Gilbert, époux de Barbe Augeay et demeurant Chez-
Bouchers — d'où Jean « (A) et Pierre (A') ».

1590-95 ? — Décès de Mathieu Gilbert — (2).

A

Vers 1582-83. — Naissance de Jean, — fils aîné des précédents — Barbe sa mère,
veuve vers 1600, épouse plus tard Clément Néraud, notaire
royal à Aignes.

Vers 1610. — Jean, sus nommé, notaire royal, épouse Françoise Chaigneau
fille de Maurice, et Marguerite Bastard, du village d'Aube-
vie, paroisse de Fouquebrune, — Laurent Chaigneau, frère
cadet de Françoise, était alors curé d'Aignes.

1622. — Jean Gilbert, demeurant Chez-Bouchers, acquiert un domaine
Chez-Trainaux (3).

(1) Ces renseignements et les suivants proviennent des archives de
la famille Gilbert.

(2) « Il paraîtrait que le dit Gilbert serait mort avant 1600 ? — Archives Gilbert.

(3) Hameau de la commune de Saint-Cybard-de-Montmoreau.

1623-24-25.	— septembre. — Il apparaît comme notaire royal et procureur fiscal « en la cour » d'Aignes.
1632.	— 22 novembre. — Il est pourvu de la charge de contrôler au règlement des tailles en la paroisse d'Aignes.
1636.	— Notaire royal, il est résidant au Maine-Bernier — (Aignes).
1644.	— 18 août. — Sa mère, Barbe Augeay, est enterrée dans l'église d'Aignes.
1645.	— 29 mai. — Françoise Chaigneau, son épouse, est enterrée dans l'église d'Aignes.
1649.	— 5 novembre. — Jean Gilbert et Pierre, achètent du sieur La Coussière, curé d'Aignes, le droit de mettre un banc dans ladite église, au-dessous l'autel Notre-Dame et joignant les marches, 9 pieds en long et 6 pieds 1/2 en travers de l'église, dans l'endroit où était enterrée défunte Françoise Chaigneau — Jean, François et Jacques Gilbert, enfants de maître Pierre Gilbert, procureur fiscal de Peudry, époux de Jeanne Ménager et frère de Jean, — en déduction, il y aura 4 sols pour la Fabrique et ledit curé pour les 16 sols restant, dira deux messes, les 3 et 4 février, pour les défunts dépendants de la maison des Gilbert, avec un « Libera » sur lesdites sépultures de Jean, François et Jacques Gilbert et Françoise Chaigneau, à l'issue de chaque messe.
1650.	— Jean Gilbert, notaire royal, passe un acte au bourg de Saint-Laurent-de-Belzagot et où se trouvent, religieuse personne Frère Adam Faure, prieur de Saint-Laurent-de-Belzagot et y résidant, — Jean Dumas, sergent de Montmoreau.
1660.	— 1er avril, — Jean Gilbert, notaire royal, acquiert le pré dit d'Ambournet (1) paroisse d'Aignes, — de Clément Menudier, marchand, demeurant au village des Héris. Ledit pré mouvant des seigneurs d'Aignes et de l'abbaye de Notre-Dame d'Ambournet ; cession faite pour la somme de 33# 6 sols 8 deniers. J. Gaultier, notaire royal.
1663.	— 13 août. — Jean Gilbert, notaire royal, décéde au Maine-Bernier, âgé d'environ 80 ans et est enterré devant l'autel de Notre-Dame à Aignes — d'où :
1649.	— septembre. — Antoinette, fille de Jean, et de feue Françoise Chaigneau, épouse Martin Lambert, juge assesseur de Montmoreau. Ce dernier était fils de François Gilbert, notaire et procureur, et de Jeanne Texier, demeurant au Maine-Blan-

(1) *Aliàs* du Bournet, — abbaye sise en la paroisse de Courgeac (canton de Montmoreau).

1649.

chard, paroisse de Saint-Eutrope ; présents, Laurent Bastard, chanoine de Blanzac et curé de Berneuil (1), cousin — Pierre Lambert, notaire royal et procureur fiscal de Montmoreau et Jean Lambert, greffier de Montmoreau, etc., etc.

A'

644, 1467-62. — Pierre Gilbert, second fils de Mathieu et de Barbe Augeay, sieur du Maine-Brun (2), procureur fiscal de Peudry, époux de Jeanne Ménager, fille de Nicolas, procureur fiscal de Peudry.

D'où :

1º Jean, décédé avant 1649 ;

2º François, décédé avant 1649 ;

3º 1645 Pierre, avocat au Parlement (B) ;

4º 1646 Antoine, sieur de Beaulieu (B') ;

5º 1649, 26 janvier. Jacques, parrain, J. de Rochechouart, seigneur de Montmoreau, décédé en 1649 ;

6º 1650, 9 mai. Hilaire ;

7º 1655, 14 mars. Jean II ;

8º 1666, 8 juin. Antoinette, épouse Clément de l'Etoile, écuyer, sieur d'Aulaigne, fils de Jean, major, capitaine d'Angoulème ;

9º 1667 Marguerite, épouse de Nicolas Guiot, notaire royal, demeurant au bourg de Peudry ; elle existe encore en 1690 (3).

1678. — Pierre Gilbert, sieur du Maine-Brun, procureur fiscal à la chatellenie de Peudry, demeure au Maine-Bernier (4).

1682. — Il est qualifié de « sieur du Maine-Bernier ».

1685. — Il acquiert un domaine, moyennant la somme de 1.000 #, au village de la Ronde, paroisse de Peudry.

1686. — Procureur fiscal de Chavenac.

(1) Canton de Barbezieux.

(2) Commune de Saint-Cybard de Montmoreau. (1659, Néraud, notaire, demeurant au Maine-Bernier (Aignes).

1658. — 4 juillet. — Quittance donnée à Pierre Gilbert, procureur d'office de Peudry, 76 # dues par lui pour ses droits de franc-fief. — (Signé : Gabriel Dallet.)

(3) Ancienne paroisse du canton de Montmoreau (Charente).

1709. — 4 février. — Sépulture dans l'église de Marguerite Gilbert, âgée de 60 ans. — (Dict. manusc. — Arch. Gilbert.)

(4) Commune d'Aignes (Charente).

1690.

— Il meurt subitement, âgé d'environ 90 ans, laissant en héritage à son fils Pierre, avocat, le domaine du Maine-Bernier, estimé 7.000 # et la métairie de Chez-Bouchers, évaluée 4.000 #.

B

1665.

— 19 janvier. — Pierre Gilbert, avocat au Parlement, sieur du Maine-Brun, épouse Jeanne Arnaud, fille de feu maître Pierre greffier des présentations d'Angoumois, et de Françoise Gandobert. - 1683, 18 février, il est pair du Corps de ville d'Angoulême, et meurt à l'âge de 67 ans; il est enterré dans l'église d'Aignes le 12 novembre 1707 (1).

D'où :

1° 1677, 16 décembre. Léonard, baptisé ce jour-là à Saint-André d'Angoulême, il épouse le 21 février 1705, Marie Gros, de La Valette (C);

2° 1692, 20 novembre. Jeanne, épouse Jacques Mioulle (2), juge assesseur de la chatellenie de... (effacé), fils d'autre Jacques, notaire royal, et de Catherine Bourdier;

3° 1686. Jean Gilbert, prieur de Fontblanche (3) (Poitou), baptisé le 19 janvier à Saint-Cybard de Montmoreau;

4° Marie Gilbert, mariée à Pierre de Pindray, sieur de L'Ecouté (4) en Gurat;

5° Louise-Thérèse, épouse de Louis Estève, docteur en médecine, demeurant à Aubeterre, paroisse de Saint-Romain (5);

6° Pierre, jacobin, décédé en 1755, le 5 février;

7° Françoise Gilbert.

1710.

— 8 novembre. — Jeanne Arnaud, veuve de Pierre Gilbert, afferme à son fils Léonard, docteur en médecine, et à son épouse, ses droits sur le Maine-Bernier, ainsi que ses autres créances, pour la somme de 350 # par an — en 1713, elle réside au bourg de Saint-Cybard de Montmoreau.

(1) Quittance délivrée à Gilbert, avocat, de la somme de 40 #, sur la taxe de ban et arrière ban pour l'année 1694 — signée : de Luillier. (Arch. Gilbert) — 1696 — 29 janvier.

(2) C'était la mère du futur curé de Saint-Martin d'Angoulême. — On trouve aussi Mathieu Mioulle, lieutenant, juge assesseur de Chalais (Charente).

(3) Voir à la suite, page 171.

(4) Hameau, canton de La Valette (Charente).

(5) Canton d'Aubeterre (Charente).

B'

BRANCHE DE CHAMPROSE (1)

1667. — 6 février. — Antoine Gilbert, sieur de Beaulieu, fils de Pierre, sieur du Maine-Brun, épouse Marie Boineau (2).

1690. — 5 septembre. — Il réside à Angoulême, en la paroisse de Saint-André.

1698. — 25 septembre. — Pierre Gilbert, sieur de Champrose, émancipé par son contrat de mariage, réside en la ville de Blanzac (3). François Gilbert, son frère.

1703. — 7 août. — Pierre Gilbert, demeurant en la ville d'Aubeterre, et François, son frère, sieur de Champrose et Beaulieu 3°).
3 août. Marc-François Gilbert, sieur de Beaulieu et demeurant à Champrose.

1705. — 9 août. — Pierre, capitaine d'infanterie au régiment de Rauzières, frère de François, alors mineur (3°°).

1707. — 1er février. — François, sieur de Beaulieu, demeurant à Champrose, teste avant de partir comme soldat (3°°°).

1713. — 28 juin. — Pierre Gilbert, sieur de Champrose, et Marie Salmon, son épouse, demeurant en la ville de Blanzac (3°°°°).

1714. — 12 décembre. — François Gilbert, héritier en partie de feu Antoine Gilbert, son père (3°°°°°).

1718. — 22 mars. — Marc [François] Gilbert, sieur de Beaulieu; et Marie Martin, son épouse, demeurant à Champrose (3°°°°°°).

1720. — 9 octobre. — Marc-François, sieur de Beaulieu, agissant pour Marie Boynaud, sa mère, veuve en premières noces de Antoine Gilbert, sieur de Beaulieu, et épouse de Guillaume Maignen, avocat en la Cour, mais séparée de biens d'avec lui, demeure à Champrose (3°°°°°°°).

---

(1) Notes diverses que nous devons à l'obligeance de Mr Genty. — Champrose et Beaulieu, en la commune de Saint-Laurent-de-Belzagot, canton de Montmoreau. — Minutes de Piraud, notaire à Peudry (Charente).

(2) Minutes de Piraud, notaire.

(3, 3°, 3°°, 3°°°, 3°°°°, 3°°°°°, 3°°°°°°, 3°°°°°°°, Minutes de Moreau, notaire à Montmoreau.

1723.

— 17 juillet. — Pierre Gilbert et Marie Salmon, son épouse, résident au bourg de Saint-Nicolas de Peudry (1).

François, sieur de Beaulieu, et Marie Martin, son épouse, demeurent à Champrose, paroisse de Saint-Laurent de Belzagot.

1724.

— 28 août. - Marie Martin, veuve de Marc-François Gilbert, sieur de Beaulieu, décédé au lieu de Champrose, le 26 juin 1724, et enterré dans l'église de Peudry, est tutrice de ses enfants.

Pierre Gilbert, sieur de Champrose, oncle paternel des mineurs, réside à Peudry (2).

C

1705.

— 21 février. — Léonard Gilbert, docteur en médecine, demeurant à Angoulême, contracte mariage avec Marie Gros, domiciliée en la ville de La Valette, fille de François, docteur en médecine, et de feue Gabrielle Cadiot (3).

(1) Ancienne paroisse réunie aujourd'hui à Saint-Martial de Montmoreau (Charente). — Minutes de Piraud, notaire à Peudry.

(2) Minutes de Moreau, notaire à Montmoreau (Charente).

1689

— 24 septembre. — Monitoire et quérimonies adressées par Andrœas de Nesmond, prêtre, grand archidiacre et official du diocèse d'Angoulême — *sede vacante* — *a Capitulo constitutus* — aux curés et vicaires du diocèse... sur la requeste d'Antoine Gilbert, sieur de Beaulieu, approuvée par le lieutenant général, signé : Souchet..., lequel Gilbert se plaint à Dieu, à notre Mère la sainte Eglise Romaine, apostolique, catholique — de ce que feu Pierre Gilbert, sieur du Maisne-Brun, son père, âgé et fort caduc, vieux de 85 ans — et de ce qu'il mourût subitement, plusieurs personnes en profitèrent pour enlever et soustraire des effets ou valeur de 300 #, etc.. etc. — n'ayant pu découvrir le voleur, il demande que nous prononcions les censures ecclésiastiques..., enjoignons au curé d'Aignes et à tous les curés du diocèse de faire la publication de ce monitoire pendant trois dimanches au prône de la messe paroissiale, suivant la coutume, « informant de venir promptement à *révélation*, sous peine d'excommunication — signé : de Nesmond, official — Dumergue, faisant pour Dumergue, greffier absent ». — (Arch. Gilbert.)

(3) Minutes de P. Delonlaigne, notaire royal à La Valette. — Les registres paroissiaux de La Valette, bien qu'incomplets, mentionnent comme frères jumeaux : 1705, 26 décembre — baptême de Pierre, 5 jours, fils de Léonard, docteur en médecine, et de Marie Gros ; — 1705, 27 décembre — baptême de Françoise *(sic)*, frère du précédent. — (*Inventaire* sommaire, manuscrit dressé par Mr P. de Fleury). — La famille Cadiot de Landebert, dont un membre fut maire d'Angoulême en 1686.

Dont :

1º 1705, 22 décembre. — Françoise, née à 8 heures du soir, baptisée à l'église de La Valette par Devige, curé ; parrain : François Gros, grand'père ; marraine : Jeanne Arnaud, grand'mère ;

2º 1710, 29 décembre. — François ; parrain : François Gros, curé de Ronsenac ; marraine : Marie Gilbert de Pindray (D) ;

3º 1712, 21 février. — Etienne, né à 6 heures du soir, baptisé à Aignes, le 23 mars ; parrain : Etienne Gros, oncle de l'enfant ; marraine : Charlotte Lambert ; décédé curé de La Valette, le 27 avril 1743, âgé de 32 ans (1) ;

4º 1715, 4 avril. — Marie, née à 8 heures du soir, baptisée le 12 du même mois à Aignes ; parrain : Jean Gilbert, son oncle, curé de Fouquebrune; marraine : Marie Sartre, épouse de Mᵣ Moreau, juge de Montmoreau. Elle épouse, le 3 février 1743, François Joubert, sieur de Praslin, juge de Courgeac, demeurant Chez-Chartier, paroisse de Courgeac (2) ;

(1) Minutes de Moreau, notaire royal, Montmoreau.

1736. — 22 février. — Ses parents lui constituent un titre clérical de 120 # par an à prendre sur le revenu de la métairie du lieu des Traineaux, paroisse de Saint-Cybard de Montmoreau, laquelle métairie rapportait plus de 150 # annuellement — « car par leurs soins ils ont fait étudier leur fils au séminaire d'Angoulême, qu'il a reçu les « ordres mineurs et qu'il désire en outre, s'il plaît à Dieu, parvenir aux ordres sacrés. » — (Arch. Gilbert).

1739. — 20 avril. — Etienne est nommé à la cure de La Valette par Dom Doignotte, doyen de Ronsenac.

1740. — 23 avril. — Il est présenté à Mᵣ de Périgueux — Jean Chrétien de Macheco de Prémeaux, évêque — par le doyen de Ronsenac pour la cure de La Valette ; celui-ci ne veut point l'en pourvoir et y nomme le curé de Ronsenac, Mᵣ Doumeix. — Etienne Gilbert se fait pourvoir auprès de l'archevêque de Bordeaux ; de là un procès au Grand Conseil ; puis on vient en accord et le sieur Doumeix renonce à cette cure en faveur de son compétiteur Etienne, qui s'oblige, en retour, à lui payer 40 # « *pro bono pacis* ». (Archives Gilbert.)

1743. — 30 avril — Etienne Gilbert est inhumé dans l'église de La Valette, le 30 avril, 1743. — (*Reg. paroiss.*)

(2) 1766. Veuve de François Joubert. (Minutes de Jay Lacombe, notaire à Montmoreau.) Le contrat passé devant Moreau, notaire à Montmoreau est du 21 janvier 1743. — Léonard Gilbert meurt à Aignes en 1749 et est enterré dans l'église. — Sa veuve, Marie Gros, décédé en 1763, âgée de 84 ans. — (*Dictionnaire manuscrit.*)

5° 1718, 15 avril. — Françoise, née à 11 heures du soir, baptisée à Aignes le 16 avril; parrain : Léonard Gros; marraine : Françoise Joubert. Elle épouse, le 10 février 1749, Pierre Faure, d'Excideuil en Périgord;

6° 1721, 29 avril. — Jeanne-Thérèse, née à 3 heures du soir, baptisée à Aignes le 30 avril; parrain : Etienne Aubinaud; marraine: Jeanne Moutet. Elle épouse, le 17 février 1749, Mioulle, des Audoins.

D

1740.

— 15 février. — François Gilbert, fils de Léonard et Marie Gros, épouse Elisabeth Pipaud.

Dont :

1o 1741. — 2 novembre. — Marie, mariée à M' Rancureau, demeurant à Barbezières (1).

2o 1743. — 15 avril. — Jean Deshéris, théologal d'Angoulême, décédé le 10 juillet 1794 (2).

3o 1744. — 14 août. — François, décédé à Paris, juin 1761, d'une fièvre putride.

4o 1747. — 24 mai. — Augustin, mort au Maine-Bernier, le 11 septembre 1750.

5o 1748, — 14 juillet. — Trinité, mort à Saint-Martial de Montmoreau, le 22 octobre 1749.

6o 1749. — 8 décembre. — François-Jean, dit Beaupré. (E)

7o 1750. — 9 février. — François, décédé le 12 février 1755.

8o 1752. — 23 avril. — Jean-Elie, dit Boisjoly, décédé le 10 novembre 1779.

9o 1753. — 23 août. Maurice, décédé le 9 décembre.

10o 1754. — 1er octobre. — Fausse couche du neuvième enfant, donné l'eau.

11o 1755. - 25 octobre. — Jean-Auguste, parrain François-Jean, mort le lendemain.

12o 1757. — 5 avril. — Marie-Anne-Jeanne, morte à Aignes, le lendemain.

13o 1758. — 28 juin. — Jeanne-Amélie-Félicité, morte le 26 mars de l'année suivante, à Saint-Cybard de Montmoreau.

---

(1) Canton d'Aigres (Charente). — Cette filiation, quoique dressée par la famille, ne concorde pas exactement avec celle du *Livre-journal.*

(2) Voir à la page 183.

14⁰ 1760. — 20 janvier. — Françoise-Rose Deshéris (1).
15⁰ 1761. — 18 juin. — Jean-Elie Marcellin, dit Bernier (2).
    1762. — François-Gilbert, élu, est décédé et enterré à Aignes (3).

E

772.

— François Jean, élu à l'élection d'Angoulême, épouse Marie Desmazeaud, plus tard maire d'Aignes, le 4 août 1795.

Dont :

1⁰ 1773. — 15 novembre. — Jean-François de Sales, décédé à Chavenac, 29 décembre 1773.

2⁰ 1775. — 13 janvier. — Françoise-Thérèse, nommée Henriette, mariée à Mʳ Georget la Vervante, morte à Montignac, sans postérité, le 18 décembre 1806.

3⁰ 1776. — 10 juin. — Françoise-Rose Perpétue Félicité, elle épouse, le 26 octobre 1801, François Tabuteau du Breuil, demeurant à Balzac de Nonaville (4) (F).

(1) Voir son édifiante biographie publiée par l'abbé Michou, année 1841.

(2) Voir à la page 194.

(3) On découvre dans les minutes du notaire Caillaud, à Angoulême, un François Gilbert, archiprêtre de Saint-Jean d'Angoulême, plus tard curé de l'Houmeau, — un Jean François Gilbert, chanoine semi-prebendé de la cathédrale: étaient-ils de la même famille que ceux qui nous intéressent actuellement ? Nous hésitons beaucoup à le croire. Les deux rédacteurs successifs du Livre-journal n'en soufflent le traitre mot. Est-il possible qu'ils eussent oublié à ce point leurs liens de parenté et qu'ils n'eussent point éprouvé une certaine satisfaction de signaler en passant l'existence de cette branche, si elle eût été alliée, même de bien loin ? Dans leurs papiers, ils se bornent à indiquer laconiquement — 1749 — François Gilbert, avocat en la cour, demeurant au village des Nadaud, paroisse de Condéon, en Saintonge. — En 1751, l'*Inventaire* sommaire des Archives départementales de la Charente nous révèle l'existence de Jean Gilbert, sieur des Aubineaux et du fief de Champagne et des Nadaud. (Série E., n° 590.)

(4) Fils puiné de Jacques Tabuteau de Gademoulins, alors homme de loi, mais longtemps avant 1789, juge, prévôt royal de la prévôté de Bouteville. (Minutes de Richard, notaire à Bouteville. — Registres de la prévôté de Bouteville, etc., etc.

4º 1777. — 23 septembre. — Jeanne-Thérèse-Victoire, elle contracte mariage le 6 mai 1800 avec Victor Dutillet de Beauvais, fils de Jean, et de Julie Dumontel, demeurant à La Grange, commune de Villars (1). — Mʳ de Chabrignac, l'ancien doyen du Chapitre d'Angoulême a bénit le mariage.

5º 1779. — 27 juillet. — Jeanne-Geneviève-Pauline, religieuse hospitalière à Limoges, le 24 avril 1804, plus tard, supérieure, au moins dès 1827, jusque vers 1840 de la communauté de Saint-Alexis à l'hospice de Limoges.

6º 1780. — 20 septembre. — Marie-Maure-Constance, née à 7 mois, elle épouse Rullier, de Boisvert, paroisse d'Etriac (2), — Mʳ Clément a fait le mariage, — veuve le 12 septembre 1816.

7º 1783. — 6 septembre. — Bertin-Etienne, décédé le 19 juillet 1795, âgé de 12 ans et demi.

8º 1785. — 23 avril. — Catherine-Sainte-Croix, décédée à Angoulême (chez ma sœur), le 5 août 1800, d'une suffocation.

9º 1786. — 7 juin. — Philippe-Agathe, religieuse le 5 mai 1808, à Limoges, elle y est décédée le 28 octobre 1810.

10º 1788. — 20 mai. — Marie-Camille, décédée à Boisverdot, 3 janvier 1806, d'une fièvre putride.

11º 1791. — 31 juillet. — Jean-Gilbert-Montigni mort le 4 septembre 1792, enterré à Aignes.

François Jean Gilbert, décédé vers 1831, et Marie Desmazeaud, le 30 décembre 1832.

F

— François Tabuteau, du Breuil et de Françoise-Rose Gilbert, demeurant au Maine Bernier.

Sont issus :

1º Hippolyte.

2º Jean-Baptiste-Léon, il épouse Marie-Renée-Germaine Bourdin, Fille de Jean Durocher et de Rose de Chilloux (3) (G).

3º Philippe-Auguste, demeurant à Châteauneuf (Charente).

(1) Canton de La Valette (Charente).

(2) Canton de Blanzac (Charente).

(3) La filiation suivante est extraite de la généalogie, imprimée chez Roussaud, à Angoulême. — *Famille Bourdin, depuis Louis XI jusqu'à nos jours*, 1480-1884.

4° Jean-Baptiste-Eugène, demeurant au Maine-Bernier, né le
    21 novembre 1816.
5° Marie Pauline.

G

Jean-Baptiste-Léon Tabuteau et Marie-Renée Bourdin.
Ont eu :
1° 1846. — Blanche, elle épouse, le 17 novembre 1868, Gaston
    de Plas, maire d'Aignes, fils du colonel de Plas, comman-
    deur de la légion d'honneur ;
D'où :
    Louis-Emmanuel-Roger,
2° 1857. — 22 janvier. — Louis, il épouse à Châteauneuf-sur-
    Charente, Marie Ordonneau, fille d'Alfred et de Camille
    de Beaucor,
Dont :
    Henri, né le 23 janvier 1883.

II

L'ABBÉ JEAN GILBERT DES HÉRIS

Promoteur du diocèse d'Angoulême

1698.
— 24 mai. — Il reçoit la première tonsure, le samedi des Quatre-
    Temps de la Pentecôte, en la chapelle du palais épiscopal,
    des mains de Mr de Rezay, évêque d'Angoulême (1).

1707.
— 19 janvier. — Il prend une attestation de deux ans en philo-
    sophie et 4 ans en théologie à Bordeaux.

3 novembre — Ses parents lui constituent — étant clerc minoré
    au séminaire d'Angoulême — un titre clérical de 150# (2).

1710.
— 28 juin. — Après la démission de Jean Birot du Breuillet, der-
    nier possesseur, il est pourvu de la cure de Saint-Pierre-
    ès-Liens. de Jurignac (3).

(1) Lettres testimoniales contre-signées Pigornet, secrétaire. —
(Archives Gilbert.)
(2) Minutes de Moreau, notaire à Montmoreau (Charente).
(3) Canton de Blanzac (Charente).

1711.
— Il paye 650# à l'Hôtel-Dieu d'Angoulême, dont quittance signée :
    Vallier, syndic des pauvres. — Gesmon, trésorier.

1712.
— 16 décembre. — Mr de Rezay le nomme à la cure de Saint-Cybard de Montmoreau, vacante par suite de la démission d'Etienne Maignan, prêtre et dernier titulaire : il prend possession, le 20 décembre de la même année (1).

1713.
— 19 octobre. — Nommé à la cure de Notre-Dame de Trois Palis (2), après la démission de X... André, il en prend possession le 20 octobre.

1713.
— 27 novembre. — Du consentement de Mr de Rezay, il permute avec Jean Landri, curé de Fouquebrune et Houme, son annexe (3), lequel va à Trois-Palis, et il prend possession de la cure de Fouquebrune, le 1er décembre.

1714.
— 19 mai. — Après cette permutation, on transige de part et d'autre pour les réparations qui s'imposent aux deux presbytères de Trois-Palis et de Fouquebrune.

1719.
— 18 avril. — Curé de Fouquebrune, bachelier en théologie, il adhère « à l'acte d'appel du futur concile »(4).

1720.
— 5 août. — Il est pourvu par les vicaires généraux du diocèse de Périgueux, le siège vacant, d'un canonicat en l'église collégiale et séculière d'Aubeterre, au même diocèse, que lui a accordé N. S. Père le Pape, le 12 des calendes de mars, sur la résignation faite en sa faveur par Pierre Porcherat, prêtre, dernier possesseur (5).

1722.
— 4 juin. — Il est nommé à la cure de Plassac (6), par suite de la résignation du dernier titulaire, Arnaud Viaud.

---

(1) Minutes de Moreau, notaire à Montmoreau.

(2) Minutes de Moreau. — Archives Gilbert — Canton d'Hiersac (Charente).

(3) Canton de La Valette (Charente). — Minutes de Moreau, notaire, à Montmoreau

1714.
— 27 novembre. —François Argoulon, prêtre du diocèse d'Angoulême, prend possession de la cure de Saint-Cybard de Montmoreau, après la démission régulière de Jean Gilbert, dernier titulaire en date du 19 novembre de la même année. —Minutes de Moreau, notaire à Montmoreau.

(4) A l'occasion de la condamnation du Jansénisme par la Bulle *Unigenitus* de Clément XI.

(5) Signé : P. de Martin, vicaire général ; de Jay, vicaire général ; Dalyme, vicaire général ; de Méredieu, vicaire général ; Bureau, chanoine, secrétaire.

(6) Canton de Blanzac (Charente). — 1716, 5 octobre, Angoulême. Lettre à M^r le curé de Fouquebrune : « J'ay esté très-fasché, Monsieur mon cousin, de ne pouvoir pas vous voir lorsque j'ay passé à La Valette, je tascheray une autre fois, de mieux mettre ma tournée à profit

1726.

— 29 mai. — Chapelain de la chapelle de La Recluze, *aliàs* de Saint-Lazare, fondée en l'église de Saint-Seurin de Bordeaux, il permute encore sa cure de Fouquebrune pour celle de Saint-Martin sous Angoulême avec Antoine Dubois, dernier possesseur. — « Mgr l'évêque, au refus de la cour de Rome, qui doit accorder, suivant les privilèges des Français, toutes les grâces qu'on lui demande, » consentit à cette permutation. Les deux curés furent obligés d'avoir un arrêt de la Grande Chambre qui les reçoit « appelants comme d'abus » et commit le sieur évêque (7 mai).

1727.

— Il procède avec l'abbesse de Saint-Ausone d'Angoulême, au sujet d'une chenevière, située en Saint-Martin, près le moulin des Trois-Roues. Il prétendait qu'elle dépendait de la cure de Saint-Martin, puisque son prédécesseur éloigné, le sieur Tallon, en jouissait un siècle auparavant et que la rente de cette chenevière avait été payée jusqu'en 1641, d'après les quittances.

1728.

— 11 avril. — Curé de Saint-Martin et Saint-Eloi sous Angoulême, chapelain de la Recluze, de présent à Paris, logé, à l'hôtel de Brac, rue des Bernardins, paroisse de Saint-Nicolas du Chardonnet, il prend possession de la chapelle de Sainte-Catherine, en l'église de Saint-Pierre de Mérignac, par procuration en la personne de Jean Ducluzeau, son neveu, greffier en chef des eaux et forêts d'Angoumois, en vertu de la démission faite en sa faveur par l'abbé de Sainte-Hermine, aumônier de la Reine, dernier titulaire (1).

1728.

— 22 juin. — Il afferme pour 7 années, à raison de 140# l'une, à François et Jean Croizet, frères, tonneliers, demeurant à Villars-Marange, paroisse d'Echallat, tous les revenus, profits et émoluments de la chapelle de Sainte-Catherine de Mérignac (1°).

1729.

— 19 novembre. — Il donne au couvent des Jacobins d'Angoulême 400# pour une pension viagère de 20# par an, en faveur de Pierre Gilbert, jacobin, et après sa mort, dire 20 messes.

et de me ménager pour cela un jour de liberté. Vous ne devez point au reste vous allarmer des éclaircissements que j'ay pris : ils ne vous regardent point, ny aucuns de vostre estat : je suis avec une estime très sincère et un parfait attachement, Monsieur mon cousin, votre très humble et obéissant serviteur. — Gervais, lieutenant criminel. — (*Archives* Gilbert.)

(1, 1°) Minutes de Caillaud, notaire royal Angoulême. — Canton de Jarnac (Charente).

1730.	— 24 janvier. — Vice-gérant de l'officialité du diocèse d'Angoulême.
1731.	— 29 décembre. — Successeur de Jean Valleteau, il prend possession du prieuré du Petit-Bournet (1).
1731.	— 31 décembre. — Il est nommé promoteur et syndic du clergé du diocèse d'Angoulême et se fait recevoir au Chapitre.
1733.	— 27 mai. — Il reçoit une rente de 50# par an, qui lui est constituée par messire Louis Bourrée, écuyer, et Marie Babaud, sa femme, demeurant à Angoulême, paroisse de Notre-Dame de La Paine (2).
1733.	— 22 juillet. — Dénombrement fait par Jean Gilbert, prêtre, curé de Saint-Martin d'Angoulême, promoteur et syndic du clergé, demeurant à l'évêché, par lequel il reconnaît tenir à foi et hommage de haut et puissant seigneur, François Perry, chevalier, seigneur, comte de Saint-Auvent, baron de Montmoreau, Marval, La Chauffie, Pressignac et autres places, pour la prise des Héris, consistant en prés, bois, vignes, brandes, landes, passage, pâturages et autres domaines, situés en la paroisse d'Aignes, chatellenie de Montmoreau, plus le village et le « mesnement » appelé des Bouchiers, *alias* le Maine au seigneur », sis en la pa-

(1) Situé à Fontaines, village de 80 habitants, à 2 kilomètres 300 de Champagne, dont il fait partie, canton de Verteillac (Dordogne). A Fontaines, le prieuré d'Embournet dépend de Fontevrault. — « Il y a encore un petit campanile à la tête de la chapelle convertie en grange, de plus le prieuré était double : l'un d'hommes et l'autre de femmes, 3 cloches au couvent des dames, environ 30 religieuses et un pensionnat, une cloche au prieuré des hommes à Embournet. Vendus l'un et l'autre comme biens nationaux, l'église, presque entièrement démolie, sert de grange et d'étable et le campanile de pigeonnier. Au dire de tout le monde, ces acquisitions n'ont nullement porté bonheur à leurs acquéreurs.

1775 Rôle d'impositions pour réparations à faire à l'église de Champagne :

M. l'abbé et les religieux de la Couronne.	3# 14 sols.
MM^{rs} les chanoines de La Rochebeaucourt.	4# 8 sols.
M^r le prieur d'Embournet..................	10# 8 sols.
Les dames religieuses de Fontaines......	37# 19 sols.
M^r le curé de Champagne et les habitants de Jaufrenie en Angoumois...........	266^{tt} 13 sols 4 deniers.

(Notes manuscrites de Mr Aumont Gilbert, curé de Champagne 1876).

(2) Minutes de Caillaud, notaire royal, Angoulême.

1733.

roisse d'Aignes et de Saint-Cybard de Montmoreau, consistant en maison, granges, terres labourables, prés, bois, vignes, brandes, landes, etc.. etc. « Allant à la fontaine des Argoullons et d'icelle jusqu'à *une boine* de pierre... etc... (1).

1734.

— 23 septembre. — Il est fondé de procuration par l'évêque d'Angoulême, abbé commendataire de l'abbaye de la Gràce-Dieu, diocèse de La Rochelle, pour l'adjudication des ouvrages à faire à la susd. abbaye (2).

1735.

— 22 mars. — Il est délégué par son évêque pour assister à l'assemblée provinciale de Bordeaux.

1735.

— Il afferme la dîme de la paroisse de Saint-Eloi sous Ang^{me} à Saint-Martin, bordier de M^r l'abbé Chausse, pour 23# par an (3).

1735.

— Il afferme la dime de la paroisse de Saint-Martin, dont il est curé à commencer Chez-Giraud, allant à Rabion. — à Mr Chaigneau et son bordier, pour 200# par an (3*).

1735.

— Il afferme au meunier des Trois-Roues le pré de la cure de Saint-Martin pour 21# par an et une paire de canes. Ce dernier est obligé en outre de fumer tous les ans la moitié du pré. (*Livre de comptes* de Gilbert.)

1735-1757.

— Il afferme le Petit Bournet à Mr Lavaud de La Galye pour 400# : sur cette somme, il donne 100# de pension à Mr Valleteau, son prédécesseur. Le fermier paye les dîmes en déduction de la ferme... « Je suis tenu aux réparations et à la non-jouissance, de façon que j'en tirai très peu quant à présent. » (*Livre de comptes* Gilbert.)

1735-1759.

— Il afferme les revenus de la chapelle de Sainte-Catherine de Mérignac à Mallet et autres, moyennant 140# par an et plus tard il demande à certains fermiers « comme pot de vin » un tonneau de vin. (*Livre de comptes* Gilbert.)

---

(1) Minutes de Moreau, notaire à Montmoreau. — Cette locution explique péremptoirement la dénomination de « chemin boine » voie qui traverse Bouteville et autres communes de la Charente : elle confirme l'interprétation donnée naguère par les archéologues charentais et infirme en même temps les fantaisistes recherches d'autrefois.

(2) Abbaye de la Grâce Dieu, par Georges Musset.

(3, 3*) Livre de comptes. — *Archives* Gilbert.

1736.

— mars. — L'abbé Deshéris fait bâtir sa maison au faubourg Saint-Pierre d'Angoulême. (*Archives* Gilbert.)

1735-1741. — Chapelain de la Recluze à Saint-Seurin de Bordeaux, il en affermé à Lestonnat les revenus pour la somme de 100#. « J'ai résigné cette chapelle à X... Planeaud. » (*Livre de comptes* Gilbert.)

1736. — 30 mai. — Mgr de Rezay, évêque d'Angoulême, prieur commendataire du prieuré de Notre-Dame de Fontblanche, membre dépendant de l'abbaye de La Couronne, résigne par procuration entre les mains du Pape, son prieuré de Fontblanche, en faveur seulement de Jean Gilbert, bachelier en théologie, curé de Saint-Martin et Saint-Eloi, son annexe, prieur du Petit Bournet, etc., etc., etc., promoteur et syndic du clergé d'Angoulême, sous la réserve, au profit du résignant, d'une pension nette et viagère de 2.500# (1).

1737. — 19 août. — Jean Gilbert résigne sa cure de Saint-Martin et Saint-Eloi, en faveur de Jacques Mioulle, son neveu, licencié en droit civil et canon, vicaire de la paroisse, lequel a signé le formulaire d'Alexandre VII (1*).

1737. — Il afferme le prieuré de Fontblanche : (2)

savoir : le Petit Fontblanche à Jacques Moquet   950#
   —   le Grand Fontblanche à Servant......   1.600
   —   et Glande   —   à Mr Palustre...   1.500
                             Total.....   4.050

— Payé 288# pour le service de mon église de Fontblanche.

1738.   (*Livre de comptes* Gilbert.)

(1. 1*) Minutes de Caillaud, notaire royal, Angoulême. — *Archives départementales* (Charente).

1632. — 24 octobre. — Pierre Maillou, chanoine régulier de Saint-Augustin, prieur de Fontblanche, y demeurant, afferme à Pierre Bonnet et autres, pour 5 années, les métairies de Montferré, dépendant dudit prieuré, et où les prieurs font leur demeure, payable en nature. — (Guilhard, notaire à Saint-Maixent. — Archives Gilbert.)

(2) De l'acte qui suit — 1738 — il résulte que le Petit Fontblanche était situé en la paroisse de Saint-Léger (Melle) le Grand Fontblanche existait en la paroisse d'Exoudun, canton de la Mothe-Saint-Héraye (Deux-Sèvres), Glande en la paroisse de Coulon, deuxième canton de Niort (Deux-Sèvres). — 1733 — 4 août. — Mgr de Rezay, évêque d'Angoulême, alors titulaire du prieuré de Fontblanche, afferme la terre et seigneurie de Glande, dépendant de son prieuré, à Jean-Alexis de Palustre, négociant, demeurant à Niort, pour la somme de 1199# 19 sols (Caillaud, notaire, Angoulême).

1738.

— 16 juin. — Il afferme pour 9 années consécutives à raison de 899# 19 sous l'une, à Jacques Moquet et autre Jacques, père et fils, marchands, demeurant au Petit Fontblanche, paroisse de *Saint-Léger* en Poitou (1), la métairie noble du lieu du Petit Fontblanche, avec toutes ses dépendances, y compris les minages de Melle, Chizay (2) et Beauvoir-sur-Niort (3).

(1) Canton de Melle (Deux-Sèvres).

(2) Canton de Brioux (Deux-Sèvres). — Minutes de Caillaud, notaire royal, Angoulême).

(3) Chef-lieu de canton (Deux-Sèvres).

1739.

— 1ᵉʳ juillet. — Limoges. — Lettre de l'intendant Tourny, adressée probablement à tous les curés de sa Généralité: « Rien, monsieur, ne met tant de désordres dans les consciences des habitants des campagnes et ne donne par conséquent plus de peine aux curés chargés de les diriger que la distribution arbitraire de la taille. Un bon Pasteur a sans cesse à remontrer aux Collecteurs de sa paroisse combien ils sont coupables en suivant dans la confection de leur rolle, les mouvements de leurs passions au lieu des règles de la justice et aux cottisés qu'ils pèchent presqu'autant en concevant contre ceux-là une haîne implacable et en désirant l'occasion de leur en faire sentir les effets. Le tarifement de la taille, qui a pour objet l'ordonnance dont je vous envoye cy-joint un exemplaire, remédîra, Monsieur, à tous ces maux, s'il se fait suivant que je l'ay projetté d'après les ordres du Conseil, puisqu'il produira une répartition, aussi indépendante du caprice des Collecteurs, que proportionnée à la situation de chaque redevable et il ne peut manquer d'avoir ce succès, si les déclarations que je demande sont fournies avec fidélité ou qu'à déffaut de bonne foy de la part des déclarans, des sindicts, — Collecteurs et principaux habitans y suppléent lors des vérifications, qui se feront avec eux, en disant au vray ce qui aura été obmis ou diminué. — De là, Monsieur, vous entendez que le devoir de votre ministère, auquel je vous crois très attaché et l'amour du bien public qui est si naturel à tous les hommes, vous invitent à concourir de votre mieux à un pareil établissement. C'est pourquoy je ne doute pas que vous ne vous fassiez une obligation et un plaisir de lire mon ordonnance plusieurs dimanches consécutifs à l'*issue de votre prône* et d'exhorter vos paroisiens, soit dans ces momens là, soit dans d'autres à satisffaire à tout ce qui y est porté... Vous ne devez point douter que Mʳ l'Evêque ne vous sache le même gré que moy des soins conformes à ce que dessus, que vous prendrez à cette occasion. — Je suis très-parfaitement, Monsieur, votre très humble et obéissant serviteur. — Signé : de Tourny. — (Archives Gilbert.)

1742.

— 6 novembre. — Jean Gilbert, prêtre, etc., etc., demeurant au faubourg Saint-Pierre, paroisse Saint-Martin, hors la ville d'Angoulême, donne entre vifs à Louis Ducluzeau, greffier en chef de la maîtrise particulière des eaux et forêts d'Angoumois, et à Jeanne de Pindray, sa femme, une somme de 1.000 # en espèces d'or et d'argent, à charge d'une pension viagère annuelle de 50 # (1).

1743.

— 3 mai. — Il obtient de Mgr l'évêque (François Duverdier), la permission de séjourner 3 à 4 mois à Paris.

1745.

— 30 juillet.— Mgr Duverdier, évêque d'Angoulême, lui donne des lettres de vice-promoteur du diocèse.

1748.

— 11 octobre. — Il plaide contre Mme de Créquy, au sujet de son prieuré de Fontblanche.

1749.

— 13 mai. — Il donne quittance du 1er mai en faveur de Constant, procureur au Parlement, pour recevoir de Mme la marquise de Créquy, 534 # 10 sols 8 deniers, somme à laquelle elle a été condamnée de verser au prieur de Fontblanche, par jugement du 3 juillet 1747, y compris les frais et dépens.

1750.

— 28 février.— Il fait son testament en choisissant comme héritier universel François Gilbert, son neveu, élu en l'élection de cette province d'Angoulême, aux charges suivantes : qu'il payera tous les ans 50 # de pension viagère au Père Gilbert, jacobin, son frère ; — 10 # de rente viagère à Marguerite Duclaud, sa servante ; — 30 # aux R. P. Jacobins ; — 30 # aux R. P. Minimes ; — 30 # aux Pères Capucins, tous religieux de cette ville d'Angoulême, pour dire dans chaque église de leur communauté 60 messes, etc. — Il demande que son corps soit inhumé dans l'église de la paroisse où il décédera, à la façon des laïques, c'est-à-dire tout couvert ; qu'on fasse dire ce jour-là le plus de messes qu'on pourra dans ladite église, et cela « sans faste ni pompe », mais au contraire en pauvre ; — qu'on donne ce jour là aux pauvres qui se trouveront à l'enterrement, 30 #, qu'au bout de l'an on fasse un service pour le repos de son âme, il donne au curé dudit lieu pour le luminaire et tous ses droits, 30 # ; — il donne aussi à la fabrique de Saint-Martin ses deux dalmatiques noires et sa chape de même couleur, comme il lui a déjà donné une chape de damas ; plus sa chasuble et ses dalmatiques de damas avec la garniture de dentelle d'argent

(1) Minutes de Caillaud, notaire royal, Angoulême. — (Arch. Gilbert.)

1750.

fin, sous l'obligation de dire dans ladite église de Saint-Martin, chaque dimanche de l'Avent et Carême, avant de donner la bénédiction, un *De Profundis* pour feu Mgr Cyprien Gabriel Bénard de Rezay, son bienfaiteur, et pour lui; il lègue ses autres ornements, comme calice, patène, etc., à son héritier, moyennant qu'il fasse dire 2 messes par an tant qu'ils dureront. Il lègue à la famille du sieur Planaud, son beau-frère, la somme de 3.000 #, dont il est créancier. Il donne ses vêtements, soutanes, manteaux, etc., à Planaud, son neveu, qui est à présent au séminaire [de Périgueux]; il désigne, comme exécuteur testamentaire, Arnauld, conseiller au présidial d'Angoulême, son parent et ami, en lui laissant, comme marque de son amitié, une écuelle d'argent. — Il lègue le reste à son héritier sus-indiqué, dans l'espérance où il est qu'il en fera bon usage, qu'il donnera une éducation chrétienne à sa famille et qu'il fera prier Dieu pour lui — signé : Gilbert, etc., etc. (1).

1750.

— 17 avril. — Il vend à François Gilbert, conseiller du roi, élu en l'élection d'Angoulême, la métairie des Bouchers, en la paroisse d'Aignes et Saint-Cybard de Montmoreau, moyennant 3.000 # de principal et 150 # de pot-de-vin (1*).

1750.

— 5 juillet. — Il fait plusieurs dons à l'église de Saint-Martin et Saint-Eloi d'Angoulême, à son intention et à celle du feu seigneur évêque d'Angoulême « un tabernacle... (le reste déchiré); Cyprien Gabriel... 2 bagues d'or, qui sont mises... (déchiré) avec obligation de dire un *De Profundis*... (déchiré). Quittance signée : Mioulle, curé de Saint-Martin; Jean Guyot, fabriqueur de Saint-Martin (2).

1751.

— Il fait donner une mission à Angoulême (3).

(1, 1*) Minutes de Caillaud, notaire royal, Angoulême.

(2) Arch. Gilbert.

(3) 1751, 25 juin. — Quittance à M^r des Héris de la somme de 20 # données aux prisonniers de cette ville (d'Angoulême) au nombre de dix, qui est à chacun 40 sols. — Au prison *(sic)* royalle d'Angoulême, J. Etourneau, faisant pour les prisonniers. — (Arch. Gilbert.)

1751, 27 juin. — Quittance donnée par Marie-Thérèse du Lau, supérieure, à M^r des Héris, de la somme de 150 # provenant des chaises de la Mission « laquelle somme je promets d'employer en linges pour les pauvres de l'Hôtel-Dieu — signé : M.-T. du Lau (Monsieur le Doyen a pris 30 # pour les sacristains sur les 150 #) ».

1751, 28 juillet. — Reçu, en l'absence du R. P. gardien des mains de M^r des Héris, la somme de 50 #, provenant des louages des chaises

1752-54.

—Jean Gilbert, possesseur d'un domaine à deux bœufs, etc., etc., dans la paroisse d'Aignes, est taxé, au rôle des vingtièmes, à 13 # 4 sols d'imposition (?).

1753.

— 26 mars. — Il fait un codicille à son testament dressé le 28 février 1750, par lequel il confirme comme son héritier, François Gilbert, son neveu, conseiller du roi, élu en l'élection d'Angoulême, et établit Mr Arnauld, conseiller au présidial d'Angoulême, comme exécuteur testamentaire; — pour sa peine, il lui donne l'écuelle d'argent dont il a disposé en sa faveur (1).

1756.

— 10 avril. — Il donne 500# au séminaire d'Angoulême pour y faire construire des chambres (1).

1756.

— 2 octobre. — Il achète au prix de 500# trente-six couvertes, qu'il a distribué aux pauvres de l'hospice général d'Angoulême, pour être employées à leur usage (2).

pour être employé à nos nécessités — signé : frère Bonaventure, capucin.

1750. — Biens donnés par l'abbé des Héris, en dépôt pendant sa vie, dans sa métairie des Bouchers — Aignes. — « Un calice coupe « dorée et sa patène pesant 15 onces avec sa robe et un mauvais étui « pour le serrer; un tableau et son cadre représentant le baptême « de N.-S. J.-Christ; 2 chandeliers de cuivre, jadis argentés; un « grand missel couvert de peau avec son gradin et règle pour le sou- « tenir; une pierre de marbre en ardoise *(sic)*, pour servir d'autel « consacré plié dans une autre nappe, etc., etc.; un vieux bréviaire « en 2 tomes fort usés; le 3e tome d'Explications de saint Augustin « et des autres Pères sur le Nouveau Testament; 4 tomes tout neufs : « méditations, réflexions, retraites spirituelles; une morale chrétienne « sur le psalme *(sic)*. livre excellent pour *un prêtre* et toujours à « garder, du R. P. Croiset, jésuite, qui coûte 10# 8 sols ; — La manière « de bien instruire les pauvres de la campagne, par Mr Lembert, prê- « tre ; les autres ornements de l'autre part sont renfermés dans une « ancienne malle, qui a sa barre et fermée en clef; plus un devant « d'autel de toute couleur, en huile sur la toile, etc., etc. » (Arch. Gilbert.)

(1) Reçu de M^r l'abbé des Héris, promoteur et syndic du clergé, la somme de 500 #, qu'il destine pour être employée à faire des chambres dans la mansarde du séminaire et dont je m'engage de rendre compte à Monseigneur l'évêque de l'employ de ladite somme. Fait à Angoulême, 10 avril 1756 — Davelu, supérieur du séminaire.

(2) Le soussigné reconnaît avoir reçu de M^r des Héris, prieur de Fontblanche, la somme de 500#, pour vente et délivrance de trente-six couvertes, qu'il a prises de moi et dont il a fait don aux pauvres de l'hôpital et pour leur servir de couverture — son intention étant

1756.

— 24 avril. — Attestation donnée par Mr Mioulle, curé de Saint-Martin et Saint-Eloi, prieur du Petit-Bournet, et les fabriqueurs soussignés, par laquelle ils reconnaissent avoir reçu de Gilbert des Héris, prieur de Fontblanche, etc., etc., deux dalmatiques, une étole, deux manipules et une bourse, le tout de damas. . (déchiré), d'un bougran de Paris, le tout garni d'une dentelle d'argent fin que ledit des Héris donnait par son testament à ladite paroisse de Saint-Martin, et il a bien voulu nous donner de son vivant en faveur de moy dit curé, pour faire deux chasubles complètes qui resteront à ladite église de Saint-Martin, dont nous déchargeons ledit testament et héritiers comme l'ayant reçu de son vivant — signé : Mioulle, curé de Saint-Martin, — Jean Guyot — F. Frieg ?

1757.
1758.

— Il fait donner une mission en la paroisse de Plassac (1).

— 18 juillet. — Autre reconnaissance du curé de Saint-Martin qui reconnaît avoir reçu de M^r l'abbé des Héris, 2 dalmatiques noires avec la chape, qu'il donnait à ladite église par son testament — signé : Mioulle, curé de Saint-Martin — F. Frieg ? fabriqueur.

qu'elles ne servent que pour eux seuls et non pour les ouvriers employés audit hôpital — Angoulême, 2 octobre 1750 — pour mon père — M. Joubert. — Je soussigné, prieure des dames de l'Hôpital général, reconnais avoir reçu lesdites couvertes mentionnées pour servir aux pauvres seulement, suivant la destination cy-dessus du donateur — Marie-Thérèse du Lau, supérieure de l'Hôtel-Dieu.

1755. — Mémoire imprimé à Paris pour Gilbert des Héris, prieur de Notre-Dame de Fontblanche et de Glande, son annexe, et en cette qualité, seigneur du fief de Glande, contre Joseph de Berthelin-Monbrun, seigneur d'Aiffres et à cause de son épouse de la terre de Coulon (Deux-Sèvres. — (Indiqué par M^r de La Martinière, archiviste de la Charente.)

(1) 1757, 15 novembre. — Je reconnais avoir reçu de M^r l'abbé des Héris, prieur de Fontblanche, la somme de 300 #, pour l'acquit d'une mission que nous avons faite à Plassac, dont quittance — frère Fulgence, gardien des capucins (d'Angoulême).

1758, 23 octobre. — Reçu, par charité, de M^r l'abbé des Héris, promoteur, trente écut que j'employeray pour l'utilité des pauvres de l'Hôpital général — signé : sœur Louise de Chateaubrun, hospitalière.

1758.

— 25 novembre. — Reçu de Mʳ Gilbert, conseiller du roi, 30 #, données au curé de Saint-Martin pour faire un service au bout de l'an pour le repos de l'âme de Mʳ des Héris, par son testament. A Angoulême, Mioulle, curé de Saint-Martin.

Etat des frais funéraires de Mʳ Gilbert des Héris : — 7 messes, 3 # 10 sols; — levée de corps, 3 #; — grande messe, 1 # 10 sols ; — diacre et soubdiacre, 1 # 10 sols ; — 2 chapiers, 1 # 10 sols; — huit assistants, 4 #; — total : 15 #.

— 25 novembre. — Reçu du curé de Saint-Martin pour le drap de mort de l'abbé des Héris, de 5 aunes de drap de Sedan noir, 87 # à 16 francs et une aune trois quarts taffetas blanc à 4 #, faisant le tout 87 #. A Angoulême, signé : Robert.

25 novembre. — Reçu du curé de Saint-Martin d'Angᵐᵉ 20 sols pour le pavé de la fosse de l'abbé des Héris; signé : M. Roche.

25 novembre. — Pour 7 porteurs du corps de Mʳ des Héris, 3 # 10 sols; des cierges et 50 sols pour ses droits de sacristain; signé : M. Seguin.

— 27 novembre. — Reçu de Mʳ Gilbert, l'élu, 30 # pour la rétribution de 60 messes pour défunt Mʳ l'abbé des Héris à Angᵐᵉ — signé : frère Pierre de Santa Maria, procureur du couvent des Minimes.

— 27 novembre. — Nous avons reçu de Mʳ Gilbert la somme de 30 #, pour la rétribution de 60 messes pour le repos de l'âme de Mʳ l'abbé des Héris. A Angoulême, frère Dominique Mathelon, procureur syndic des Jacobins.

— 27 novembre. — Je reconnais que nous avons reçu de Mʳ Gilbert dix écus pour dire 60 messes pour le repos de l'âme de feu Mʳ l'abbé des Héris. A Angoulême, frère Chérubin d'Angoulême, procureur, capucin, vicaire.

27 novembre. — Quittance des cierges fournis pour Mʳ des Héris de 30 # 8 sols ; signé : Chauvin, cirier.

7 décembre. — Reçu 6 # pour l'ouverture de la fosse de Mʳ des Héris; signé : S. Frieg? fabriqueur de Saint-Martin d'Angoulême.

28 décembre. — Reçu délivré au curé de Saint-Martin, par Valteau à Angᵐᵒ, de 5 #, pour avoir fait le cercueil de Mʳ l'abbé des Héris.

III

L'ABBÉ JEAN GILBERT DES HÉRIS, NEVEU

Décédé le 10 juillet 1794 à l'Ile Madame

Prieur de Fontblanche, 8 septembre 1758

Théologal d'Angoulême (1)

1764.

—29 août. — Reçu du fermier du Grand Fontblanche, 434# 8 sols, restant dû de la ferme, s'élevant au total à 1.600# : là dessus, donné pour le service de l'église, 870#. (*Livre-Journal.* — V° Gilbert Pipaud.

1780.

— Minot, de Melle, procureur fiscal de Fontblanche, reçoit pour honoraire 10# payables par le prieur. — Les gages du garde-chasse, volontairement établis sont de 30#.

1780.

— De Reigné, lieutenant particulier du siège royal de Melle et juge du prieuré de Fontblanche.

1790.

— Le prieur de Fontblanche donne chaque année 30# au sieur de Reigné pour être juge sénéchal dudit prieuré. (Quittance du 25 avril 1790) (2).

1786-87-88-89.

— Il donne aussi annuellement 30# à Mathieu Plé pour la garde du prieuré de Fontblanche. (Quittances.)

1790.

— Septembre. — Le titulaire du prieuré de Glande, pour une métairie et terrage, rentes et bois paiera 462#. (*Rôles de la paroisse de Coulon.* — Poitou.)

---

(1) Nous réservons les autres documents inédits pour la nouvelle édition qui paraîtra prochainement de la vie de Jean Gilbert des Héris, théologal d'Angoulême, mort martyr des suites de ses souffrances sur les pontons de Rochefort (Charente-Inférieure).

(2) Archives Gilbert).

✳
✳ ✳

ÉTAT DE MONSIEUR LE THÉOLOGAL GILBERT DES HÉRIS

des revenus qu'il a fait pendant l'année
1ᵉʳ juillet 1784 — fin juin 1785.

Anniversaire

Juillet........................	0 #	0 sols
Août........................	0	0
Septembre...................	0	0
Octobre......................	0	0
Novembre....................	6	11
Décembre....................	8	9
Janvier......................	8	14
Février......................	9	14
Mars	6	5
Avril........................	0	0
Mai.........................	1	4
Juin........................	0	0
Assistances	7	8
Quartiers de Moulin.........	13	9
Complies de Carême.	2	1
Les O O O (1).............	1	13
Stabat	00	14
Salut de Pâques............	0	06
Lods et ventes-Etats........	354	03
Pouellailé *(sic)* ?...........	2	19
Fondation de Mᵣ Maunecat..	10	19
» de Chasseraud.	00	19
Requiescant in pace........	00	12
Processions.................	8	8
Chapes......................	1	0
Grosses des ... X...........	388	4
Total.....	829#	12 sols

Pot de vin de trois fermes pour la présente
année faite en la terre de Manle.. . .   42   10

872#   2 sols

Supplément de St—Médard...   75

Total..... 947#

(1) Le chant des Antiennes de l'Avent commençant par cette lettre.

*
* *

PROJET PRÉSENTÉ AU CHAPITRE D'ANGOULÈME
1787 (1)

On propose de changer l'heure du sermon pour commencer à deux heures et demie dans l'Avent et à trois heures pendant le Carême. La raison ou prétexte de ce changement c'est que les mœurs ont changé, la manière de vivre n'est plus la même. — Tel qui aurait dîné autrefois à midi, ne dîne qu'à une heure ou même deux heures. — Les raisons au contraire sont : 1er qu'en changeant l'heure du sermon de la cathédrale, on dérange par contre coup l'heure des offices dans les paroisses et maisons religieuses, lesquels se trouveront surtout dans l'avenir, prolongées dans la nuit ; 2° Ceux qui viennent au sermon, du moins pour le plus grand nombre, sont le peuple et les bourgeois, qui ne pourraient profiter de l'instruction en une autre heure. Si le goût des instructions publiques décide les autres, ils sauront bien avancer leur repas pour jouir après les offices du temps qui leur restera en promenade ou en visites de bienséance.

On propose aussi de changer l'heure de matines en hyver depuis la Toussaint jusqu'à Pâques pour les commencer les jours ordinaires à sept heures seulement, les dimanches à six heures et demie et les jours solennels à six heures et par suite de reculer la messe à dix heures. — Le prétexte de ces changements, c'est que les tems ont changé l'heure des repas, reculé celle du coucher et du lever : les personnes du monde pour la commodité de qui on fait l'office public trouveront un motif de s'en dispenser, si après leur lever vers les neuf heures, il n'y a presque plus de messes à dire.

Quelques uns au contraire pensent qu'on ne devrait pas déranger si notablement les heures de l'office de matines contre la présente institution sans ôter au peuple une commodité qu'il ne peut trouver ailleurs, et ceux-ci ayant égard à l'usage où l'on est depuis longtemps de faire retarder l'horloge de demie heure pendant l'hyver, voudraient que pendant ce temps là, l'horloge ne fut point

(1) Original sur papier. — (Archives Gilbert.)

retardée, mais que l'heure de matines et par conséquent celle de la messe fut retardée de demie heure seulement.

Ils observent même que ce retardement ne devait avoir lieu que jusqu'au premier de mars ou au commencement de Carême, parce que non seulement il y a plusieurs messes de fondations à acquitter entre matines et la grande messe, mais qu'en Carême il y a des Chapitres ou des sermons qui demandent du tems et si l'heure de la messe haute était reculée jusqu'à dix heures parce que l'office de matines l'aurait été jusqu'à sept, il faudrait qu'en Carême l'heure de la messe fut à onze et les messes qui suivent la haute, s'il se trouvait quelqu'un pour les acquitter, ne seraient pas finies à midi.

Les messes fondées dans l'église cathédrale méritent une attention particulière. Il y en a dont les hebdomadiers sont chargés tour à tour, il y en a aussi d'autres qui s'en acquittent sans aucun ordre fixé par les uns et par les autres. Les *hebdomades* sont de trois semaines dont la 1re est pour la messe haute, la 2me pour la messe d'anniversaires et pour les messes basses qui se disent après la grande, au grand autel, les dimanches et les fêtes, les lundi, quelquefois les mardi et tous les premiers jeudi de chaque mois. La 3me semaine est là pour la messe Sauvo à l'autel des Trois-Marie. Ces messes s'acquittent exactement par les hebdomadiers, actuellement au nombre de dix. Les autres messes fondées sont 1o celles de l'aurore pour toute l'année ; 2o celles *du Venite* ou la première d'Espernon aussi pour toute l'année ; 3o celle du *Te Deum* ; 4o celle de prime ; 5o la deuxième d'Espernon, qui doit commencer à l'*Agnus Dei* de la messe haute. — Outre les messes journalières, il y en a de fondées pour tous les jours de l'Avent après sermon et pour tous les jours de Carême avant et après sermon. Cette fondation ferait présumer qu'il y avait sermon tous les jours.

En été la messe de l'aurore se dit à *quatre heures*, mais en hyver comme la messe du « Venite » ou 1re d'Espernon s'accorde avec l'aurore, on n'en dit qu'une à l'heure de la fondation, on recule l'autre quelquefois de plusieurs heures ou même de plusieurs jours, ou mois, à défaut de prêtres disant messes. Egalement comme la 2me d'Espernon s'accorde pour l'heure avec la messe « Sauvo », qui se dit exactement, celle d'Espernon est ou reculée ou avancée ou omise pour être acquittée à la commodité des prêtres. — Enfin, comme il n'y a point de sermon tous les jours en Avent et en Carême, les messes particulières pour les jours où le sermon manque subissent le même sort pour l'ordinaire.

Abus essentiels

Le 1ᵉʳ consiste en ce que les statuts exigent pour le gain des gros fruits l'assistance aux deux Chapitres généraux, ou à l'un deux avec un mois et demi de présence, ou trois mois de présence contre la disposition du droit, des conciles et des arrêts de règlement, qui veulent qu'on ne gagne les fruits que par 9 mois de résidence et d'assistance habituelle aux offices.

Le second abus consiste en ce que outre les trois messes tolérées par le concile de Trente pour l'absence des chanoines, on accorde un jour de présence chaque 1ᵉʳ dimanche du mois, chaque vendredi de Carême et les autres jours que l'on sort en processions, en outre huit jours pour chaque Chapitre général et quinze jours pour les vendanges.

Le 3ᵐᵉ abus est que l'on tient présents aux anniversaires plusieurs qui n'y sont pas, ou qui n'assistent qu'au commencement jusqu'à la pointe.

Le 4ᵐᵉ qu'on n'assiste point aux petites heures, parce qu'on le fait impunément.

Le 5ᵐᵉ que quand on parait à la messe haute ne fût ce que dans le tems de la pointe pour s'en aller aussitôt, on n'a perdu que le quart du jour, si on n'a pas assisté ce jour-là à matines.

Le 6ᵐᵉ qu'on n'assiste qu'en passant aux offices quoique de règle certaine, on ne puisse gagner les fruits qui sont attachés en partie qu'en y assistant depuis le commencement jusqu'à la fin.

*
* *

PLAN CONCERNANT LE CHAPITRE D'ANGOULÊME (1)

Suivant le droit commun tous les gros dans un Chapitre devraient être égaux, mais l'usage a prévalu au Chapitre d'Angᵐᵉ. Cet usage fait loi et on ne cherche point à le détruire, il ne s'agit que de rendre la jouissance facile pour tous et de faire à tous un sort convenable en observant l'inégalité qui est d'usage. — Mʳ le Doyen ayant deux gros et demi, Mʳ l'archidiacre un demi et les 21 chanoines chacun un, il s'agit d'en former 24 les plus commodes possibles. — Il s'en trouve trois de 1.400 #, quatre de 1 200 #, quatre de 1.000 #, trois de 900 #, un de 800 #, le dernier de sept (cent). Les demi-gros passeront six cent livres, on ne peut se plaindre que de trop de rigueur à conserver l'usage.

(1) Sans date — Original sur papier. — (Arch. Gilbert.)

Trois gros à Mérignac comme cy-devant en y joignant les dixmes d'avoine qui tripleront par là parce qu'en les séparant la dépense pour les lever est excessive, ils vaudront 1.400 # chacun. — Au lieu des quatre et demi de Puymoyen et de Charmant en retirant toutes les rentes pour les unir à la manse, il faut en composer un à Puymoyen des trois quarts des dixmes, affermés 900 #, des agriers vallant suivant la ferme 220 # et y ajouter la moitié des dixmes de Saint-Eloi, ce qui fera quelque chose de mieux de 1.200 #. — Deux autres seront composés des dixmes de Charmant et de Juillaguet, seulement sans aucune rente et seront de 1.200 # chacun. — Le 4me sera placé à *Brénat* (1) dont la ferme est de 1.200 #. — Les deux demi-gros de Mr le doyen ou de Mr l'archi-diacre seront ensemble à Çoyaut *(sic)* affermés 1.350 # — chacun 675 #.

Les dix gros de Juillac-le-Coq et celui de Touzat seront com-posés de cette manière. — Il y en aura deux à Verrières, parce que les dixmes et agriers seulement sont affermés 2.030 #, chacun 1.015 #.

Trois à Touzat et à Ladiville, le *quant* du curé est prélevé, il reste 3 quarts au Chapitre : chaque quart est affermé 840 # et le tiers de Ladiville 186 # — ces deux articles forment une somme de 1.034 # *(sic)* mais déduction faite de 60 # que chacun des 3 quarts de Touzat doit donner au curé, elle se réduit à 974 #.

Trois à Genac vallant 1.000 # chaqu'un suivant la nouvelle ferme, réservant les 3 pippes de froment et le vin pour la psalette.

Un à Bécheresse, les dixmes affermées 1.460 #, outre celle de 20 journaux de vignes appartenant au deffunt curé : le grossier prendrait 1.000 #, le surplus réservé pour la portion congrüe du curé.

Enfin deux autres à Soyaux vallant 1.000 # chaqu'un avec descharge de la portion congrüe « réservant à la psalette le bled et le vin ordinaire ».

Au lieu de trois gros à Lisle en retirant toutes les rentes et les joignant à la manse, il ne s'en trouveroit que deux composés de toutes les dixmes, même de deux quartiers de dixmes inféodées, affermées à part avec les dixmes de Saint-Eloi, 9.000 # chaq.

Le 3me de Lisle (2) seroit remplacé par les dixmes et agriers de Saint-Fort, annexé à Juillac et sous-affermé 930 #.

(1) Hameau de Fléac, deuxième canton d'Angoulême (Charente).
(2) L'Isle-d'Espagnac, canton nord d'Angoulême (Charente).

Un gros en Saint-Médard seul et le dernier à Monac sans aucune charge, l'un de 800 ^{tt} et l'autre de 700 ^{tt} — par suite du même plan il faudroit arrêter qu'il seroit mis chaque année en distribution 12.150 ^{tt}, se seroit une augmentation de 2.380 ^{tt}. — Cette somme de 12.150 # produirait à chaque chanoine en grosse distribution 450 ^{tt}. — Les deux portions et demi de M^r le Doyen vaudraient 1.125 # et demi, de M^r l'archidiacre 225 #, sans compter les pertes.

Les demi-chanoines pourroient donc gagner en grosse distribution : .... 225 #

Il faudrait doubler leur *percipiet* au lieu de 110 ce serait 220

    Celui de Noël, 40 #

    1er de juillet 30

    2 — 30
    ————
    110

Les anniversaires et petites distributions reviennent ensemble à.. 170

Le total des revenus des demi-chanoines............... 615

*
* *

784.

    — 7 avril. — Concession faite par Étienne Munier, inspecteur des ponts et chaussées, demeurant à Angoulême, paroisse Saint-Antonin, au nom de Mgr le comte d'Artois et son fondé de pouvoir, à Jean Gilbert des Héris, prêtre, chanoine théologal de l'église cathédrale d'Angoulême, demeurant en la paroisse Saint-André — d'un espace de terrain de 64 toises superficielles du pré *du Parc*, faisant cy-devant partie de l'enclos du château, dont il a été distrait pour être réuni à cette ville par lettres patentes de Sa Majesté, en date du 28 février 1777. Ledit espace de terrain ayant 8 toises au carré, confrontant au levant à la rue Sainte-Foy — au midi à la rue Gobaud — à la charge par le sieur Gilbert de payer au comte d'Artois et à ses hoirs mâles apanagistes du duché d'Ang^{me}, 6 # de rente annuelle, de faire construire sur ledit terrain un bâtiment et jardin, clos de mur et enfin de rembourser au receveur du comte d'Artois les frais faits pour fouilles, nivellement, comble-

1784.

ment, etc., au terrain du pré du Parc, s'élevant à 768 #, pour laquelle somme ledit Gilbert s'est obligé de servir une rente seconde foncière de 38^{tt} 8 sous, jusqu'à amortissement de ladite somme (1).

. . . .

Cette maison était située sur la place de la Commune, sur le terrain formant l'encoignure des nouvelles rues de Sainte-Foy et de Beaumont.

IV

FRANÇOIS GILBERT, ÉLU, A ANGOULÊME

1726.

— 18 août.—Certificat du frère Lestrein, dominicain, professeur de théologie au collège d'Angoulême, attestant que François Gilbert, d'Ang^{me}, a suivi attentivement pendant un an les cours de théologie (2).

1729.

—9 juillet.— François Gilbert, du diocèse d'Ang^{me}, reçu bachelier en droit civil et canon, de l'Université de Bordeaux (3).

1730.

— 9 décembre. — François Gilbert, inscrit à l'Université de Bordeaux comme étudiant en droit, sous Mrs Albessard et Donadieu, professeurs en droit canonique et civil, depuis novembre 1726 jusqu'en janvier 1731 (4).

— 9 décembre.— Certificat de capacité décerné par les professeurs de droit de l'Université de Bordeaux à François Gilbert du diocèse d'Angoulême, licencié en droit — signé : Donadieu.

— 11 décembre. — Certificat de F. Audouin, prêtre, vicaire de Saint-Sauveur de Blaye, attestant que François Gilbert, du diocèse d'Ang^{mo}, est catholique.

---

(1) Arch. Gilbert. — Minutes de Pineau, notaire royal, Angoulême.

(2) Archives Gilbert.

(3) Signé : François Bazin de Champigny, chancelier de l'Université de Bordeaux. — Danehil, secrétaire (Lettres testimoniales).

(4) Extrait du registre des inscriptions des étudiants en droit de Bordeaux (Lettres testimoniales).

1730.
— 9 décembre. — « Nos antecessores Burdigalenses infra scripti
fidem facimus, et testamur præfatum Magistrum Franciscum
Gilbert, diœcesis Engolismensis per triennium juris
utriusque *civilis et canonici* studio diligentem et assiduam
operam impendisse nomenque tertio quoque mense apud
acta inter juris prudentiæ candidatos professum, et tan-
dem ad licenciatûs gradum fuisse accinctum — Datum
Burdigalœ, die nona mensis decembris, anno Domini mille-
simo septingentesimo trigesimo. — D. Albessard, Donadieu — Danehil, secretarius.

1731.
— 3 février. — Certificat de Pierre Dudon, chevalier, seigneur,
baron de Boynet, Vals, Loussou, Les Lorets et Pis, conseiller du roi et premier avocat général au Parlement de
Bordeaux, attestant que François Gilbert, du diocèse
d'Ang^me, a pris la licence en la faculté de droit en l'Université de Bordeaux, depuis l'inscription de novembre 1726
jusqu'en novembre 1730. — Signé : Dudon, par M^er Dar-
che.

1743.
— 12 mai. — Vente, par Jean de Barbezières, prêtre, chanoine *honoraire* de l'église cathédrale de St-Pierre d'Ang^me, écuyer,
seigneur de La Fenêtre et du Rayneau, paroisse de Julliac,
à François Gilbert, du Maine-Bernier, demeurant aux
Nadauds, paroisse de Condéon en Saintonge, — d'une
coupe de bois de chêne à prendre sur le bout de la garenne
du Rayneau.

1747.
— 16 novembre. — Accord passé aux Deffends entre François-
Joseph de Chasteigner de La Rochepozay, chevalier,
seigneur, baron du Lindois, etc., fondé de procuration de
Léonard de Chasteigner de La Rochepozay, chevalier,
seigneur de Fontchauvaud. Les Deffends et autres lieux, et
Marie Laîné, son épouse, — et François Gilbert, licencié en
lois, et Marc de Brême, sieur du Parc, pour vente de bois
bon à couper (1).

(1) Arch. Gilbert.

V

L'ABBÉ JEAN-ÉLIE GILBERT

1769. — Jean-Elie Gilbert Boisjoly doit au Maine-Bernier des rentes seigneuriales à Mr de Mastin, sur la prise de Sailleraux, — — à Blanzac, au Chapitre, sur la prise de La Mimaude, VII sols VIII deniers.

1770. — Il a eu en partage le 1er octobre 1763, du bien paternel, en métairies et rentes, 13.444# 18 sols, — du bien maternel, 5.975# 18 sols, plus 1.050#, en tout : 20.458# 16 sols. — Il était redevable au château de Montmoreau — A), pour la prise des Traineaux — B), pour la prise des Argoullons — C), pour la prise des Chauvais, IV# 19 sols 6 deniers.

1771-74. — Il suit à Paris « à la maison de Navarre » les cours de théologie professés par le docteur P. Lunket (?). — (Traité des contrats et de la restitution.) — Le certificat fut délivré par ce dernier le 16 mai 1777.

1772. — 13 juin. — Jean-Elie, clerc du diocèse d'Angoulême « rite dimissum », le samedi des Quatre-Temps de la Trinité reçoit les quatre Ordres mineurs dans l'église paroissiale de Saint-Nicolas du Chardonnet à Paris, des mains de Mgr Antoine-René de Bardonenche « episcopus Vinciensis (1) », délégué par Mgr Christophe de Beaumont, archevêque de Paris.

1774. — 19 mars — Le samedi avant la Passion, dans la même église, il reçoit le sous-diaconat des mains de Mgr Toussaint-François-Joseph Conen de Saint-Luc « episcopus Corisopitensis (2) », delégué par Mgr de Beaumont, archevêque de Paris.

1775. — 1er avril. — Le samedi avant la Passion, dans la même église, il reçoit le diaconat des mains de Léon-Ferdinand de Salignac de La Motte de Fénelon, évêque de Lombez, délégué par Mgr de Beaumont, archevêque de Paris.

---

(1) *Aliàs* évêque de Vence, aujourd'hui chef-lieu de canton (Alpes-Maritimes)

(2) Evêque de Quimper (Finistère).

776. — 21 décembre. — Jean Élie, diacre du diocèse d'Angoulême, a été fait prêtre en la chapelle de l'évêché d'Ang^me par Mgr Joseph Amédée de Broglie, le samedi dès Quatre-Temps de Noël.

777. — 5 août. — Il est pourvu par Mgr Joseph Amédée de Broglie, évêque d'Ang^me de la cure du Petit Saint-Cybard à Ang^me. — Donné à Vars, en présence de Jean Goursaud, archiprêtre de Vars et Pierre Mascureaud de La Garde, vicaire de Vars, — Vigneron, chanoine, secrétaire.

777. — 30 septembre. — Il prend possession, après avoir été nommé en Cour de Rome et par l'évêque d'Angoulême de la cure du Petit Saint-Cybard, par suite de la résignation, faite par Antoine Delhoste, prêtre, gradué de l'Université de Poitiers.

779. — 10 novembre. — Il décède, curé du Petit Saint-Cybard — à côté de la préfecture (*Aliàs* l'évêché) où il a été enterré. — Ils étaient 7 prêtres, curés et 8 assistants. Son enterrement a coûté 1# 4 sols aux sonneurs de Saint-André, 6# pour les honneurs en sous marqués de 6 liards, 2 sols aux grands et un sol aux petits, 2 cierges pour garder le corps, 1# 6 sols, distribué 16# aux pauvres, 3# au sacristain, 5# à Mr Deval, archiprêtre de Saint-Jean, il a fait grâce de 19# 5 sols, qui lui revenaient, savoir : 6# de levée de corps, diacre et sous-diacre, 3# 10 sols, messe 2#, drap mortuaire 3#, 7 curés, 7# : il y a eu 19 cierges de 1|2 livre et 15 demi-quart, pesant 14# 1|4 à 2# 10 sols la livre, 15 sols pour chacun des 2 assistants. — Bière, 6#.

781. — 17 novembre. — Le partage de sa succession a lieu entre 1° Jean Gilbert, prêtre, prieur de Fontblanche; 2° François Jean Gilbert, conseiller du roi, élu en l'Élection d'Ang^me, 3° Jean Elie Marcellin Gilbert, sieur de Bernier, 4° Françoise Rose Gilbert. 5° Marie Gilbert, épouse de Jean Faure, sieur de Rancureau, propriétaire de la terre et seigneurie de Barbezières, tous héritiers d'un cinquième de feu Jean Elie Gilbert, décédé curé du Petit Saint-Cybard. — Le dit Gilbert, élu, agissant au nom de ses deux filles Françoise Thérèse et Françoise Rose Perpétue, légataires de leur oncle et Faure de Rancureau agissant au nom de François Faure de Beauchamps, son fils aîné, légataire dud. Boisjoly. — Le prieur de Fontblanche et Gilbert Bernier ont en partage la moitié chacun de la petite métairie des Bouchers, paroisse d'Aignes.

13

VI

L'ABBÉ JEAN-ÉLIE GILBERT BERNIER

1770. — Jean Élie Gilbert Bernier a eu en partage du chef paternel la mé. tairie du Maine-Meunier (1) 5,000#; la métairie de L'Arnaude, 4.500#, cheptel et effets divers : le tout, 13.056#. — Nota : Il y a de l'écart (sic). (2)

1786-1792. — Il afferme les métairies du Maine-Meunier, de l'Arnaude et La Faye, à son frère, François Jean, élu, pour la somme annuelle de 650#.

1788. — Il est nommé curé du Grand Autel à Saint-Pierre d'Angoulême (3).

1792, — Il afferme les métairies sus-mentionnées à son frère François Jean, pour 6 ans, à la somme annuelle de 700#.

1838. — 12 septembre. — Il décède à l'âge de 77 ans accomplis à Angoulême sur la paroisse de la Cathédrale Saint-Pierre (4).

(1) Commune de Chavenac.
(2) Livre de comptes (Gilbert).
(3) Archives Gilbert.
(4) Lettre de faire-part pour ses obsèques (Archives Gilbert).

VII

FAMILLE GROS, ALLIÉE AUX GILBERT

677. — 8 septembre. — François Gros, âgé de 14 jours, fils de François, docteur en médecine à La Valette et de Gabrielle Cadiot, est baptisé. — Parrain : François de La Guillelmie, écuyer, seigneur dudit lieu, marraine, Lucrèce Cadiot. — Signé : Aymard, prêtre, curé de La Valette. (1)

) 1626. — Arrentement fait par Jean de Marguanes, sieur de Lestang, lieutenant assesseur de La Valette au 5 juillet — aux R. R. Pères Augustins de La Valette « d'une place de la grandeur d'une brasse en carré dans l'église du couvent dudit lieu, à laquelle joint la cour et balustre dudit couvent sur la main droite allant de la grande porte au grand autel de ladite église, afin que ladite place servît de sépulture audit sieur de Marguanes et aux siens, pourquoi lesdits religieux s'obligent de dire annuellement à l'intention dudit Marguanes et les siens une messe au jour et fête de Saint-Jean, apôtre et évangéliste, le 27 décembre, en considération de quoi il avait fondé 10 sols de rente, lesquels étant échus aux arrérages de 26 années dernières, ledit Charles de Marguanes, son fils héritier céda, *le 15 avril 1679*, son droit et sa place à François Gros, sieur de La Forest, docteur en médecine, demeurant en la ville de La Valette, du consentement de Joseph Vimeney, prieur des Augustins de La Valette, Nicolas Verier et Damase Salot, religieux dudit couvent; lequel sieur Gros a payé les arrérages dus, 13 #. Les RR. Pères sont tenus désormais à 2 messes, l'une au jour de Saint-François d'Assise et la seconde au jour de Saint François de Paule, par l'intention du sieur Gros : ce dernier s'engage à verser annuellement 15 sols aux RR. Pères et reçoit l'autorisation de faire faire un ban et le placer sur les dites sépultures du lieu qu'il a acquis. Fait à La Valette : présents, François Huguet, juge du Prieuré de Saint-Jean de Ronsenac, demeurant à La Valette, Pierre de Dieu, prêtre, curé de Ronsenac. — Signé : J. Vimeney. Damase Salot, syndic, N. Veyrier. — (Minutes de François Dutaix, notaire royal.)

1688. — 9 juin. — Approbation de la susdite convention des R. R. Pères Augustins de La Valette avec François Gros, par F. Joseph Peyrous, docteur royal de l'Université de Caors (sic) et provincial des Augustins.

1678. — 9 mars. — Feu Jean Gros, avocat au Parlement et juge de Bourzac vivait en 1670. (*Registres paroissiaux* de La Valette) (1). .

1682-93-98. — François Gros, docteur en médecine, sieur de La Forest, à La Valette, inhumé le 24 avril, âgé de 66 ans, dans l'église des Augustins de La Valette. (*Reg. paroiss.*)

1702. — François Gros, diacre du diocèse de Périgueux, habitant La Valette au même diocèse, prend possession, le 17 juillet de la vicairie perpétuelle de Saint-Jean-Baptiste de Ronsenac, par suite de la mort de Sicaire Louis Claveau, prêtre, dernier possesseur, et en ayant été pourvu par Messire Jacques de la Serre, prêtre du séminaire de Périgueux, comme procureur de Messire Jean Decoux, prêtre, seigneur doyen, commendataire de Ronsenac. — L'approbation des vicaires généraux est du 3 juillet, et signée : Dejay, grand archidiacre, — de Martin — d'Aubusson, Vicaires généraux (2).

1712. — 1er janvier. —Jean Gros. prêtre, curé de Peluche (3) en Périgord, et François Gros, prêtre, curé de Ronsenac en Angoumois, frères, fils de François Gros, docteur en médecine à La Valette, possèdent la métairie de Tous-Vents, au même lieu.

1714. — François Gros, curé de Saint Romain de La Valette.

1717. — 22 mai. — Jean Gros, prêtre, curé de Rossignol (4).

(1) On trouve encore dans les registres paroissiaux de La Valette :

1679. — 29 janvier. — Baptême de Philippe, fils de François Gros et de Gabrielle Cadiot, parrain Jean Cadiot, sieur de Landebert, capitaine du château de La Valette ; marraine, Georgette d'Incamps, commise par Mᵐᵉ de Montault de Beynac (des ducs de Navailles et de La Valette).

1680. — 19 février. — Baptême de Marie, fille des mêmes, nommée par Simon de Pindray, sieur des Roziers et Marie Gouguet.

1684. — 11 mars. — Baptême de Étienne, fils des mêmes ; parrain Jean Gros ; marraine, Léonarde Gros.

1700. — 23 janvier. — Mariage de maître François Nadal, sieur de La Fontenelle, avocat au parlement, fils de maître Jean et Marie Jolivet, de la paroisse de Coutures en Périgord, et de Léonarde Gros, fille de François, sieur de La Forêt et Gabrielle Cadiot. — (*Inventaire* sommaire manuscrit des registres paroissiaux de La Valette, par P. de Fleury.)

(2) Minutes de Dumargue, notaire royal.

(3) *Aliàs* : Epeluches, ancienne paroisse aujourd'hui réunie à Combéranche, canton de Ribérac (Dordogne).

(4) Ancienne paroisse aujourd'hui réunie à Gouts, canton de Verteillac (Dordogne).

1727.
— 11 mars. — François Gros, docteur en théologie, prieur du prieuré de Saint-Laurent de Pleinemège (1), curé de La Valette, reçoit par testament de Marguerite Autain, épouse de François Deroullède, 50# pour acheter des ornements à l'église de La Valette. (A. Giboin, notaire à La Valette.)

1735.
— 10 mai — François, curé de La Valette, afferme à Pierre Vignaud, notaire royal et procureur à La Valette pour trois années, la maison presbytérale dudit lieu (2). — « Un portail qui est à l'endroit de la grande porte de l'église de La Valette à deux battants vieux et usé, petassé en plusieurs endroits, avec maillet au dehors, — un pigeonnier, etc., etc., en somme tout est vieux. » (Procès-verbal).

1739.
— 7 avril. — François, curé de La Valette est décédé : sa succession pouvait s'élever à 16 où 18,000#, la portion de sa sœur Marie, épouse Gilbert, à 4 ou 4.500#. — Inhumé dans l'église de La Valette, le 4 avril (3).

1739.
— 12 mai. — Jean Gros prêtre, curé de Coutures, Jean et Sicaire Nadal, sieur des Barrières, habitant le bourg de Bertric ; — et de Sintrac, avocat au parlement, demeurant en la paroisse de Saint-Front de Périgueux, agissant au nom de leur mère, veuve Léonard ? Gros d'une part et Léonard Gilbert, époux de Marie Gros, demeurant au Maine-Bernier ; Marie Thérèse Arnaud, mère et administratrice de François Gros, sieur de Filhon et Joseph Gros, ses enfants, demeurant ladite dame au village de Filhon, paroisse de Gauriaguet en Guienne, afferment la métairie de Tous-Vents, sise en La Valette et Ronsenac, pour 5 ans, moyennant la somme annuelle de 350# à Pierre Vignaud, notaire royal et procureur au duché de la Valette. — Ledit Jean Gros, curé de Coutures et Marie Gros, épouse Gilbert, frère et sœur de François Gros, curé de La Valette, décédé *ab intestat* (4). Feu Étienne Gros docteur en médecine, père des Nadal et Sintrac, héritiers de feu Gros, leur oncle, curé de La Valette.

(1) Ne serait-ce-pas le prieuré de Saint-Laurent à Mareuil-sur-Belle ? (Dordogne).

(2) Sousseing privé. (Archives Gilbert.)

(3) *Registres paroissiaux* de La Valette.

(4) A. Giboin, notaire, à La Valette.

1740.
— 28 Septembre. — Léonard Gilbert, paya 80# pour la maison presbytérale de La Valette. (Archives Gilbert.)

1742.

— 5 juillet. — Décès de Jean Gros, curé de Coutures : il laisse en succession tout ce qu'il avait recueilli de son frère François, curé de La Valette et ses avoirs, ce qui pouvait s'élever à 24.000# à partager entre 3 héritiers : sa sœur Marie Gros eut 8.000# environ, celle-ci « par scrupule, » d'accord avec son mari Léonard Gilbert, remit entre les mains de Mr Laporte, curé de Bouteille, 1.524# pour distribuer aux pauvres de la paroisse de Coutures et cela d'après l'avis de Mr Arnaud, missionnaire.

1758.

— 25 janvier, — Joseph Gros, lieutenant d'une compagnie de 100 hommes des Gardes-Côtes demeurant en la ville de Bordeaux, paroisse Saint-Pierre, héritier en partie de feu François Gros, prêtre, curé de La Valette, donne à François Gilbert, conseiller du roi, élu, demeurant au faubourg Saint-Pierre d'Angoulême, une procuration générale pour régler ses intérêts.

1763.

— 8 février. — Accord survenu entre Élisabeth Pipaud, veuve de François Gilbert, conseiller du roi, élu en l'Election d'Ang^{me}, mère tutrice de ses enfants mineurs et Joseph Gros, sieur de Sainte-Croix, capitaine garde-côte en Bordelais, Jean Nadal des Barrières, avocat en la cour — Sicaire Nadal de Sintrac, conseiller du roi au présidial de Périgueux, et Catherine Nadal, veuve de Jacques de La Suze, tous héritiers de feu Jean Gros, curé de Coutures et de François Gros, curé de La Valette.

*
* *

1680.

— 13 avril. — Jean Antoine Gros de Beler, né à Périgueux, fils de Jean... — avocat à la Cour et de Jeanne Méredieu (1). Il étudie chez les Jésuites, à 17 ans il entre à l'abbaye de Chancelade. On l'envoie à Sablonceau (2) suivre les cours de théologie, et est ordonné prêtre par Mgr Clément. Il est fait à Chancelade maître des novices ; plus tard il se livre à la prédication, et prêche avec succès plusieurs stations à Bergerac, à Périgueux, à Angoulême, à Bordeaux, à Rodez, à Cahors, à Limoges, à Toulouse, etc., puis il est nommé coadjuteur étant prieur claustral de l'abbaye de Chancelade, le

____

(1) Parrain Antoine Gros, marraine Marianne Gros, frère et sœur. (Registres de Saint-Front, Périgueux.)

(2) Du diocèse de Saintes, Il y avait 12 Chanceladais.

680. 16 avril 1722, coadjuteur de l'abbé Jean de Valbrune et enfin (1730) supérieur général. — Il entreprit alors plusieurs constructions qu'il mena à bonne fin, tant à Chancelade qu'au prieuré de Saint-Cyprien (Périgord) ; il fut lié avec la plupart des Périgourdins distingués, mais surtout avec Lagrange-Chancel (1), l'auteur des *Philippiques*. — Il mourut le 24 septembre 1763, âgé de 83 ans 5 mois et 11 jours ; il fût enterré à côté de ses prédécesseurs dans l'église de Chancelade, où il repose encore, après avoir été le 31ᵐᵉ abbé de cette abbaye (2).

*
* *

736. — Etat du casuel reçu par François Gros (3), curé de La Valette et appartenant à la Fabrique, entre autres, de Mme de Ronsenac pour la chapelle, 18# — pour 2 ans de la chapelle de Mme de Ronsenac, 12#,... environ 140# et 110 sols — puis il est dû 20#.

Même année et plus. — Etat de ce que j'ai mis pour la Fabrique, d'après ce qui manquait à l'église, suivant procès-verbal fait auparavant :

1º Avoir fait rétablir l'arc-boutant de l'église ; marché fait par le sieur La Franchise, pour la main de l'ouvrier seulement, 45#, sans compter le sable et la chaux.

2º Pour les brèches du cimetière 6# a plusieurs reprises.

3º Pour un devant d'autel violet et la guipure, et un *Te igitur* fait venir de Limoges avec la couverture du Tabernacle, 27#.

4º Pour le raccommodage des vitres « ce qui vient presque tous les ans à cause que l'église est fort exposée, sans compter qu'il fallut les remettre toutes à neuf, d'abord que je vins, 20#.

5' Pour une croix de pierre faite au cimetière, 25#.

---

(1) Né à Périgueux, 1676-1758, poète dramatique.

(2) *Bulletin archéologique* du Périgord, 1882, abbé Riboulet. — *L'Eloge historique de J. A. Gros de Beler*, abbé régulier de Chancelade et supérieur général de ladite congrégation, fut écrit par Charles Antoine Lambert, Chanceladais en 1767 et dédié a Mˢʳ de Prémeaux (Imprimé chez Arnaud Dalvy, à Périgueux. — Voir pour plus de détails l'ouvrage de l'abbé Riboulet : *L'Abbaye de Chancelade.*)

(3) Papiers de François Gros (Archives Gilbert.)

6° Une aube, 12#, deux surplis que je ne compte pas. — Tout le blanchissage des linges de l'église et le luminaire que j'ai fourni, les cordes pour la cloche, depuis que je n'ai point d'obits qu'a 5 sols. — La fourniture des tuiles et de la latte pour l'église depuis que j'en suis curé, « les orages et les vents en font des fracas étranges ». Il y a un an que je remis le toit de l'église tout à neuf soit par la tuile, la latte, et les ouvriers pour la recouvrir en entier. — Une chape et et une écharpe que je fais venir de Paris par Mr Dombre-veil.

Il y a deux chapelles domestiques, l'une au château, l'autre chez M^{mo} de Ronsenac, de la première, on n'a jamais rien exigé; l'autre s'était soumise, celle de Mme de Ronsenac, à donner deux écus par an : depuis cette soumission je n'ai reçu que cinq ans. — Pour les pensionnaires de notre couvent, touchant ce qui appartient à l'administration des sacrements et les autres fonctions, je prie Mr Arnaud de régler.

J'ai fait venir un ornement de Paris, 6 vingt huit #, port et douane.

Donné cette année 28# pour les vitres de l'église.

Pour la paver et raccommoder le pavé, 6# ; pour raccommoder le confessional, environ 3# ; pour des amicts et des purificatoires, environ 3#, sans compter non plus l'encens, le luminaire et le blanchissage qu'il faut à l'église.

Pour raccommoder la chasuble noire avec un voile blanc, 5# 10 sols.

1735. — Avoir raccommodé le vitrail de Saint-Jacques, 14#.

Faire recouvrir, fournir des tuiles, latte feuilles, des planches de tillage, fournir des cordes, blanchir la sacristie, les linges de l'église presque tous les ans. Fournir des bannières pour l'église, pour les processions, pour la « confrérie du Saint Sacrement » ; faire fermer les fonts baptismaux, faire dorer le croissant et accommoder la chaînette du soleil — de plus un corporal, 20 sols ; une aube et un surplis, 20#.

***

PAPIER DE RECETTE DES RENTES DUES A LA CURE DE LA VALETTE
par les tenanciers ci-après : (1)

1º Faligon, Julien Defaye, Mr Denauves, au devoir de 6 boisseaux froment, une geline, 15 sols en argent.

2º Le Maisne Verries, autrement le maine du Breuil, possédé par Mme de Ronsenac et autres, au devoir de 2 boisseaux froment, 2 gelines, argent, 5 sols. — Tenanciers, M. de Ronsenac, à présent, Mr Arnaud, Mlle Boucheron, etc., etc.

3º Une pièce de terre au chemin de Peyrat à Ronsenac, reconnue par les Naudet en 1504 — doit, argent, 3 sols.

4º Autre pièce de terre située sous le château de La Valette, possédée par les seigneurs dudit lieu en place de Jean Dutaix, et reconnue par lui, le 15 novembre 1619, devant Huguet, notaire royal doit, argent, 3 sols 6 deniers.

5º Autre pièce de terre située au chemin qu'on va de La Valette à Maignac reconnue par le mônier (meunier) de Villeboys en 1566, doit 2 sols 6 deniers d'argent.

6º Autre pièce de terre à prendre au chemin qu'on va du Maine Perry, autrefois possédée par les d'Escarcelles, doit argent 4 sols 4 deniers.

7º Autre pièce de terre possédée par les Descarcelles, au chemin qu'on va de Ronsenac au Peyrat, doit argent, 13 deniers.

8º Une chenevière, près de Saint-Cybard, appelée entre les Rocs, doit argent, 10 deniers.

9º Une pièce de terre près le village de La Grelière, autrement Chez-Sydour, doit argent, 20 deniers.

10º Une pièce de terre en la rivière de Voultron que Langlade doit argent, 2 sols.

11º Une vigne à La Crouzille, arrentée en 1501, doit argent 5 sols.

(1) Sans date : Néanmoins il est de l'écriture de François Gros, curé de La Valette.

Sans date aussi. — Le curé de La Valette coté au rôle supplémentaire comme ayant 800# de revenu. (Papiers Gros. — Archives Gilbert.)

12° Une pièce de terre près le puy de Nogerède, arrentée en 1460: doit argent, 12 deniers.

13° Les héritiers du sieur Desroches du Fonteniou doivent pour la prise du Fonteniou, reconnue en 1663, 5 sols.

14° Les mêmes héritiers du sieur Desroches, pour une vigne située dans le plantier des Crousilles, reconnu par la même reconnaissance que de l'autre part, doivent 2 sols 6 deniers.

15° Les mêmes héritiers doivent pour un pré en la rivière de Voultron, reconnu par le même acte, 15 sols.

VIII

FAMILLE PIPAUD

1750.

— 22 décembre. — Mariage de Pierre Pipaud, sieur des Granges, bourgeois, fils de Marie Banchereau, veuve de François Léonard Pipaud, en son vivant, procureur fiscal du marquisat de Barbezieux — et Anne Poujaud, fille de Jacques.. seigneur de Nanclas, directeur des affaires du roi et de feue Suzanne Bigeon, demeurant au logis de Nanclas, paroisse de Saint-Pierre de la ville de Jarnac; témoins présents : François Pipaud, curé de La Chapelle Maguenaud (1) frère du futur — Pierre Banchereau, avocat et procureur du roi en l'élection de Barbezieux — Anne Coursier, veuve de Jacques Poujaud, aïeule paternelle, — Philippe Poujaud, frère de la future, — Suzanne Poujaud Monjourdain, sa sœur, — Marie Thérèse Charlotte Madeleine Poujaud, sa cousine, — Pierre Piet, etc., etc. (1).

1754.

— 23 septembre. — Mariage de Camille Pipaud, bourgeois, demeurant à Condéon, fils de feu François Léonard.. et Marie Banchereau, demeurant à Barbezieux et Louise Gardrat, fille de Louis.., notaire royal, juge sénéchal du marquisat

---

(1) Ancienne paroisse réunie aujourd'hui à Saint-Aulais, canton de Barbezieux (Charente). Contrat passé devant Maurin, notaire royal — (Archives Gilbert.)

1754.

d'Archiac (1), Barret et La Garde (2) et de Françoise Roubaud, avec le consentement de Pierre Banchereau, conseiller du roi en l'Election de Barbezieux, avocat en la cour, oncle breton, — Jean Gardrat, étudiant, frère germain, — Élie François de Pindray, écuyer, beau frère, époux de Marie Charlotte Gardrat, greffier de la juridiction de Barret et La Garde, oncle paternel et Charlotte de Robinet, grande tante maternelle. — Présents : Antoine de Montalembert, écuyer, sieur de Brie et de Saint-Aulais (2*) en partie, etc., etc.

1763.

— 19 mars. — Renée Élisabeth Pipaud, veuve Gilbert, demeurant à Angoulême faubourg Saint-Pierre, paroisse de Saint-Martin, afferme à Pierre Naudon, employé dans les Aides, une maison à elle sise au faubourg Saint-Pierre pour 5 ans moyennant la somme de 50# par an (3).

1763.

— 16 novembre. — Elle vend au sieur Péchillon de La Bornerie ? négociant, 25 tierçons d'eau de vie tant vieille que nouvelle, la barrique de 27 veltes à raison de 88# la barrique, pris au Maine-Bernier.

1764.

— Même prix offert par la même pour l'eau de vie qu'elle pourra faire en cette année.

1764.

— 6 octobre. — Elle acquiert de M‍ le comte de Montalembert le fief de Bart pour la somme de 5.098# dont moitié du fief a été transporté au sieur Rousset de Touffiac (4).

1769.

— Élisabeth Pipaud, veuve de François Gilbert est enterrée, le 1er juin, — en l'église de Saint-Martin d'Angoulême. — L'ouverture de la fosse coûte 6# pour la Fabrique — : on donne 5# 10 sols pour 9 assistants et pour un sacristain et l'ouverture de la fosse, 3# (5).

(1) Chef-lieu de canton (Charente-Inférieure).

(2, 2*) Communes du canton de Barbezieux (Charente). — Contrat passé devant Tillard, notaire à Barbezieux.

(3) Archives Gilbert.

(4) Insinué par Chastenet à Montmoreau (Charente). — Hameau de la commune de Saint-Amand de Montmoreau.

(5) *Dictionnaire manuscrit.* — Archives Gilbert.

IX

FAMILLE MIOULLE

1730.

— 4 février. — Mariage de Thérèze Mioulle, fille de Jacques... procureur au présidial d'Angoulême et Jeanne Gilbert, son épouse et François Lambert, praticien, fils de feu Jean.. greffier en chef de la châtellenie de Montmoreau et de Françoise Delafont, demeurant au lieu noble du Pinier, paroisse de Courgeac (1).

1745.

— Accord survenu entre Jeanne Gilbert, veuve de feu Jacques Mioulle en son vivant procureur au siège présidial d'Ang^{me}, demeurant en la paroisse de Saint-André — et Pierre de Pindray, sieur de l'Ecouté et Marie Gilbert, son épouse, de la paroisse de Gurat. — Jean Gilbert, sieur des Héris, prieur de Fontblanche, syndic du Clergé, vice-gérant et vice-promoteur du diocèse d'Ang^{me}, demeurant en sa maison, faubourg de Saint-Pierre, paroisse de Saint-Martin d'Ang^{me} — Léonard Gilbert, sieur du Maine-Bernier, à Aignes, — Thérèse Gilbert, veuve de Estève Planeau, docteur en médecine, etc., etc., tous héritiers de feue Françoise Gilbert, décédée depuis peu de jours chez M. de Pindray, à l'Ecouté (2).

1746.

— 22 juillet. — Mariage de Marie Mioulle, fille majeure de feu Jacques Mioulle procureur en la sénéchaussée et siège présidial d'Angoulême et de Jeanne Gilbert — et Abraham François Moreau, sieur de Boiscluzeau, juge sénéchal de la baronnie et châtellenie de Montmoreau, subdélégué de l'Intendant de la généralité de Limoges, fils de Laurent.., juge sénéchal de Montmoreau et de Marie Sartre (3).

1777-78.

— Jacques Mioulle, vicaire général d'Angoulême, héritier en partie de Jean Gilbert des Héris, prieur de Fontblanche (4)

1777.

— Lambert, greffier de la juridiction de Montmoreau, époux de Mlle Mioulle, décédé en 1777.

(1) Caillaud, notaire royal, Angoulême. — Contrat.
(2) Archives Gilbert. — Hameau de la commune de Gurat (Charente).
(3) Minutes de Guillaume Jeheu, notaire à Angoulême.
(4) Archives Gilbert.

96 (An V). — 4 nivôse. — Le vieux prieur Jacques Mioulle : décédé en sa maison, laissant à ses héritiers un capital d'environ 16.166# 15 sols (1).

97 (An VI). — 4 vendemiaire. — Partage entre Jean Grégoire Mioulle, juge civil du département de la Charente, — Magdeleine Mioulle, fille majeure, — Marie Jeanne Mioulle et Jeanne Scholastique Mioulle, épouse de X.. Pichon, homme de loi à La Rochelle, — François Mioulle, secrétaire du département de la Charente — et Pierre Mioulle, officier de santé de la commune de Brossac, — François Rivaud, inspecteur des droits d'enregistrement, — Jean Rivaud, général de brigade, commandant la cavalerie de l'armée du Nord, — Jacques Rivaud, agent national forestier, — Etienne Thoumie-Charsey, agriculteur et Elisabeth Thoumie Charsey, tous demeurant à Angoulême, — Clément Boussatou, demeurant au Temple, commune d'Essards, époux de feue Anne Eulalie Mioulle, — Marie Mioulle, épouse Guichaud, — Thomas Hérier, officier de santé en Saint-Christophe de Chalais, époux de Jeanne Mioulle, — Jeanne Bonneau, veuve de Mathieu Mioulle, — Marie Mioulle, veuve de Chapt — Jean Boussatou, agriculteur, époux de Marie Thérèse Mioulle, demeurant à Saint-Aulaye (Dordogne), — Jean Baptiste Rougier, greffier de la justice de paix à Montmoreau, au nom de Jeanne Mioulle, veuve de Pierre Lambert commune de Saint-Laurent de Belzagot, tous héritiers en la ligne paternelle de la succession de Jacques Mioulle — ex-prêtre. — Héritiers de la ligne maternelle : Charles Joseph Ducluzeau, archiviste départemental de la Charente, — Jean Antoine Ducluzeau, greffier de l'administration forestière, — François Devaut des Mottes, etc., etc., demeurant à Ang^me, — François Jean Gilbert, pour lui et pour Marie... — Rose Gilbert, — Élie Marcellin Gilbert, frères et sœurs. — Les enfants de Faure Rencureau et les enfants d'Estève de Planeau — pour la succession de feu Jacques Mioulle (2).

(1) Duval, notaire, Angoulême.

(2) On peut établir la généalogie de la famille Mioulle, seigneur de Foulpougne, d'après l'inventaire sommaire des *Archives départementales* : nous nous sommes bornés à indiquer la branche alliée aux Gilbert.

X

FAMILLE PLANEAU

1717.   — 20 mai. — Transaction passée entre Louis Estève, sieur Desforges et autre Louis.. sieur du Planeau, docteur en médecine et Thérèse Gilbert son épouse et Marie Estève, épouse de Louis Horson, sieur du Petit-Moulin, marchand. — Les parties demeurant au faubourg de la ville d'Aubeterre et ledit Horson en Saint-André d'Angoulême (1).

1743.   — 11 janvier. — Bertrand Estève, sieur de Planeau, héritier en partie de feu Louis.. docteur en médecine son père tant pour lui que pour autre. Bertrand.. et Françoise Estève, frère et sœur, constitue une rente au profit de messire Jean Gilbert des Héris, prêtre, prieur de Notre-Dame de Fontblanche, demeurant à Ang^{me} (2).

(1) Archives Gilbert. — Puichardie, notaire à Aubeterre. — Caillaud, notaire, Angoulême.
(2) Caillaud, notaire, Angoulême.

XI

NOMINATION DE FRANÇOIS J. GILBERT A L'ÉLECTION D'ANGOULÊME

776. — 1er mai. — « Louis, par la grâce de Dieu, roy de France et de Navarre, à tous ceux qui ces présentes verront, salut : scavoir faisons que pour la pleine et entière confiance que nous avons en la personne de notre cher et bien amé le Sr François Jean Gilbert et en ses sens, suffisance, capacité et expérience; fidélité et affection à notre service, pour ces causes et autres, en agréant et confirmant la nomination de notre très-cher frère le comte d'Artois, apanagiste des provinces d'Auvergne, Limouzin et Angoumois, nous lui avons donné et octroyé, donnons et octroyons par ces présentes, l'office de notre conseiller élu en l'élection d'Angoulême que tenoit et exerçoit François Rousset, dernier titulaire, qui a payé le centième denier, lequel s'en est volontairement démis en nos mains en faveur dudit Sr Gilbert par acte du 17 mars dernier, pour led. office avoir tenir et doresnavant exercer, en jouir et user par led. Sr Gilbert, casuellement, conformément à l'édit de février 1771 et arrêt du conseil depuis intervenus et aux honneurs, pouvoirs, fonctions, autorités, privilèges, exemptions, franchises, immunités, prérogatives, gages, taxations, droits, fruits, profits, revenus, émolumens aud. office, appartenants tel et tout ainsi qu'en a joui ou dû jouir le Sr Rousset et qu'en jouissent ou doivent jouir les pourvus de pareils offices, à condition toutefois que led. Sr Gilbert ait atteint l'âge de 25 ans accomplis suivant son extrait baptistère du 9 décembre 1749 duement légalisé et qu'il n'ait dans le nombre des officiers de lad. Election aucuns parens ni alliés aux degrés prohibé par nos ordonnances, ainsi qu'il est justifié par le certificat-cy, avec led. extrait baptistaire, lad. nomination et autres pièces attaché sous le contre scel de notre chancellerie à peine de perte dud. office, nullité des présentes et de sa réception. — Si donnons en mandement à nos amés et féaux conseillers, les gens tenant notre Cour des Aides à Paris, président, tréso-

1776.

riers de France et généraux de nos finances à Limoges, qu'étant apparu à notre dite cour des Aides de bonne vie et mœurs, age susdit de 25 ans accomplis, conversation et religion catholique, apostolique et romaine dud. Sr Gilbert et de lui pris et reçu tant par notre dite Cour des Aides que par nosd. présidents, trésoriers de France le serment en tel cas requis et accoutumé, ils le reçoivent, mettent et instituent de par nous en possession dud. office, l'en faisant jouir et user pleinement et paisiblement ensemble de tous les droits et avantages susdits et lui fassent obéir et entendre de tous ceux et ainsi qu'il appartiendra ès choses, concernant led. office. Mandons en outre à nosd. président, trésorier de France que par les trésoriers payeurs de gages qu'il appartiendra et des fonds à ce destinés, ils fassent payer et délivrer comptant aud. sieur Gilbert les gages et droits aud. office appartenants dorénavant par chaqu'un an, aux termes et en la manière accoutumée à commencer du jour de sa réception, de laquelle rapportant copie dûment collationnée etc. — Nous voulons lesd. gages et droits et repassés et alloués en la dépense des comptes de ceux qui en auront fait le payement par nos amés et féaux conseillers les gens de nos Comptes à Paris; auxquéls mandons ainsi le faire sans difficultés. — Car tel est notre plaisir. — Donné à Paris, le 1er jour de may, de l'an de grâce mil 776 et de notre reigne le deuxième. — Par le Roy, Vialatte, etc., etc. (1)

(1) La charge d'Elu rapportait, au témoignage de certains, plus d'*honneur* que de profit. — Note de François Gilbert, Elu.

1669.
— 2 novembre. — Election d'Angoulème : Gilbert, Lambert, de Chilloux, Jean Fé et Salomon, membres. (Archives Gilbert.)

1776.
— François Jean Gilbert, élu, estime sa charge 15.000#. — (Archives Gilbert.)

XII

RÉQUÈTE A NOSSEIGNEURS LES REPRÉSENTANS DE LA NATION
POUR UN DISTRICT A MONTMOREAU (1).

Les habitans de 45 paroisses de la province d'Angoumois sont
tentés de croire que c'est par erreur qu'on ne leur ait pas accordé
un district particulier et qu'on les ait assujettis à un étranger
(Barbezieux) à eux en tous points éloigné du quart de Barbezieux
les paroisses de huit lieues, de la moitié de cinq lieues et dont les
plus près en sont encore éloignées de plus de trois — par quelle
fatalité l'Angoumois a-t-il deux districts au levant — un au
nord et un au couchant et n'en ait pas un au midi. — Cependant
toutes les paroisses sises au midi de la province payent bien presque la sixième partie des impositions dont elle est chargée et leur
population va au moins à un cinquième : elles espéroient que
dans cette régénération de la France elles ne seroient plus comme
elles ont été jusqu'à ce jour abbandonnées à des commissaires
étrangers au pays, qui voient les choses de travers parce qu'ils
sont éloignés ou ne veulent pas les voir du tout. Elles n'ont
aucune habitude avec le chef-lieu auquel on veut les assujettir ;
pour s'y transporter les chemins sont *diaboliques* la moitié de
l'année ; le rendez-vous à ce district les éloigne d'autant plus de
la ville capitale avec laquelle la correspondance est plus néces-
saire. Elles sont condamnées à faire partie d'un district où les
impositions directes ne montent qu'à la moitié de celles qu'on
paye en Angoumois : le mode de répartition est tout différent —
qu'arrivera-t-il de ce mélange d'intérêts divers ?

Les Saintongeois feront tous leurs efforts pour faire retomber
sur les Angoumoisins le poids des charges : — par un certain
esprit qui fait que tous les gens du même pays se soutiennent ;
ces derniers tâcheront bien de se deffendre, mais le combat ne
peut manquer que d'être avantageux à ceux qui combattent sur

(1) Archives Gilbert. — Copie manuscrite.

14

leurs propres foyers : les armes ne sont pas égales. Les députés Angoumoisins seront éloignés de leurs affaires, obligés à faire beaucoup de dépense pour se rendre de loin dans un chef-lieu où ils n'ont pas d'habitude et peut-être même sera-ce une raison pour éloigner de représenter leurs compatriotes ceux qui auraient le plus de lumière et de mérite — ainsy le but que s'est proposé l'Assemblée nationale par ce nouvel ordre de choses de ramener l'égalité des contributions pour tous pays et sur tous individus, se trouvera-t-il manqué ? — Et quelles raisons après tout empêchent que nous ayons un district parmi nous ? Nous avons quatre endroits principaux éloignés de la capitale de la province où l'on peut choisir le chef-lieu : La Valette, qui à titre de duché-pairie — Aubeterre — Blanzac — et Montmoreau. — Qu'on le place à une de ces quatre villes, nous sommes contens, au moins les habitudes que nous avons avec ces villes où nous allons aux foires, aux marchés, où nous transportons nos grains, nos denrées, pour du prix en acquitter exactement les tributs dûs à l'Etat, ne nous occasionneront pas des dépenses nécessitées par des voyages de long cours.

Si l'on juge que Aubeterre est trop limitrophe de la province, que Blanzac ôté de Barbezieux en rendroit le district trop peu étendu et que La Valette comme près d'Ang^{me} entre nécessairement dans l'arrondissement de son district. La ville de Montmoreau paroit avoir tous les avantages qui lui donnent lieu d'en avoir un — sa distance à 5 lieues d'Ang^{me}, sa situation entre les quarante-cinq paroisses plaignantes, précisémeut au milieu : la bonté du pays, un des meilleurs de l'Angoumois, mais un peu abbandonné à la paresse naturelle et négligé par le défaut des débouchés, de grands chemins et surtout de cet esprit vivifiant qui provient de l'intérêt particulier que les hommes prennent aux choses publiques.

Au reste nous douterons que l'Assemblée nationalle rende ses décrets pour le bonheur de toute la France, comme elle nous l'assure jusqu'à ce qu'elle nous ait accordé ce que nous lui demandons en toute justice. — Le nombre des hommes versé dans les affaires et dans l'étude des loix, en aussi grand nombre qu'en aucune petite ville de province lui faisoient espérer cet avantage.

XIII

AIGNES.

—

60. — 7 Juillet. — Reconnaissance par Pierre Fournier, laboureur, demeurant au village du Maine-Bernier, en Aignes, et autres, fournie comme ses prédécesseurs au vénérable Chapitre, doyen et chanoines d'Ang^me absents, maître Pierre Guerry, Jacques Callueau et Jehan Mercier, chanoines de lad. église de St-Pierre d'Ang^me, stipulant et acceptant « à hommage et rentes pour la terre de la Poyade, paroisse d'Aignes, au devoir de 4 boisseaux froment — 4 boisseaux avoine, mesure de Chavenac et 2 sols tournois. — Fait à Ang^me en présence de François Ravaillac, procureur au siège présidial d'Angoulême et Jehan Mestayer, prêtre, aumônier aud. Ang^me. » — (Parchemin. — Béchade, not.)

———

45. — 13 septembre. — Arpentement de la paroisse d'Aignes, fait le matin par Léonard Desherces, le soir par Jean Joseph Dutillet, géomètre — en exécution d'une délibération des habitants de lad. paroisse. — (Moreau, not. royal. — 21 mars 1744.)

. . . .

L'église composée d'un corps d'église, une chapelle, un clocher et cimetière, contenant 32 carreaux.

La maison presbytérale composée de 3 chambres, grange, écurie, colombier, cour et 2 jardins contenant 107 carreaux — estimés 10#.

***

46. — « Les grosses menues et vertes dixmes qui se perçoivent au 13me sillon appartiennent à la cure d'Aignes et sont estimées 700#. — Observations générales. — « Aignes est situé à 4 lieues d'Angoulême au midi — Mr de Mastin est dome (*dominus*) dud. lieu et y possède les rentes et la justice qui y est exercée et les causes portées par appel devant le

1746.

juge de Blanzac Les terres labourables y sont dominantes, partie de la paroisse est située dans un assez bon fonds, l'autre partie, qui avoisine la lande ne compose qu'un mauvais terrain. Les prés sur la rivière de Thude et sur le ruisseau de Linde, qui passe dans la paroisse y font de mauvais prés ; ceux qui sont à la chute de quelques fontaines y sont très-bons. Les vignes y sont médiocres. Il y a beaucoup de landes et de chaumes : autrefois l'habitant était misérable mais depuis qu'on leur a accordé quelque *diminution sur les impositions* ils sont moins malheureux. » — (18 février.) (1)

⁂

1695.

— Rôle des impositions et taxes en la paroisse d'Aignes en Angoumois se montant à la somme de 1.250#.

Fin du XVIIIe siècle.

— Rôle supplémentaire. — Le curé d'Aignes comme jouissant d'un revenu 1.000#, taxé, 148# 1 sol.

Le chapitre de Blanzac, propriétaire de rentes seigneuriales de 200#, taxé, 25# 14 sols.

Le sieur Prieur de Montmoreau, pour des rentes seigneuriales de 63#, taxé, 8# 3 sols.

Le sieur abbé de Mastin, propriétaire au total de rentes de 1.388# 19 sols, taxé, 184# 4 sols.

⁂

CLOCHE D'AIGNES

1590.

— Inscription. — Gaston Viault, écuyer valeureux, pour maintenir du lieu d'Aignes l'église : a suscité les tenanciers meilleurs de recouvrer leur première franchise : et de faire une cloche établir, que les maudits huguenots de la France et les mécréans au roy ont fait démolir ; et appaiser la divine puissance...

... Pierre Perier, perrin sus-nommé Provençal, — Anne Colombe, la merrine, m'ont nommé, 1590. — Sanctus Marcialis (2).

(1) Archives Gilbert.

(2) *Dictionnaire manuscrit.* — Gilbert. — ... Grégoire IX, 18me pape ordonna qu'on sonnerait à l'élévation de l'Hostie et à l'Angelus.

* *
*

CURÉS ET DESSERVANTS D'AIGNES

1627–1631.	— X. Dusoutrès.
1631–1662.	— ... La Coussière, décédé le 20 décembre.
	— Jean de la Force, desservant.
1663.	— Prevôt, curé.
1664.	— 27 novembre. — Denis Pigot, curé, décédé le 8 mai 1700.
1667.	— Etienne Corad, desservant.
1680–81.	— Joseph Riboulié, religieux augustin, desservant.

       1672 — jusqu'en 1688. — Les registres paroissiaux manquent.

       Il y a des fragments de 1680-82-85-86.

1700.	— 8 mai. — Denis Pigot est mort.
1701.	— Bertrand de La Sarre. curé, décédé en 1725.
1723.	— Gilbert, jacobin, a desservi Aignes pendant trois mois.
1726.	— 3 janvier. — Pitre, curé d'Aignes, transféré à Fouquebrune.
1727.	— 16 janvier. — Antoine Dubois de Verger, curé d'Aignes. (1)
1737.	— 23 janvier. — Etienne Gilbert fait un enterrement à Aignes.
1738.	— Lameau, chanoine de Blanzac, desservant.
	— L'abbé de La Laurancie.
1739.	— 8 avril. — Laloubière, curé d'Aignes, mort 17 novembre 1748.
1748.	— 19 novembre. — Jean Mioulle, curé d'Aignes.
1749.	— Vergeraud, vicaire.
1758.	— Thomas, vicaire.
1759.	— Fauconnier, vicaire.
1760.	— Marchadier, curé.
1776.	— Allard, desservant.
1776.	— Antoine Delhoste, curé.
1791.	— Dupuis, cordelier, curé.
1792.	— Poussard, curé.

(1) 1727 Léonard Gilbert afferme les dîmes d'Aignes, excepté le quartier du bourg et le vin de la paroisse, de M' Dubois du Verger pour 9 ans à la somme de 409# ; il donnera en outre 10 boisseaux de froment, 2 journaux de pré, 5 paires de chapons, une charretée de paille et tous les pois rouges. -- Le quartier de Chez-Boucher restera au bordier de M' l'abbé des Héris pour 68#. (Archives Gilbert.)

XIV

ÉTAT DE LA PAROISSE DE CHAVENAC.

(1745 — septembre.)

—

Les menues et vertes dixmes qui se perçoivent au 1/13 des fruits, appartiennent pour les 3/4 à la cure, estimée 600 # — un quartier aux religieux bénédictins anglais de Ronsenac, estimé 300 #. — Observations générales : les terres labourables y sont dominantes, elles y sont d'une mauvaise nature. Il y a peu de vignes, elles y sont d'une mauvaise qualité. Les prés sont situés sur un ruisseau extrêmement froid, ce qui fait qu'ils sont très mauvais. Il y a des bois et des landes. L'habitant de cette paroisse est très pauvre... — La maison du prieur de Chavenac à 2 chambres basses (déchirure) — 4 #. — Village de Chez-Pigeon — : maison presbytérale composée de 3 chambres... (déchirure), cour, jardin et pré, confrontant d'un côté au cimetière... (le reste est déchiré). — Un Rochemont possède des terres dans cette paroisse. — Corillet, curé de Magnac, y possède quelques biens, etc. (1).

1727.
— 4 juin. — François Maulde, prêtre, prieur et seigneur du prieuré de Saint-Cybard de Chavenac et aumônier de l'abbaye royale de Sᵗ-Cybard-lès-Angoulême, y demeurant, afferme à Léonard Gilbert et Marie Gros, sa femme, demeurant au Maine-Bernier, toutes les rentes seigneuriales à lui dues dans le prieuré de Chavenac, pour 9 années, moyennant 737 # 14 sols 2 deniers par an, payables en deux termes à son domicile en l'abbaye de Saint-Cybard (2).

1737.
— 2 août. — Ferme par François Maulde, profès de Saint-Cybard, prieur de Chavenac, etc., etc., aux mêmes que précédemment — des revenus du prieuré de Chavenac et de ses rentes, situées dans la paroisse de Berneuil en Saintonge, pour 9 années, moyennant la somme de 800 # par an (3).

1737.
— 10 juillet. — Ferme par François Maulde, aumônier, prieur de l'abbaye royale de Sᵗ-Cybard, etc., etc., à Marguerite Nebout, du village du Maine-Pepy, en Chavenac, de tous les agriers de cette paroisse, pour 7 années, à la somme de 18 # et 2 paires de chapons annuellement (4).

(1) Papiers Gilbert. — 1818 — *Statistique de la Charente*, par Quénot, où l'on trouve écrit « Chavenac ».

(2) Minutes de Derex, notaire royal. — Deroulède, notaire royal.

(3) Minutes de Bourrut, notaire royal à La Valette.

(4) Minutes de Devige, notaire royal.

770. — Le curé de Chavenac afferme la maison priorale dud. lieu et il n'en veut donner que 12 #.

— Sans date. — Le prieur de Chavenac, propriétaire de 900 # de rentes seigneuriales — taxé 125 # 1 sol.

— Les Bénédictins anglais, propriétaires de rentes de 235 #, taxé 32 # 6 sols.

— Les héritiers du curé de Chavenac pour un revenu de 1.200 #, taxé 173 # 3 sols.

595. — 23 janvier. — Aliénation du fief du Chazeaud en Chavenac (1).

« Charles de Bonny, par la permission divine, évêque d'Angoulême, et les députés du clergé du diocèse dud. lieu, commissaires subdélégués de nosseigneurs les révérendissimes de Bourbon et de Guise, évêque de Bergame, nonce de N. S. Père le pape, par le roy et autres prélats délégués de sa Majesté pour l'exécution des bulles du 30 janvier 1586, vérifiées en la Cour du Parlement de Paris le 27 mars audit an, par lesquelles Sa Sainteté auroit permis la vente et aliénation du bien et revenu temporel des ecclésiastiques de ce royaume, jusqu'à la somme de 59.000 écus (2) de rente rachetable pour un milion d'or accordé au roi par le clergé de France, pour subvenir aux frais de la guerre contre les hérétiques, par leurs lettres de commission et subdélégation du 20me jour de mars au dit an 1586. — La taxe par eux faite sur le présent clergé et diocèse, montant à la somme de 8.642 écus sol aux lettres patentes de sa Majesté — addressantes au sénéchal d'Angoumois ou son lieutenant à Ang^{me}, en date du dernier jour de juin, etc.

« A tous ceux qui ces présentes lettres verront, salut. — Comme le curé de Chavenac, au présent diocèse aye par nous été cottizé et taxé en vertu des bulles de N. St Père, lettres de commission, subdélégation, à la somme de 12 écus sol pour sa part et portion desd. 8.642 écus sol, taxé sur ledit présent clergé et diocèse — dit maistre Robert Blanchet, procureur au siège présidial d'Angoulême au nom et comme procureur spécial de mess. Simon Devaux, prestre, curé dud. Chavenac, d'où procuration par lui donnée — signée : Devaux — Virol — Cornuau —

(1) Archives Gilbert.

(2) A comparer avec les chiffres fournis par l'abbé Michon. (*Statistique du département de la Charente.*)

1595.

Pineau et de Lestang, notaire, du 12 février dernier 1594.
Il s'en suit que Hélie de Bresme doit aud. curé de Chavenac
de rente annuelle 2 sols tournois et un chapon, à cause
d'un verger situé derrière le pignon et masure de la chapellainie et prieuré — tenant d'un côté à iceluy pignon et
chapellainie et prieuré et au cimetière de Chavenac, etc.,
etc. Plus 10 sols tournois et deux gelines de rentes dûes
par led. de Bresme pour une pièce de terre sise au lieu
vulgairement appelé Chazeaud, au fief dud. curé, tenant à
une petite maison et masure vulgairement appelé l'*apanti*
de la chapellainie dud. curé joignant et à côté de l'église
dud. lieu — après la déclaration des choses appartenant à
lad. cure Nous aurions ordonné qu'information soit faite de
la valeur desd. rentes, laq. information faite par nous le
2 avril dud. an 1594 nous aurions apprétié lesd. rentes à
la somme de 12 écus 24 sols tournois et ordonnons que
lad. vente sera faite à l'adjudication au plus offrant et dernier enchérisseur — les affiches, écritaux et placards des
lieux ci-après déclarés ont été apposées par Godard, sergent
royal, le samedy, 23 avril 1594 — environ midi, contre les
portes des églises paroissiales de Chavenac, Charmant,
Ronsenac, proche dud. Chavenac, le dimanche 1er mai. —
La première enchère seroit faite et remise sur le prix de
1.224 sols et pourroit être enchéri audessus par toutes personnes estant de la religion catholique, apostolique et
romaine, et advenant le mercredy 1er jour de juin aud. an
1594 en la sale des maisons épiscopales de la ville d'Ang^{mo},
heure d'une heure après-midy. pardevant nous évêque
d'Ang^{me} — Pierre Massion, chantre, et Arnaud Bouihon,
aussi chanoine de l'église d'Ang^{mo}, députés du clergé du
diocèse dud. lieu — commissaires subdélégués de nosd.
seigneurs les délégués de sa Majesté et noble homme François Raymond, conseiller du roi aud. siège, lieutenant
général au siège ordinaire du présidial de la sénéchaussée
d'Angoumois, et Clément Lainé, procureur du roi aud.
siège, en présence de mess. Jean Boisseau, promoteur de la
cour ecclésiastique d'Ang^{mo}, a été procédé à la vente et
adjudication des biens affichés — la rente adjugée à la somme
de douze écus et demi, à Raymond Grelier, charpentier,
au lieu de Chavenac — le 1er juin 1594 — signé : de Bonny,
évêque d'Ang^{mo} — Fr. Raymond — C. Lesné — 23 janvier
1595 — signé : Redon — Olivier Potier, greffier de l'évêque.

XV

SAINT-CYBARD DE MONTMOREAU

1743. — 13 mai. — Arpentement de la paroisse de Saint-Cybard de Montmoreau, commencée par Alexandre Sirier, arpenteur de Torsac et abonnée par Louis Corbeau, géomètre et Sébastien Tourette de Flamenat (1), experts.. — L'église paroissiale, sacristie et cimetière, contenant 55 carreaux. — Les dixmes du 13me sillon des fruits appartenant à la cure, levés et jouis par le sieur curé (sont de) 650#. — La maison curiale de 2 chambres basses, cellier, colombier, four, cour, jardin et pré ; la maison de 56 carreaux ; le jardin 20 carreaux ; le pré 36 carreaux est 9 #. — Les Traineaux, village, se trouve en cette paroisse. — Saint-Cybard de Montmoreau est situé en la chatellenie de Montmoreau et joint cette ville au midi et la paroisse de Saint-Amand. — Au nord les paroisses de Chadurie et de Puypéroux, — d'orient à Chavenac, d'occident à Saint-Eutrope. Mr de Saint-Auvent est seigneur foncier et justicier de la paroisse dont les rentes sont portables à son château de Montmoreau et les instances au siège de ladite ville de Montmoreau. Les terres labourables y sont dominantes, elles sont de très peu de revenu, partie ne composant que groyes arides et sèches. Il y a beaucoup de landes et quelques châtaigners de peu de revenu. Les vignes y sont très maigres. — La Tude (2), qui entre partie dans la paroisse y fait des prés assez médiocrements bons. L'habitant n'y fait aucune sorte de commerce...

Signé : DUTILLET (3).

(1) Hameau de Pranzac (Charente)
(2) Petit ruisseau qui traverse le canton de Montmoreau.
(3) Archives Gilbert.

XVI

MÉMOIRE DE PUINESGE, IMPRIMEUR DE MONSEIGNEUR L'ÉVÊQUE D'ANGOULÊME (1)

Sçavoir :

1727.

— ... J'ay imprimé... (déchiré) pour Monseigneur L'évêque deux cens quatre vingt exemplaires de [son] mandement portant permiss [ion de man]ger des œufs pour ce .... (déchiré)

Et pour une main de papier pour faire les paquets desdits mandements........ 5 sols

1727.

— 6 juin. — J'ai imprimé et livré à Monseigneur L'évêque trois cens exemplaires de son mandement qui enjoint à tous les prêtres de son Diocèse de dire à leur messe pendant la *grosse* (2) de la Reine les trois oraisons que Sa Grandeur a fait imprimer.... pour ce...................... 4# 10

Plus pour trois cens exemplaires desdites trois oraisons.... pour ce........ 4 10

Et pour une main de papier pour faire les paquets desdits mandements et oraisons cinq sols, cy.. 5

1728.

— 12 février. — J'ay imprimé et livré à Monseigneur L'évêque, deux cens quatre vingt exemplaires de son mandement portant permission de manger des œufs, ... pour ce.................... (déchiré.)

Et pour une main de papier pour faire les paquets desdits mandements, pour ce cinq sols, cy........................... 5

....

...... Livré à Monseigneur.......... (déchiré)

deux cens soixante.....................

de l'extrait du proc [ès...........

L'assemblée générale................

France, tenue à Paris................

1726. Lettres pat.....du............

Modelle de déclaration............ ..

Fait à dix sols pièce. .....montent...

(1) D'après l'original. (Archives Gilbert) provenant des papiers de l'ancien promoteur du diocèse d'Angoulême, sous Mᵍʳ de Rézay.

(2) *Alias* « grossesse »

— 22 juillet. — J'ay imprimé et livré à Monseigneur L'évêque....... trois cens exemplaires de son mandement qui enjoint à tous les prêtres de son diocèse de prier Dieu dans le Saint Sacrifice de la messe pour l'heureux accouchement de la Reine, pour ce...................... 4# 10

    Et pour une main de papier pour faire les paquets desdits mandements, cinq sols, cy............................... 5

             Total .... 157#

— 23 novembre. — J'ay imprimé et livré à Monseigneur L'évêque deux cens soixante exemplaires de son mandement qui enjoint de et ce pour La Convalescence du ....Roy, pour ce..................... 4# 10

    Et pour une main de papiers pour faire les paquets desdits mandements........ 5

    Dudit jour j'ay imprimé et livré à Monseigneur L'évêque deux cens soixante exemplaires de son Billet (?) qui recommande aux prêtres de son diocèse d'offrir le Saint Sacrifice...............pour le repos........................(déchiré.)

    [Suit un autre article — presque totalement déchiré — où l'on lit ceci :

. ... exemplaires de... .....portant avertissement...... de son diocèse de marier.................... milicien sans la permission............... pour ce.................]

    Je soussigné reconnais avoir reçu de Monsieur......... de Boisbedeuil, receveur des décimes du diocèse d'Angoulême la somme de cent soixante six livres cinq sols pour le contenu du mémoire cy-dessus et des autres parts et suivant le mandement de Monseigneur L'évêque d'Angoulême, dont quittance.

    Fait à Angoulême, le 16 décembre 1728.

    J'ai été payé du contenu du présent mémoire.

                       Puinesge

XVII

DOMAINE DU MAINE-BERNIER

(Aignes)

| 1658. | — 8 août. — Jean Gilbert, notaire royal et sa famille reconnaît devoir comme vassal au seigneur d'Aignes à chaque mutation de seigneur pour ses terres d'Aignes, une paire de gants blancs estimés 5 sols (1). |

1725. — Gilbert rend hommage au seigneur d'Aignes par une paire de gants blancs pour ses terres du Maine-Bernier et autres (2).

1751. — Angoulême. — Capitation et abonnement des nobles et privilégiés.

Gilbert, élu — pour la capitation, fixé à	51#	8 sols
» » l'abonnement, à	18	6
	69#	14 sols

1752.

— » » capitation	51#	8 sols
» » abonnement.....	18	6
	69#	14 sols

Nota. — Le bureau est à Ang^me chez Mr Cosson, paroisse Saint-André, rue de la Cloche-Verte.

1753. — Le même Gilbert élu — capitation.........

— Le même Gilbert élu — capitation.........	51#	8 sols
» » abonnement........	20	
	71#	8 sols

1754.

— » » taxe capitation.......	51#	8 sols
» » abonnement..........	20	8
(3)	71#	16 sols

---

(1) Archives Gilbert.
(2) Minutes de Moreau, notaire royal à Montmoreau (Charente).
(3) Archives Gilbert.

1783. — 1ᵉʳ septembre. — Le fief du Chapitre (de Blanzac probablement) estimé 3.300#, revenu 196# (1).

Le Maine–Bernier payait de rente au prieuré de Montmoreau, un boisseau froment.

     »   »   » au Bournet, 6 sols

1786. — janvier. — Le Maine–Bernier, y compris cheptel et chaudières, domaine, prés, bois, etc., etc., estimé 30.000#, revenu moyen 1.500# (2)

1792. — Le Maine–Bernier rapporta.................. 4.146#

1793. — » » .... 5.670#

1794. — » » .... 5.839# (3).

*
* *

XVIII

POINT D'HONNEUR

———

Une déclaration du roi du 13 janvier 1771, enregistrée en la chambre des comptes, en la connétablie et maréchaussée de France, le 18 février, 15 mars 1771, ordonne que tous les pourvus et propriétaires des offices de lieutenants, conseillers, rapporteurs, secrétaires greffiers du *Point d'honneur*, créés par les édits de mars 1693, octobre 1702 et 1704, novembre 1707 et départis dans les provinces, seront tenus de rapporter dans 6 mois, ès mains du contrôleur général des finances leurs provisions et titres de propriété pour, sur la liquidation, qui en sera faite, être pourvus de leurs remboursements. — La même déclaration veut qu'à l'avenir, il ne puisse être pourvu qu'à vie aux dits offices, et que nul,

(1) Etat dressé par François Jean Gilbert. — (Archives Gilbert.)

(2) Idem.

(3) Idem. — Dans un chapitre spécial nous traiterons ultérieurement des rapports du Maine-Bernier avec le château d'Aignes.

s'il n'est gentilhomme, ne puisse être admis à payer aux revenus casuels la finance desd. offices, fixée indistinctement et irrévocablement à 6.000# pour les lieutenants, 4.500# pour les Conseillers rapporteurs et à 3.000 pour les secrétaires greffiers (1).

(1) Denisart. — Collection des décisions nouvelles et des notions relatives à la jurisprudence.

TABLE

TABLE DES MATIÈRES

———

———◦———

ERRATA

———

Page 205, ligne 39, *au lieu de :* Nous nous sommes bornés, *lisez :* Nous nous sommes borné.

9 782019 955069